國際禮儀

ETIQUETTE

曾啟芝 編著

五南圖書出版公司 印行

前　言

　　「禮」是人類文明活動的產物，也是維持社會制約的重要因素。《詩經·鄘風·相鼠》有言：「相鼠有皮，人而無儀。人而無儀，不死何為！相鼠有齒，人而無止。人而無止，不死何俟！相鼠有體，人而無禮。人而無禮，胡不遄死！」意思是說，人無禮儀，何異於鼠？人無禮儀，不死為何？《論語·泰伯篇》子曰：「恭而無禮則勞；慎而無禮則葸；勇而無禮則亂；直而無禮則絞。」孔子也認為人的舉止，應一切合於禮才是。

　　歷經了千百年的演進，人與人之間禮儀的形式雖然有許多的改變，但是禮儀的精神是不會改變的。如孔子言：「殷因於夏禮，所損益可知也；周因於殷禮，所損益可知也；其或繼周者，雖百世可知也。」禮儀隨著時代的改變，多少有增減損益的情形，但遵行禮制的原則是一致的。雖然時序已進入二十一世紀，禮儀仍是不可偏廢的。如今社會亂象層出不窮，父慈、子孝、兄友、弟恭似乎不再像以往那樣的被重視，使得社會的常理脫規，人與人的應對失矩。提倡禮儀規範並非八股，而是目睹許多怪現象後的省思。

　　再者，近幾年來，國人因重視休閒旅遊的風氣更勝以往，出國旅行的機會也日益頻繁。此時人與人之間的應對、節儀，也就顯得更重要了。中國人向來以禮儀之邦自居，但在許多公共場合的表現，實在令人不敢恭維。如亂吐檳榔汁、搭乘公共運輸工具時爭先恐後、正式場合中行為舉止失當、服裝不合宜……等，看出國人國民禮儀知識，實有加強之必要。多年前曾經與多位友人到維也納遊覽，一群人至飯店 check in 後約定時間吃飯，當地友人為歡迎我們的來訪，在一家氣氛不錯的餐廳已預定了位子。下了樓來，臺灣女性友人有些脂粉未施，穿著涼鞋就準備赴約了，而臺灣男性友人竟有穿著短褲、T 恤。看到部分人的穿著，其中一位外籍友人含蓄的問我：「你們臺灣人穿著一向如此隨性嗎？」讓我頓時為之語塞。因為在西方國家晚餐多半較正式，且在餐廳用餐時的穿著也不宜過於隨便，雖不一定要盛裝打扮，但穿著打扮切不可過於休閒。這也是國人不論在國內、國外，都應加強因時因地而制宜的禮節。

　　因工作之便，常有機會前往他國旅遊，所到之處，除了欣賞迷人的景緻外，更不忘蒐集並了解當地的文化及禮儀，以避免因為不了解而做出不適當的舉動。且他山之石可以攻錯，了解別人的禮儀及風俗習慣，進而學習別人的優點，也不失為一個自我提升及成長的好方法。

CONTENTS

第一章

禮儀的定義

　　禮儀（etiquette）一辭是源自於法文，意思是宮廷間的儀式、禮節，是流行於當時王公貴族間的行儀，也是一種不成文而彼此約定俗成的禮儀。西方文藝復興後，所謂的禮儀由義大利傳入法國及歐洲各國。到了英國經維多利亞時代（Victorian）、愛德華時代（Edwardian）和喬治王時代（Georgian）發展後更為成熟。隨著英國海上霸權的興起，英國的文化及習慣隨著殖民的腳步，也跟著踏上被殖民的國家及區域。此時所謂的禮儀，仍然是貴族及有錢人之間的專屬。之後美國脫離英國獨立建國，但當時開發新大陸的移民，多來自英國中、下階層及少部分的貴族。雖然在新大陸開發，物力維艱，一切從簡，但生活習慣受英國影響極深，流行於上層社會的禮儀在這片新土地上，也就不再是貴族與有錢人的專利了。爾後美國強大的國力影響著全世界，其強勢的文化影響所及也不小。現今的國際禮儀就是在這些歷史背景下，經修正、簡化後，成為人與人交流的工具之一。在全球化的時代，世界是一個地球村，人們往來世界各地機會頻繁，所以身為一個現代人，也必須了解國際間往來約定俗成的禮儀，以便與人溝通時，不會產生不必要的誤會。

　　除了流通國際間的禮儀外，常聽到一句話「入境隨俗」，各國特有的風俗習慣也是要注意的。比如說我們知道吃麵時，一定要避免發出太大的的聲響，但在日本吃拉麵卻一定要發出聲響，而且越大聲越好，據說這樣表示麵好吃，老闆才

會高興喔！印度人一向以右手抓飯取食，左手是如廁後的工具手，如果你是左撇子，吃印度餐時別忘了用右手取食，以免造成不必要的誤會。泰國是一佛教國家，僧侶眾多，在泰國當地如果見到迎面而來的僧人，最好不要碰到這些僧侶的任何部位，這樣對他們的修行是非常不敬的。不同種類的國家，有著截然不同的風俗習慣，諸如此類的例子，實在是不勝枚舉。所以在前往他國，或者是到不同國籍友人家作客之前，別忘了事先了解一下當地的特殊習慣，才不致因不了解而失禮。

第二章

介紹之禮儀

在一般社交場合中，常會遇到介紹人或被人介紹的狀況。在介紹或是被介紹中，有因性別的不同、年齡的多寡及階級的高低，而使得介紹的順序及禮儀也有所不同。一個體貼的介紹及合乎禮儀的回應，可讓被介紹的雙方在一個輕鬆的環境下認識彼此，也可以使彼此在尷尬的氣氛中，順利的由陌生進入熟稔，更能直接或間接的拓展自己的人際關係，所以一個良好的介紹禮儀是必要的。介紹彼此不認識的雙方，因雙方的年齡、性別、身分地位的不同，介紹的順序也有所不同，以下是不同狀況中，介紹者與被介紹者該注意的原則：

一、性別相同，年齡不同者。在介紹的場合中，介紹人是該場合的靈魂人物。當在一社交場合中有介紹雙方的必要時，如雙方為同性別，但有年紀長、幼之分，必須先將年紀較輕者介紹給年紀較長者，以表示對於長者的尊敬。

二、性別相同，年齡亦同者。如果雙方性別相同、且年齡相近，其原則是先將未婚者介紹給已婚者。而如果雙方均屬未婚者，則不需太拘泥於此項原則，以當時的狀況來做介紹。

三、性別不同，年齡相近者。被介紹雙方性別不同、年齡相仿，宜先將男士介紹給女士。但如果男性為長輩，則須先將晚輩女性介紹給男性長輩。

四、銜有名聲，德高望重者。被介紹的一方如果是有特殊成就，或是德高望重者，則須先將對方介紹給此一德望兼具之人士。

　　此外，當被介紹的成員是自己的親人時，介紹時也因被介紹人與自己關係的不同，而有不同介紹的方法：

　　一、介紹另一半或家中晚輩予人認識。一種狀況是在介紹自己的另一半，或是家中的晚輩給他人認識時，必須將自己的家人先做介紹。比如說要介紹自己的另一半時可說：「××先生或××小姐，這是我內人或外子。」後頭加上姓名。介紹自己的小孩時可說：「這是小女或小犬」，後面加上名字即可。如果被介紹的晚輩是已婚女性，介紹時，可加上其先生的姓氏，可以說：「XX 先生或 XX 小姐，這是小女，陳太太。」同樣的原則適用在介紹自己的兄弟姐妹，而稱呼為家兄、家姐、舍弟、舍妹，一樣在之後加上其名字。

　　二、介紹家中長輩時。如果家人是自己的父親、母親或其他的長輩，則必須將朋友介紹給自己的父母或自己的長輩。應說：「爸爸或媽媽，這是我的朋友○○○先生或○○○小姐。」

　　介紹雙方時，應注意的小節、肢體語言及措詞，在介紹的禮儀中也是非常重要的：

　　一、雙方資訊應清楚了解。介紹雙方之介紹人在介紹兩方時，必須充分了解被介紹雙方的姓名、背景及其他相關資料，以避免發生介紹進行一半時，因不清楚資訊而張冠李戴。也許被介紹者並不介意，但此舉是非常不宜的。如果真的一時忘記，是可以詢問當事人的，雖然這顯得有些不禮貌，但總好過唸錯別人的姓氏。

　　二、注意肢體語言之表達。介紹人的肢體語言也是非常重要的，介紹人以手勢介紹他人時，必須將所伸出的手掌向上約 45 度傾斜，五指併攏自然指向被介紹之一方。筆者曾經在一介紹上海音樂廳的影片中，看到一位身材高挑、面貌姣好、音色優美的介紹員，在介紹參加盛會的重要來賓時，竟以失傳已久的一陽指直指被介紹的貴賓。這樣的畫面除了讓人覺得非常不協調與突兀外，更重要的是這對被介紹人來說是十分失禮的。

　　三、口齒清晰，不唸白字。介紹人在介紹時口齒必須清晰，而聽者也必須仔

細聆聽，除了表示對對方的尊重外，也可避免事後叫不出對方的稱謂而失禮。記得一位姓單的友人，曾經向人自我介紹時，為解釋其姓氏是一破音字（讀作「善」而寫作單），於是說：「敝姓單（善），簡單的單。」未料對方竟說：「單（善）簡單小姐您好。」讓這位友人不知該說什麼是好。遇到不認識的字，是可以誠心向對方請教的，千萬別因為不好意思而不敢開口，我相信任何人都會願意接受你虛心請教的。

四、被介紹者雙方，其中一位是女士，另一位是男士。介紹人可以對男士說：「王先生，你見過李小姐嗎？」，但別對女士說：「李小姐，見過王先生嗎？」對女士是不禮貌的。

五、想要認識對方，應該先介紹自己。在一般社交場合，如果想要認識某一位你不熟悉的人，不要冒冒失失的跑到別人面前，很直接的就問對方：「你叫什麼名字！」這樣是非常粗魯的。必須先詢問主人或對其熟識者，大概了解對方的資料後，再到對方的面前自我介紹：「○○小姐，很冒昧的打擾妳，我是○○○，不知是否有這個榮幸認識妳。」或者是請主人或認識對方的人代為介紹，就不會顯得過於突兀或直接，而讓對方留下不好的第一印象。

繁忙的工商社會，有些人並沒有太多時間，去向每個人以口說的方式介紹自己。一般人的習慣是印製名片，以名片的方式介紹自己，但在收受名片時，也是有一些細節要注意的：

一、被介紹的雙方認識後，可以互相交換名片。將自己的名片交給對方時，應禮貌的雙手奉上，並請對方指教。對方遞上名片時，應先以雙手恭敬的接下，仔細看過對方名片的內容後，再謹慎的收起。千萬不要看都不看，就隨手放在自己的口袋或皮包中；或是看過之後就留在桌上，這樣的行為都是非常不尊重對方的表現，當然也是非常不禮貌的。

二、如果有提供名片的習慣，必須準備一個方便拿取的名片收藏夾，以便需要時，可以不浪費對方等待你找尋名片的時間。常見到有人因為忘記自己放名片的地方，在與他人交換名片之時，出現周身遍尋不著，又讓對方在一旁乾等的難

堪場面。或是因名片收納不當，要奉上名片時，拿出的卻是一張縐巴巴，或是摺了一角的名片，此時奉上與不奉上都很尷尬的。

三、雙方如果明顯知道地位高低者，應該是地位較低者，要先奉上名片後，地位較高者才會依禮貌回遞名片。但不論地位高低與否，奉上名片前，最好貼心的先將名片轉向，讓對方一收到名片，就能順利的瀏覽到名片上的資料，而不需要費時的將名片再轉個方向，才能清楚的看到名片上的訊息。但如果對方是一位年紀較長的高級主管，在對方未要求你提供名片時，是不宜主動奉上名片的。

被介紹雙方被介紹之後，如果要行握手禮時，必須有適當合宜的反應：

一、一般在介紹人介紹雙方之後，被介紹雙方如果是一位女士及一位男士，男士必須待女士伸出手後，才能伸出手來行握手禮。如果女士不伸手行禮，男士不可貿然伸出手來，以免受到拒絕，氣氛是會變得很尷尬的。不過一般來說，沒有特別的因素，女士最好大方的伸出手來表示誠意，也可避免給人孤高與不易親近之感。

二、當女士伸手行禮時，如果男士有戴手套必須脫下手套，而女士若戴著手套則無須脫下手套。但是如果被介紹者是男性年長者，被介紹的女士則須脫下手套，以表示對長者的尊重。若被介紹雙方為同性，則遵守介紹禮儀，以長者為尊的原則來依循即可。

三、被介紹雙方為男性，且有一方或兩方都是坐著的時候，此時不論哪一方均須起身行禮握手。通常先被介紹的人，應先主動趨前握手。如為一女士和一男士或雙方均為女性，且是坐在位子上的時候，女士可以不必起身行禮，坐著行握手禮即可。但如果對方是長輩，女性仍必須起立趨前行禮。

四、行禮握手時，握手的力量不宜過大，以免在還未展現你的熱忱以前，對方就先被你強大的手勁及握力弄得疼痛不已。握手的力量宜簡潔、有力，不要像無骨的柳葉，無力的隨對方的手上下搖動，會讓人家以為你的身體虛弱，或是以為你不願與對方為友，讓對方感受不到你的回應，這樣是不適宜的。行握手禮時，要讓對方清楚的感受你的溫暖與誠意才是。

　　五、女士與男士行握手禮時，男士應握住女性的手搖動，女士則應放鬆手臂的力量；放鬆手臂的力量並不是像一條濕毛巾一樣，無力的搭掛在對方的手上，而是隨對方握手的力量，做慣性有節奏的上下擺動。年紀較輕者向長輩行握手禮時，由年紀輕者握著長輩的手搖動為宜。

　　六、通常西洋禮節中還有一種吻手禮，有時可在傳播媒體中見到，女士伸手讓男士親吻其手背，但這不是所有的女士伸手行禮時，都可以握住女士的手背親吻的。這必須是當女士伸出手後，手背朝上、手心向下，且手指部分作下垂狀時，男士才可接過來親吻對方女士的手背。如果不是採這樣的方式，而是伸手呈一般握手姿勢，那男士千萬別貿然行吻手禮，那樣是非常不禮貌的行為。

　　介紹場合中，常會有記不起或忘記對方的姓名，或是一些小小失誤，雖然不至於影響太大，但還是稍稍注意會比較好的：

　　一、當有人滿面笑容的趨前向你打招呼，但你一下子想不起來對方的名字時，千萬不要露出一臉狐疑的表情，那會讓對方很尷尬的。如果對方問你：「劉先生，您不記得我了嗎！」這時千萬別豪邁的回答說：「是的！我不認識你！」這樣的回答是很傲慢的。盡量回想對方的資料，如果真的想不起來，你也要非常婉轉的回答：「真的非常抱歉，我的記憶力不好，請問您是？」待對方告訴你更多資訊時，除了立刻給予正向的回應外，還要對剛才失禮的行為道歉才是。也許忘記別人的名字並不是很嚴重的過失，但你想想當有人叫住你時，這時你能很快的叫出對方的名字，我相信在對方的心裡，一定有一種被重視的感覺。花一些時間去記憶對方的資料，不但不易失禮，對自己人際關係的建立，相信也是非常有幫助的。

　　二、另一方面，如果是對方忘記你的名字的狀況，千萬別像玩猜謎遊戲一樣，一點一點的給對方少少的提示，讓別人一點一點的猜，那樣會使對方陷於非常尷尬的局面。體貼的人，當別人忘記你的姓名時，會清楚且迅速的告訴對方，你是○○○。當然，如果要讓對方更快喚起記憶，你可以提及你們相識時，比較特殊或是令人記憶深刻的人、事、時、地、物，是可以達到比較好的效果。比如

說：「我是○○○，豐展企業的○○○。」我相信，體貼的抓住重點提醒，一定好過讓對方猜不到的尷尬喔！

　　三、有機會在公開場合被介紹時，如果主人或介紹人不慎將你的名字或其他資料介紹錯誤時，體貼的你聽過即可，不要企圖糾正介紹人，或大聲、義正嚴詞的當場反駁說：「我是張XX，不是莊XX！」這除了讓介紹人很尷尬外，也會給人有不友善的感覺。

　　一般熟識的朋友或親人，通常會直接稱呼名字，或是彼此熟知的暱稱或小名。但當面對初次見面或不甚熟悉的人，其稱呼就必須依其性別、年齡或身分、地位，而作為不同稱呼的依據：

　　一、中國人稱呼人時，對於女性我們稱較年輕者為小姐，像是陳小姐、吳小姐；而對於較年長者則稱呼女士，如張女士、劉女士等。而如果對方是男性，則一律以先生來稱呼，如鄭先生、林先生等。如果對方是有身分地位，或是有成就的人士，則應該以其職務或頭銜來稱呼，表示對其成就尊敬之意。如果是公司行號的負責人，其頭銜為董事長或是總經理，不論男性或女性，應該稱呼其為張董事長、林總經理。從事學術研究的人如有博士頭銜，應稱呼×博士，如有教職身分可稱呼×教授。

　　二、西方人的姓氏與中國人的順序不同，他們的姓氏是放在名字的後面。比如說：Tim Wasson，應該稱呼他為 Mr. Wasson 而不是 Mr. Tim。如果被稱呼者是有特殊身分地位或頭銜的人，也必須以姓氏加上頭銜來稱呼。所不同的是，中式稱呼的頭銜或是官職是放在姓氏的後面，而西式則是頭銜放在姓氏的前面。如Dr. Kalson，或 Professor Brown。

第三章

邀請之禮儀

　　一般人邀請朋友至家中作客，往往以電話通知或口頭告知的方式邀請。這樣的方式雖然迅速、方便，但並不適用在正式的宴會場合作邀請。如果要辦一場較大、較正式的宴會，以邀請函的方式邀請是比較合宜的。一封發出的邀請函的內容必須包括：

一、宴會的目的

　　一般有結婚、祝壽、弄璋、弄瓦、入厝、升官，或商業性質的產品發表會，甚至非常正式的外交宴會，都必須在邀請函上標明其宴會是屬於何種目的的宴會，讓受邀者清楚，以決定是否參加。

二、宴會舉辦性質

　　任何宴會的舉辦一定有其目的，如上所約略提到婚宴、壽宴、彌月、喬遷、高陞等不同目的宴會。不同的目的也會採不同性質的宴會方式，如正式晚宴、一般商業茶會、雞尾酒會、自助餐會等。邀請函中必須載明是何種性質的宴會，收到邀請函的人才能按性質，作為赴會時穿著的依據。

三、宴會的時間

　　必須詳細載明年、月、日、時，方便受邀者依所載時間安排空檔，而邀請函發出的時間，應該至少早於宴會時間約十五到二十日以前為宜。

四、宴會的地點

　　不論舉辦宴會的地點是在自宅或其他場地，都一定要將地址寫明清楚，以便受邀者能依路程遠近，拿捏出發時間的早晚。宴會地點最好不要過於偏僻，因為你必須為所有參加的人考量到交通的問題。如果地點過於偏僻，參加的賓客並非每一個人都可以解決交通問題。為了讓不熟悉宴會地點賓客，能少花一些停車問路的時間及精神，請柬上可以附上簡略的地圖，便於受邀的賓客找尋

五、其他應註明事項

　　如果有別於一般狀況、地點的宴會，則必須加註說明，如出席宴會之穿著要求說明（男士著燕尾服 Black Tie、大禮服 White tie、西裝等；女士著晚禮服、小禮服、套裝等）。在戶外舉行的宴會，如海灘、遊艇上、泳池畔，或入夜後溫度較涼等地點，應加註是否攜帶泳裝及保暖衣物之說明。如果是特別宴會之屬，均應依其宴會屬性的特別要求加以說明之，以避免受邀者因不知情而穿著不適當，導致乘興而往，敗興而歸。除了造成受邀者的不快與尷尬外，也顯示出主人的不細心與疏忽

六、回函

　　請柬除了以上必須標明的事項外，如果是必須計算人數而作準備的宴會，就必須在請柬附上回函且加註 R.S.V.P.這幾個字母（原文來自法文「re'pndez s'il vous pla^it,」，意思是請受邀者「惠請賜覆」）。因為西餐多為一人一份，為使事前餐點分量準備充分，又不至於因無法掌握到席人數，有餐點供應不足的窘境，或因準備過多有浪費之虞。而回函也必標明幾個事項：

　　㈠標明回覆接受邀請與否的聯絡資料，如聯絡的電話、傳真及地址。如不堅持以較傳統或正式的方式，E-mail 符合現代人的需要，也不失為一種好方法。但在寄出回函前，務必核對所有資料是否正確無誤，以避免因疏失而造成不必要的誤會

　　㈡註明參加或不參加，如□「準時出席」和□「不克出席」，以方便受邀者勾選，也便於人數的計算及座位之安排，和其他相關事項之規劃。如果註明參加，

就千萬要排除萬難於當天出席，因為主人也許會依參加賓客的人數、性別、地位，作為安排座位的依據。所以一旦答應了主人的邀請，就不該輕易缺席，如此有可能造成主人的困擾，是很不禮貌的。但是如果勾選不克參加，也不要在宴會當天忽然出現，想給主人來個意外驚喜。主人也許會因為你的冒失行徑，得要再加位子及餐點的量。為避免造成別人的困擾，所以在勾選參加與不克參加前，應該要慎重考慮再做決定為宜。

㈢註明回函回覆之期限，期限日期不宜與宴會舉行日期間距太近，約於舉行日前兩星期前左右，時間不至於過長或太短。方便受邀者因臨時行程的改變，突然取消參加或決定出席。也方便主事者因參加人數臨時增減，而有緩衝的時間對規劃之事務作調整。

㈣如非正常狀況，附於邀請卡的回函必須黏貼回郵，雖然會增加一點少少費用，但卻減少了受邀者至郵局排隊購買郵票所浪費的時間與精神。小小體貼帶來的回饋，可不是大大費用可堪比擬的呢！

七、受邀者之禮儀

一般收到邀請函的受邀者，除了對於要求收費性質的宴會，如類似義賣會等的邀請函，可不必回函表示參加與否外，收到邀請函後回覆對方是否出席，也是必須注意的一種禮貌。

㈠在收到邀請函後，首先該注意宴會舉行的時間，確認是否與自己的行程相衝突，如無重要事情應前往參加。若因故無法參加，也應回函或致電說明原因及致歉，注意應有之禮儀。

㈡注意邀請卡上所載明之應注意事項，如宴會的性質、宴會的時間（一般以宴會開始二十到三十分鐘前抵達為宜，太早前往也許主人還未準備妥當，因為你的提早到來，會讓主人得在忙碌於準備時，還要花多餘的精神招呼你，這樣的行為對主人來講實在不夠體貼。但遲到更是一種失禮的行為，一般臺灣人的守時觀念實在不佳，通常請帖上註明六點三十分準時入席，你會發現超過七點還是有不少人姍姍來遲，仍大搖大擺的入場，不但面無慚色，還視為理所當然，這樣的行

為實在令人不能認同）、宴會的地點或服裝之要求、攜伴參加與否、有無攜帶禮物之必要（一般西式宴會並無攜帶禮物之必要，若是想表示自己誠意，可挑選一瓶好香檳或葡萄酒）等資訊，均須一一詳閱，避免因一時的疏失而造成參加宴會時的尷尬，不僅讓自己置身於其中感到不自在，對於精心策畫的主人也是非常失禮的一種行為。

　　㈢參加宴會結束後，別以為事情也就結束了。別忘記到書店挑一張精緻的感謝卡，如果能自己設計，會更讓主人感受其心意。將自己參加宴會愉快的心情書於其上，也可以提及對於宴會場上愉悅氣氛的感受，和精美可口菜色的讚美。相信對於辛苦忙碌籌畫宴會的主人而言是充滿暖意的，進而對細心體貼的你，留下更深刻良好的感覺，對拓展良好的人際關係也是非常有幫助的喔！

第四章

飲食的禮儀

　　人類初期過著茹毛飲血的生活，接著火被發現而進入能熟食的階段，在故宮我們可以看到幾千年前的鐘、鼎、彝器等煮食的用具。雖然那些煮食的器具，多因儀典及禮俗而轉變成祭祀的禮器，其象徵意義早已代替了它們的實質意義，但我們可以確定的是，中國「禮」的輪廓在當時已漸漸成形。《論語・鄉黨》：「食不厭精，膾不厭細，食饐而餲，魚餒而肉敗，不食。色惡不食，臭惡不食。失飪不食，不時不食，割不正不食，不得其醬不食。肉雖多，不使勝食氣。唯酒無量，不及亂。…食不語，寢不言。……」這一段的大意是說，飯食魚肉講求精細，食物腐敗不吃、烹調方式不對不吃、時間不對不吃、切肉方式不對不吃、調味方式不對不吃。肉雖多，但須與米食搭配，取食合宜的量；飲酒可因個人之飲量取用，唯不宜飲至失態。在孔子的時代，飲食就講求要合乎「禮」，時序至今，雖然我們無須完全接收，但飲食的禮儀仍然是我們必須學習的。以下便是中、西式餐桌飲食禮儀的大致介紹。

一、餐桌禮儀的基本原則

　　參加宴會的時間確定後，接著是搭配合時合宜的裝扮，再者便是出席宴會時，桌位及座位的識別和餐桌禮儀的遵守。如座位前有標示名牌還好，但若無，就會因不識主、客桌位及座位而隨意入座，是非常不妥當的行為。用餐時餐具的使用方法，及用餐的正確觀念也是不可忽視的，比如雞、豬、牛等肉類主餐建議

搭配紅酒食用，而白酒則搭配魚類及海鮮類等食材的主餐來食用較佳。諸如此類之原則都是屬於餐桌禮儀的範疇，以下就以宴會的桌位與座位的安排來做討論。

(一)桌位的安排

1. 中式

通常在正式的中式宴會場合裡，圓桌排列的順序及位子尊卑的安排是有規則可循的。中國人古時是以左為尊的，但隨歷史的演進至今，才漸漸形成現在右為尊左為卑的觀念，而桌子排列的順序也是遵從這樣的原則。無論席開幾桌，均以面對講臺或主席臺的右手邊，也就是相對於宴會入口處，開始由右至左、從前向後做排序。所以通常一般中式喜宴的主桌，一定是設在講臺的正前方或右斜前方。單一直排是非常簡單的由前向後排列，但如果是單橫排奇數桌，則以中間為最尊，再由右、左類推。單橫排偶數桌也是按照先右後左的原則來安排，若是因為場地限制，也有其他多種變化。圖示如下。

(1)單行直排：

從入口到主席臺或講臺，桌數的排列是縱向排列的形式，以主席臺的第一桌為大，第二桌為次，以下類推（如下圖）

(2)單行橫排：

從入口到主席臺，桌子成橫向排列，以面對講臺右手邊的桌位為大，而左手

邊的桌位次之（如下圖）

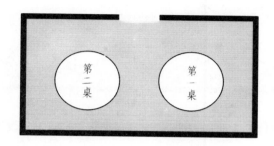

(3)單行橫排奇數桌

　　由入口到主席臺或講臺，桌子以單行橫向排列，桌數為基數桌超過三桌以上，以面對主席臺中央的桌位為大，面對主席臺右手邊第一桌為次，而面對主席臺左手邊第一桌再次之，餘者以下類推（如下圖）

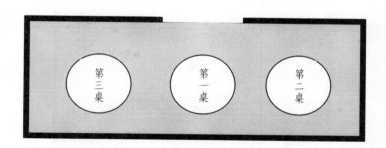

(4)單行橫排偶數桌

　　從入口到主席臺或講臺，桌子呈單行橫向排列，桌數超過四桌以上的偶數桌，面對主席臺，以主席臺為中線作為分割，面對主席臺的右手邊第一桌為大桌，面對主席臺左手邊的第一桌為次，其餘桌數以下類推（如下頁上圖）

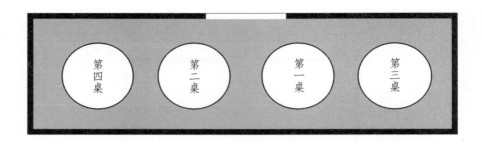

(5)正三角形排列：

　　從入口到主席臺或講臺，桌數為三桌，以面對講臺作正三角形上一下二的排列，因排列的方式看起來像中文的「品」字，所以又叫作品字型排列法。面對講臺以講臺右手邊的桌位為大，面對講臺左手邊為次，第二排的單桌再次之（如下圖）。

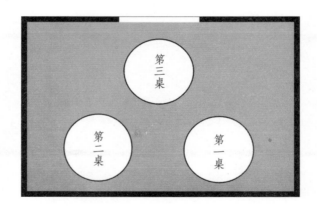

(6)倒三角形排列：

　　倒三角形的排列顧名思義，與正三角形的排列相反，圖形為上二下一，以面對講臺的第一桌為大，第二排以面對講臺右手邊為次，第二排面對講臺左手邊再次之（如下頁上圖）。

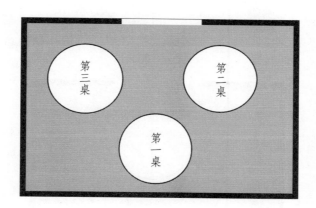

(7)正方形排列法：

　　正方形排列法，以面對主席臺或講臺第一排的右手邊第一桌為大，面對主席臺第一排左手邊的第一桌為次，以此類推，第二排右手邊第一桌再次，第二排左手邊第一桌為四（如下圖）。

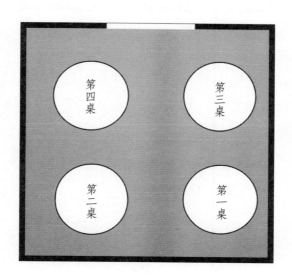

(8)菱形排列法：

　　桌數為四桌以菱形的形狀做排列，面對講臺第一桌為大，第二排面對主席臺右手邊為次，第二排面對主席臺左手邊再次，第三排單數桌為四（如下圖）

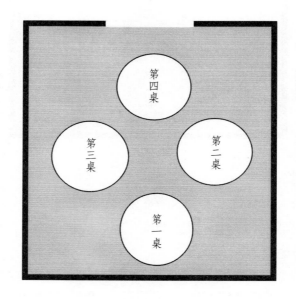

(9)梅花桌排列法：

　　桌數五桌以梅花形狀做排列，第一桌以主席臺做基準排列為梅花的形狀，第一桌為大，面對主席臺第二排右手邊為次，面對主席臺左手邊再次之，以下第三排按此原則以此類推（如下頁上圖）

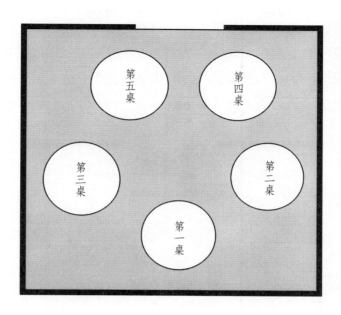

(10)梯形排列法：

桌數為五桌呈梯形的形狀排列，面對主席臺或講臺第一排中央桌為大桌，右手邊為次，左手邊再次之，第二排右為尊，左為次（如下圖）

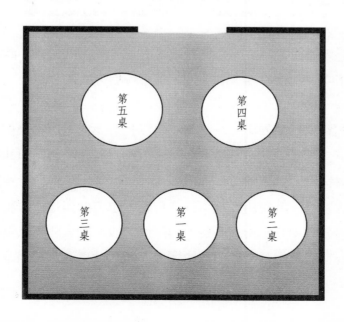

(11)放射狀排列法：

桌數為五桌，以主席臺或講臺為基準，被其他桌圍起做放射狀的排列，以中央桌為大，面對講臺的右手桌為次，面對講臺的左手桌再次之，而面對入口的左手邊、右手邊，依序為第四、五（如下圖）。

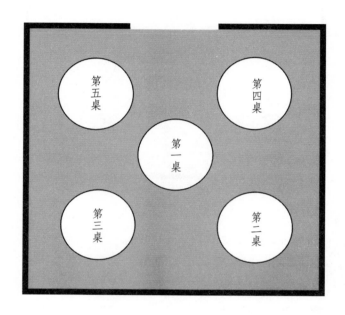

其他不管是多排奇數桌或多排偶數桌，其排列的方式萬變不離其宗，把握右尊左次、上尊下次，及中央為大的原則，是不會有太大的誤差。

2. 西式

西式宴會的餐桌形式安排，一般傳統是以長形桌或方形桌來作安排，不過在1961～1963 年，美國第三十五任總統約翰・甘迺迪（John Fitzgerald Kennedy）任內，第一夫人賈桂琳・甘迺迪（Jacqueline Kennedy）因活躍於社交界，有相當多的機會主持正式宴會。為使用餐氣氛更為輕鬆，也方便與每一位賓客談話，賈桂琳・甘迺迪打破傳統用八至十人的長方形座位，改以圓桌的方式宴客。因為其身分特殊，她的一言一行對社交界頗有影響力，所以此舉在當時被奉為圭臬的盛行

起來。所以在西式正式宴會中，也會發現有圓桌式的桌位的安排。如果人數較多，還有ㄇ形桌及Ｔ形桌的安排等等，其座位安排留待下文中來討論。

(二)座位的安排

1. 中式

正式場合主辦單位或主人，通常會將被邀請者的姓名卡，置於該座位的桌面容易識別處，所以受邀者按圖索驥即可。若無，則告知帶位人員，由其領至座位，以避免頻換座位而影響鄰座的人。依中式圓形桌的原則，座位之主從如下：

◎中式宴客的傳統座位安排，一向以圓桌的形式作安排，人數通常以十二人為標準。中國人一向以謙虛為美德，通常主人位均以靠近入口的位子作安排，因為中國傳統父系社會，女人一向沒有地位，所以傳統中式座位的安排，並沒有像西式座位安排一樣，主人位一定有男主人位及女主人位。但因西風東漸，如今已邁入男女平權的時代，所以中式的主人位子也多了女主人位子的安排，而女主人的位子，多是緊鄰著男主人的旁邊做安排，這是與西式男、女主人座位安排方式最大的不同處。首先，主客座位一定是被安排在入門主人桌的正對面，接下來位子從屬關係、大小順序，以主客位子為基礎，以主客為大，主客位子的右手邊為次，主客的左手邊再次之，以下的順序依此類推為第四、第五……第十、第十一（如下圖）。

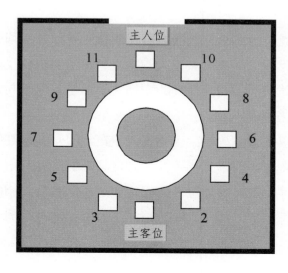

◎如為男主人、女主人兼有的座位安排的話，男主人位安排在以人口為中央的左手邊，女主人位則安排在以人口為準的右手邊。通常主位的安排是在入口女主人座位的正對面，次於主位的位子則安排在入口男主人座的正對面。其他座位主從、大小順序的排列如圖示， 一樣是以主位為基準，以左尊右次、上尊下次的原則安排（如下圖）

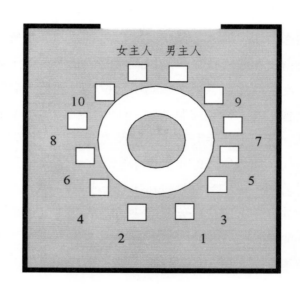

2.西式

前面也提到過，西式桌位的安排有長形桌、方形桌、圓形桌，還有人數較多的ㄇ形桌及Ｔ形桌等，而男、女主人的座位，和主客座位及其他座位的從屬、大小安排，也因形狀的不同而有稍許的變化。以下是各種不同桌形座位的安排：

◎長形桌的座位安排方式一：

如果長形桌以縱式擺放的話，男主人坐在入口一進來的位子，女主人位則安排在男主人的正對面（與中式男、女主人位緊鄰的安排有所不同），因為西式的宴會大都要求攜伴參加，所以位子的安排會是男女賓客交錯而坐，為了打破彼此的生疏及拓展人際關係，通常夫妻、情侶，或攜伴前來的男、女友人，會被主人

刻意安排與其他前來參加宴會的客人隔鄰而坐。以女主人為基準，女主人的右手邊是男主客，左手邊的男客人次之，女主人右手邊第二排，也就是男主客右手邊的位子，是順位第三的女客人。女主人左手邊第二排，是順位第四的女客人，也就是坐在第二順位男客人左手邊的位子。在女主人相對應前方的位子坐的是男主人，而男主人的右手邊是女主客，男主人的左手邊則是順位第二的女客人。總之不論人數多少，位子安排的主從、大小順序，以男、女主人的右手邊為男女主客的位子，男、女主人的左手邊為第二順位的男、女主客，順序由外向中間以此類推。原則上以越靠近主人位子的賓客，代表身分地位較高或是在主人的心中分量較重要，反之則否，男、女賓客的位子順序的安排，是以相對對角的形式排列（如下圖）

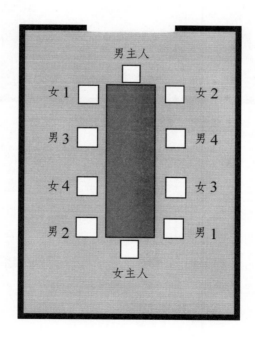

◎長形桌的座位安排方式二：

如果長形桌以入口進門長方形橫置的方式擺放，男主人的座位安排在背對入

口長形桌中央的位子，而女主人則是坐在男主人相對應面對入口的位子。一樣是男、女賓客交錯而坐的方式安排座位，男主客坐在女主人隔鄰右手邊的位子，第二順位的男主客則坐在女主人隔鄰左手邊的位子。相對於男主客，女主客坐在男主人隔鄰右手邊的位子，第二順位的女客人則坐在男主人隔鄰的左手邊。其他客人的主從順序則依右尊左次的原則，依次向長形桌的兩端延伸（與前一種向長形桌中央集中的方式不同），男、女主客及其他男、女賓客也是以對應對角的方式安排座位，但是越靠近主人位子的客人越重要的原則是不變的（如下圖）。

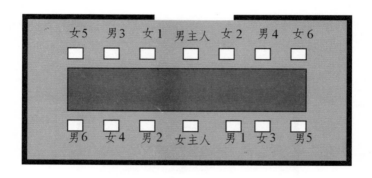

◎長形桌的座位安排三：

　　以上兩種長形桌的座位安排，是在男、女主人都參與的正常狀況下的座位安排，但有時有沒有女主人，及女主人因故缺席的長形桌的座位安排，如果是長形桌以縱向的方式擺放，男主人還是坐在背對入口的位子，此時因為沒有女主人，原對面女主人的位子則請男主客入坐，除了女主客仍然坐在男主人右手邊的位子外，其他客人依序往前遞補男主客的位子，一樣採男、女客人交錯方式入座，唯無法以相對應的對角線做較規則的安排（如下頁上圖）。

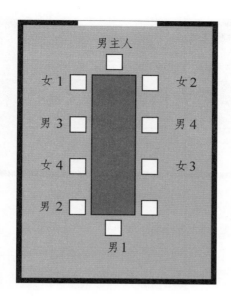

◎長形桌座位的安排四：

　　上述的特殊情況是長形桌，以背對入口橫置的形式擺放，一樣是沒有女主人的特殊狀況之座位安排。男主人坐在背對入口、長形桌中央的位置，男主客坐在男主人正前方、面對入口的位子。依右尊左次的原則向中間的方向往前遞補，雖然沒有對應交叉，但仍然把握著靠近主人的位子為尊的原則做安排（如下圖）。

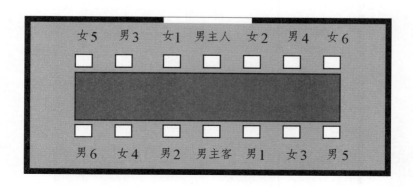

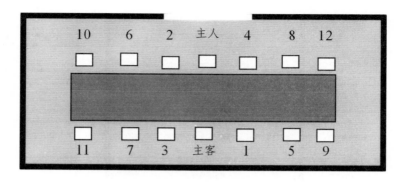

◎方形桌的座位安排

　　方形桌的座位安排還有一種是男主人與女主人隔鄰入座，男主客與女主客也是比鄰而坐的方式安排座位，其他的男、女賓客座位的排列也按照此一原則做安排。男主人坐在背對入口左手邊的位子，而女主人則坐在男主人的右手邊；男主客坐在面對入口的左手邊，女主客坐在男主客的右手邊。以男、女主客的座位為尊，以此尊位為基礎，男、女主客的右手邊為次，女客人坐在男客人的右手邊、男、女主客位子的左手邊再次之，其座位的安排，一樣是女客人坐在男客人的右手邊（如下圖）

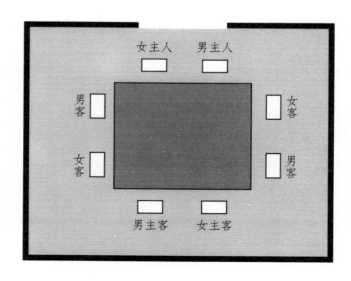

◎方形桌的座位安排—

　　如果採正方形桌來宴客時，通常人數在是比較少的狀況下為之，加上男、女主人八人左右。男主人坐在背對入口左手邊的第一個位子，女主人則坐在面對入口左手邊，也就是與男主人呈對角的位子。男主客坐在女主人的右手邊，女主客則坐在男主人的右手邊，男、女主客的位子也呈對角安排。而其他賓客也以對角形式做安排，與長形桌的規則不同，由圖示可看出由男主人的右手方排序，從屬順序依男、女交錯原則為 1、2、3，而從女主人的右手方向，做排列的順序也是由 1、2、3 依序排列著（如下圖）

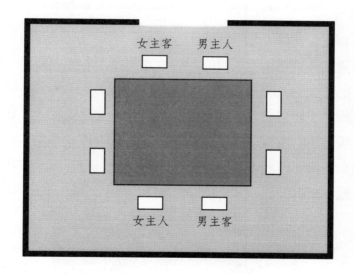

◎方形桌的座位安排三：

　　在沒有女主人的情況下，方形桌的座位安排如圖示，男主人坐在背對入口左手邊的位子，男、女主客坐在面對入口、男主人的對面，而女主客坐在男主客的右手邊。其他男、女客人依其關係的重要，從男、女主客的右手邊再至左手邊的方向依序排列（如下頁上圖）

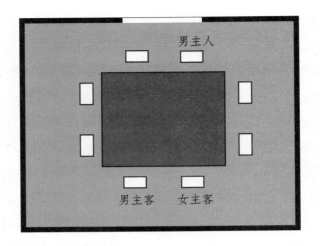

◎圓形桌的座位安排：

圓形桌的男主人坐在背對入口的中央位置，女主人坐在面對入口、男主人的對面，男主客坐在女主人的右手邊，女主客則坐在男主人的右手邊。女主人左手邊的位子，坐的是次於男主客的男賓客。相同的，次於女主客之女賓客的位子，則是被安排在男主人的左手邊，其他的男、女客人則依右尊左次和男、女位子交錯而坐的原則來安排。從圖中可以看出，男、女是以面對面、直角的形式來安排座位的（如下圖）。

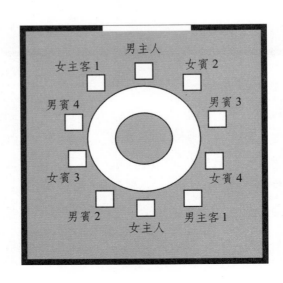

◎U 形桌的座位安排一：

　　所謂的U形桌，顧名思義就是桌子的形狀，像英文字母中的U一樣，而座位的排列也依特殊的形狀來做安排。U形桌擺放位置的方式，從入口進入面對U字型的開口做安排。男主人坐在面對入口、中央靠左邊的位子；女主人則坐在面對入口、中央靠右的位子，也就是男主人的右手邊。其他客人則依序，從主人的右手邊至左手邊安排座位，如圖中可看出位子的安排原則，是以右尊左次，而內又大於外的原則來做規劃的（如下圖）。

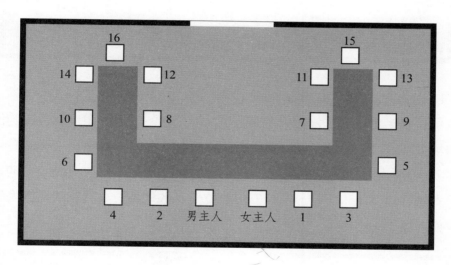

◎U 形桌的座位安排二：

　　如果沒有女主人，U形桌的座位安排，主人的座位在U字橫排、面對入口、中央的位置，賓客依順序至主人的右手邊到左手邊，交互安排客人的位子。其原則仍以右尊左次，內大於外的原則，按客人的重要性做排列（如下頁上圖）。

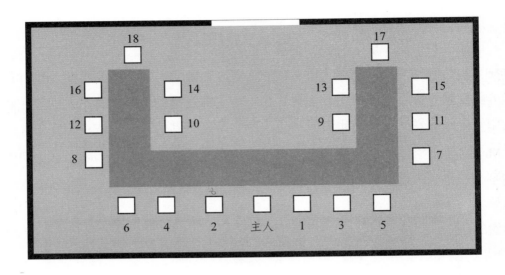

◎U 形桌的座位安排三：

　　如果是攜伴參加的宴會，男主人坐在面對入口的橫排、中央靠左邊的位子，而此時男主客的位子是被安排在男主人的右手邊，女主人坐在男主客的右手邊，女主客則是坐在男主人的左手邊。其他男、女客人按重要性，依序由中央向兩端，且男、女賓客以交錯入座的形式來安排座位。其他仍不脫右尊左次、內大於外的原則（如下圖）。

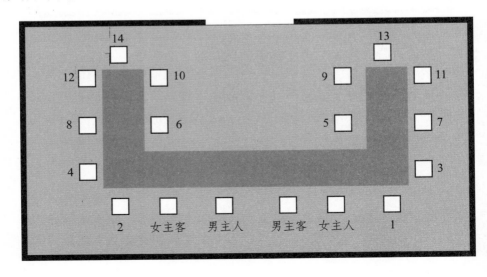

(三)餐具的安排（table setting）

西餐餐具使用的歷史源自於義大利的文藝復興時期，因經濟較繁榮且文化藝術的發展更勝以往，較富裕的商人便將食視為一種享受，有別於一般老百姓，認為食物是填飽肚子的東西。在這樣的基礎下，飲食的規範及對餐具的講究，漸漸有了雛型。直到十六世紀初，當時有一掌握義大利佛羅倫斯金融大權的著名家族（Medici 麥德奇家族），其中凱薩琳・麥德奇（Catherine de Medici）在遠嫁法國的亨利二世後，也將這樣的飲食風氣帶進法國，經過她的推展，於路易十六時期開始盛行；發展到十七、十八世紀所呈現的面貌，大致就是現今人們所看到西餐禮儀的輪廓。也就是說，法國並不是最早發展精緻飲食文化及餐具的地方，要說法國飲食以精緻、美味名聞全球，得要拜這位重視美食享受的女士之賜，使得如今的法國飲食能在世界上占一席之地。

在進入一般的西式餐廳點完餐之後，侍者大多會擺上一對主餐用刀叉，如有前菜或沙拉也許會加一付刀叉，點了湯也會隨湯附上湯匙。麵包大多會上在個人用的麵包籃中，奶油碟（butter dish）及塗抹奶油的奶油刀（butter spreader）也會因需要置於左上角。臺灣人用餐飲酒的習慣不似歐、美等國的人，所以右上角頂多置一水杯，其服務方式會因餐廳主事者的認知，做或多或少的調整，所以除了比較講究的餐廳，要了解西餐餐具的擺設，及各種餐具的正確使用方法，是不易一窺全貌的，這裡就介紹西餐餐具的適當安排及用法。

如果受邀參加宴會，首先進入眼簾的是在餐桌中央的擺飾，可能是燭臺，也可能是經過設計的盆花（會因女主人的巧思不同而有所變化）。而每一座位與座位的間距並無嚴格的規定，以服務餐點的人員能方便進出的空間為宜。餐具的擺設包含一墊底的大圓盤、三叉、二刀、一匙、酒杯兩個（紅酒杯及白酒杯）、水杯一個、小邊盤一只、餐巾一條、胡椒、鹽的小型調味罐，各個餐具的用法如下（如頁 35 圖）：

1. 墊底大圓盤

其擺放的位置應該與餐椅在同一直線上，方便客人入座後不需再調整位置。

從第一道湯至主餐結束，均置於每一道餐下墊底之用，直到食用水果前才會隨其他餐具一起被收走。

　　2. 三叉、二刀

　　叉子二大一小，都是擺至墊底大圓盤的左邊，叉尖朝上擺置。較小的叉子（fish fork）是當菜單有魚這一道菜的時候使用，它的位置是放在三隻叉子的最外側，也就是離墊底大圓盤最遠處。魚類在料理後肉質較軟嫩，以叉子即可輕易分割取用，但如有需要仍可與擺設離餐盤較遠的切魚刀（fish knife）一起使用，其刀刃較不鋒利，因其功能是輔助魚刀剔除魚骨，非主要用於切割之用，常是在用完湯品後會上的一道食物；而較大的叉子（table fork）則位於三隻叉子的最內側，且與刃面較利、較靠近餐盤的餐刀（table knife）一起用於主餐（meat course），如雞、豬、牛等肉類，而刀面一定向內擺置。如菜單中有沙拉或其他前菜（ap-petizer），在主餐肉叉的左側會放置一沙拉叉（salad fork）就是從餐盤處數來的二隻叉子。每用完一道菜後，將使用過的刀、叉置於盤上與該道餐盤一起收掉。在墊底大圓盤的右手邊的第一個位置是食用主餐的肉刀（meat knife），在主餐刀的右側是沙拉刀（salad knife），沙拉刀右邊擺放的是湯匙（soup spoon），而湯匙右側，也就是離墊底大圓盤右邊最遠處的是貝類用叉（食用類似蠔、蛤等貝殼類食物的叉子）。在美式餐具擺放的位置上，因為通常沙拉會在主餐用畢後出現，所以主餐用刀會放在沙拉刀的右側，而主餐用叉會放在沙拉叉的左側，這一點是英式與美式餐具擺放些許不同之處。

　　3. 一匙

　　湯匙一只，其位置是放置在主餐切肉刀的右側。spoon 源自盎格魯撒克遜族語spon，與chip劈開木頭的意思相同，因為第一隻湯匙是用木頭鑿刻而成的。湯匙置於餐盤的右側，由外而內的第一支匙是喝湯所使用的湯匙（soup spoon），或是pudding spoon，稱為布丁匙，使用在餐中有類似糊狀及較濃稠，無法以刀、叉取用的食物，或是取用搭配其他食物的醬料抹醬及果醬（jelly）等。

4.正式餐宴的杯子有水杯（water glasses）、香檳杯（champagne glasses）、酒杯（wine glasses）及雪利杯（sherry galsses）

其擺放的位置在右邊餐刀的上方，而擺放的順序大約是按杯子大小來安排，依次是水杯、香檳杯（如果沒有香檳杯會有兩只酒杯，提供紅酒與白酒的使用）、酒杯、雪利杯。擺放的方式是以九點十七分的位置，左上右下傾斜一直線的方式安排。而各種杯子的功能如下：

(1)水杯（water glass）：水杯是一高腳杯，置於刀子的上方，香檳杯的左邊。其功用除了盛水飲用之外，另一個功能就是當吃完一道菜後要品嚐下一道時，藉著喝水可以沖洗口中味蕾殘存的味覺，不會因味覺的殘留而無法品嚐食物的美味，當你享用下一道菜時，比較能清楚的享受該道食物特殊的美味，主餐後也隨其他杯子因桌面清理而一起被收掉。對於酒類的品嚐也有相同的功用，如果因為搭配食物，而要品嚐不同種的酒時，也可以喝口水沖淡之前的味道，對於不同的酒也能品出不同的風味。

(2)酒杯（wine glasses）：酒杯一個（有時有兩只），置於客人右前方 45 度角處，可盛紅酒或白酒，杯缽到杯口的型狀似鬱金香，又有人喚作鬱金香杯。如果是飲用紅酒，杯口向內收的用意，可使保存紅酒香氣的時間較長。通常桌上酒杯只有一種 size，但如果講究些，還有因 Bordeaux（Claret）和 Burgundy 的不同地區的酒而酒杯也有所不同。

註：Bordeaux 波爾多（法國西南部港口）和 Burgundy 勃艮第（法國東部地區）均為法國生產知名的紅酒區。而在 Bordeaux 波爾多所產的紅葡萄酒顏色較 Burgundy 勃艮第為深，所以如果沒有特別強調，通常 Claret 也有 Bordeaux 的意思。用餐時如果搭配白酒，有時講究些也會使用適合白酒的杯子，白酒酒杯的形狀較小於紅酒杯，因白酒飲用的溫度較低於紅酒（約在攝氏 7℃～12℃左右），杯缽至杯口的線條也較直些，不似紅酒杯的杯口那樣內收。這樣的做法是比較講究的，而目前一般紅、白酒杯都採用相同形狀、大小的杯子飲用紅、白酒，在主餐結束、食用水果以前，所有的酒杯也將隨主餐結束後桌面清理而被收走。

5. 小邊盤與奶油抹刀（butter plate; butter spreader）

小邊盤一只置於左手邊置叉子的上方，一般用於盛裝麵包與奶油。在以往正式的餐宴，是沒有小邊盤與奶油抹刀的擺設。但近年來因為食用麵包時，在麵包上塗抹奶油習慣的人，較以往增加不少，這樣的習慣已漸漸的被打破了。所以現在正式的餐宴，大多在餐具的擺置上會有小邊盤與奶油抹刀。奶油抹刀的擺放方式，是將刀鋒朝內（朝叉子的方向），以九點十七分的方向，左上右下的位置擺放（同擺放杯子的原則安排，感覺會比較有整體性），在食用完主餐後清理桌面時被收回。

6. 餐巾（table clothe）

餐巾一條置於墊底大圓盤上，講究些會摺一些立體的形狀，如展翅的鴻鳥或盛開的百合。大小約 22 英吋到 26 英吋見方（56 公分到 66 公分見方），顏色也許會因配色而未必一定要與桌巾同，但必須與桌布、桌巾為同一質料。某些西餐廳為方便或節省成本，會使用紙製的餐巾，但在正式餐宴中是絕對不可使用紙製餐巾的。餐巾在水果用完之後，會與食用水果的餐具一起被收回。有時在餐廳會看到有一些人，習慣將餐巾用來揩拭碗盤或其他食具，這樣的習慣，會讓別人以為他們的餐具沒有清洗乾淨。若是餐具真的有髒污的情形，不應大聲叫嚷，此時可輕喚侍者，告知餐具髒污，請他換上乾淨的。如果受邀作客，這樣的習慣更需要改掉，因為你擦拭餐具的動作，對主人而言是非常失禮的。一般餐巾的使用方式，並不是將整塊餐巾拿來抹嘴，正確的使用方法，是使用餐巾的四個角，輕輕的沾取嘴角的油漬與醬汁，而餐巾角的方向是由外向內彎曲擦拭。

7. 胡椒、鹽罐（condiment sets）

胡椒、鹽的調味罐，市面上有許許多多針對調味罐的不同設計，但原則上必須與餐具協調。放置處有時置於每位客人的左上方，或是兩位客人中間的上方，大致上以方便取用為原則。如果與其他同桌的人一起用餐，使用胡椒、鹽等調味罐後，應該放回原處，以方便其他人取用。當別人要使用的調味罐較靠近你的位置時，可以體貼的替對方傳遞一下，小小的動作，會讓人感到很窩心的。一般胡

椒、鹽的調味罐通常在主餐後，桌面清理的時間被同時收走，但如餐後有堅果類食物，鹽罐則須留置於桌面，待水果用畢後，連同食用水果的餐具一起被收走。

8. 洗指碗

另外一種食用手取食物後，為清潔手指的器具叫做洗指碗（finger bowl），而洗指碗並不會出現在每一個宴會的餐桌上（並未列於圖中）。一般人比較不了解什麼是洗指碗，顧名思義就是洗手指的盛水碗狀容器，通常正式的場合才會有洗指碗的服務。大多用在必須以手食，或沾手不易拭淨的醬汁食物後，如帶殼的龍蝦、螃蟹，通常侍者會在該道食物結束後送來洗指碗，碗下會墊一擦拭的餐巾，待手指洗淨後將洗指碗置於左上方，再使用墊在下頭的餐巾將手擦乾，餐巾用畢後置於洗指碗旁，侍者會將洗指碗和餐巾一起收走。也許洗指碗不易被使用到，但這裡順帶一提，是希望在有用到的場合時，不會因為不知道它的功能，產生誤會而出糗。一般洗指碗會在碗中放一朵花，或是幾片花瓣，有時也會在碗中放幾片檸檬片，除了可以去除手指上的油膩外，還會有淡淡的檸檬清香呢！

臺北喜來登大飯店安東廳提供

二、各種餐飲形式的認識

以現在的飲食環境而言，想要吃到異國料理絕非難事。就我們熟知的日本料理、法式料理、義大利美食和韓國烤肉，舉凡種種都離不開刀、叉、筷、匙的使用。而就餐具使用的禮儀，可略分為西式、中式與日式。如果以餐飲的形式來討論，又有單點式（a la carte）、自助餐式、半自助式及雞尾酒型態的方式。以下就以國人平日較容易接觸的餐飲方式，對餐具的使用，及用餐時應注意的禮儀作概略的介紹。

(一)西式：

西餐不似中餐只分早、中、晚餐，古時還有過午不食的觀念呢！現代人作息較晚，也會有宵夜的習慣。不過因作息及習慣，西餐因食用時間的不同也有不同的名稱與內容，以下是西餐不同餐型的介紹

1. 早餐（breakfast）

西式的早餐 breakfast 用英文來解釋 The first meal of the day，其意為一天中的第一餐。而早餐的內容依序有醒神的咖啡或茶、種類較多的麵包（有吐司、可頌、丹麥麵包、雜糧麵包等……）、醒味的水果盤、早餐麥片（玉米脆片 cornflaekes、什錦果麥 cereal）及優格，還有蛋包、培根、火腿、馬鈴薯等用來搭配的熱食，所以餐具會有以下的項目：

※墊底大圓盤：一墊底大圓盤置於中。

※一刀一叉：刀置於盤子的右側、叉子置於盤子的左側（提供於醒味水果及主餐使用）。

※二湯匙：湯匙二支，一支置於刀子的右側，用來食用麥片，同時食用麥片及優格時，會再同時提供一支小湯匙。另一支用來食用水果，或是葡萄柚這一類多汁的水果，擺放在麥片匙的右邊。

※水杯（tumbler）：這是一種沒有握柄的平底玻璃杯，置於擺放刀子與湯匙位置的上方，可以用來喝水、果汁及牛奶等飲料。

※咖啡杯或茶杯：咖啡杯或茶杯如果是必須向應侍者點取時，茶或咖啡會放

置在茶碟或咖啡碟子上,攪拌的湯匙會隨咖啡杯或茶杯的服務一同附上,被放置在餐盤的右手邊。如果咖啡、茶要自己取用時,通常在用餐處的附近,會有類似像餐臺的安排,上頭會擺放裝有咖啡或茶的咖啡壺或茶壺,及咖啡杯、茶杯,咖啡碟、茶碟,和攪拌用的湯匙。而搭配的糖罐(sugar bowl)、糖包、牛奶、奶精(creamer)等,也會放在一起,按個人需要使用。因早餐通常不喝酒精性飲料,所以早餐之餐具擺設沒有酒杯。

　　※小邊盤及奶油抹刀:用來放置麵包及奶油抹刀,直徑約 5 吋半到 6 吋的圓形小盤,置於左手邊叉子擺放位置的上方,奶油抹刀放置的方式為刀刃向內,呈九點十七分的方向,右上左下微微傾斜的置於小邊盤上。

　　※餐巾:餐巾一條,未開始用餐前,是置於餐盤左側的位置。

　2. 早午餐(brunch)

　　早午餐是介於早餐與午餐間的餐點,也是早餐(breakfast)及午餐(lunch)的合成字。因為不屬於正餐,餐點內容因而相對簡單。

臺北喜來登大飯店安東廳提供

3. 午餐（luncheon or lunch 而 luncheon 的講法較正式）

午餐與晚餐同屬正餐，但比較沒有晚餐那樣的正式，通常午餐大多是三道菜，而晚餐大多是五道或五道以上的餐點。餐點內容有餐前飲料（aperitif）、開胃菜（hors d'oeuvres），hors d'oeuvres 在法文裡是開胃小菜的意思，也就是西餐所上的第一道的開胃菜，通常是以一口大小擺盤，一般多以冷食的形式食用。食用 hors d'oeuvres 的用具，大多以牙籤或類似牙籤的食器來食用。湯品（soup）、沙拉（salsd）、主餐（entree）、水果、起司（cheese）、甜點及咖啡、茶，餐具如前西餐餐具安排一節所述。在美國，水果通常與起司一塊兒食用，但在英國的習慣，起司一般與一種英式的餅乾（biscuit）一起搭配食用，而在西歐各國，不同的起司會搭配著不同口味的麵包一起食用。美式與英式的餐點順序有些許不同，美式的順序是湯品→主菜→沙拉→水果、起司→甜點→咖啡、茶；但英式的餐點順序則是湯品→沙拉→主菜→水果、起司→甜點→咖啡、茶。如果按照美式的吃法，位於左側的叉子擺放的順序，由左至右應為魚叉、主餐肉叉、沙拉叉；置於右側刀子的順序，由右至左該是沙拉刀、主餐肉刀的方式擺放。當採英式的用餐順序時，盤子左側的叉子，由右至左依序為魚肉叉、沙拉叉、主餐肉叉；餐盤右側的餐刀，由左至右依序為主餐肉刀、沙拉刀。所以午餐的餐具會有（如頁 39 圖）：

※一刀：主餐肉刀。

※二叉：沙拉叉、主餐肉叉。

※二匙：如果菜單上有道湯品，則會擺放一支湯匙。而湯匙擺放的位置，會在餐盤的右手邊的位置，也就是在最外側的地方。午餐大多在五道菜以下，所以通常是採半正式擺放方式，甜點湯匙會出現在其中，圖中甜點湯匙置於墊底圓盤的上方。

※小邊盤與奶油抹刀：其擺放的位置與方式，和其他餐型的原則一致。

※杯子：杯子兩只，都是有莖的長柄玻璃杯，置於左側的一只為水杯，右側的一只是酒杯。但有時兩只杯子會是一樣形式與大小，為水杯在左、酒杯在右。

臺北喜來登大飯店安東廳提供

4.輕食（light meal）

是介於早餐與中餐、中餐與晚餐間的餐型，因份量不如正餐來得多，口味也不似正餐來得重，所以叫作輕食（light meal）。餐食內容依序有前菜、湯品、主菜、水果和甜點的安排，餐具有墊底大圓盤、開胃菜的刀叉、喝湯時的湯匙、主餐的刀叉、水杯、酒杯、小邊盤、鹽、胡椒罐、奶油碟及奶油刀和餐巾。

5.晚餐（dinner）

晚餐與午餐同屬正餐，但晚餐又較午餐更為正式，通常是五道菜以上的形式餐具的擺放同上圖。有時除了麵包盤及奶油碟不會出現在餐桌上外，餐型的內容與餐具的安排與午餐大致相同。如果餐具安排中沒有麵包盤與奶油抹刀的話，麵包是放置在籃中，以傳遞的方式取用，拿取麵包後置於餐巾上，可撕成小片，與湯搭配食用。通常主餐會搭配醬汁食用，如果是自行取菜時，食物不要堆得太多，以免當主餐肉汁加入時，湯汁因此溢出餐盤，而弄髒桌面。在這裡順帶一提的是：在英國，沙拉會在主餐前食用（其用意是減少主餐的攝取量），而美國人的習慣，

沙拉則是放在主菜後食用（為了減少主餐肉食用畢後的油膩感）。一般如果是侍者上餐，侍者通常由客人的左手邊上菜，但收拾刀、叉、盤子的時候，侍者會至客人的右手邊做收拾的動作。如果有需要補上新的刀、叉，侍者會在右邊補刀，左邊上叉。水杯及酒杯置於右側，所以添酒、加水也是會在右手邊進行。而在包括水果以前的食物用畢之後，所有的的餐具會隨桌面清理一同被收走，包括所有的餐盤、刀、叉、胡椒、鹽罐、麵包盤、洗指碗等，待桌面清理完畢後，接著最後一道食物就是甜點（所謂的 sweet ending），這是與中式餐點比較不一樣的地方（一般中餐大多將水果放在最後）。有些較講究的主人會請客人移至客廳或起居室後，再提供咖啡、茶及甜點或巧克力的服務。

6. 宵夜（supper）

一般西式晚餐宴會的時間大多在七點到八點開始，而 supper 大概的時間就是在八點以後，且餐型的內容較簡單，不像午餐、晚餐這麼樣的豐富，大概與輕食的內容差不多。而宵夜是比較不正式的餐食，不會有人在宴會上，或請人至家中作客用餐是以 supper 的餐型來宴客的，一般是指較熟悉的人，或是閨中密友，口頭邀約的方式來進行。

7. 主餐後的其他食物

(1)一般主食後，甜點刀、叉或湯匙會隨著甜點附上，通常需要什麼樣的食具，是隨著甜點內容與形式的不同，而附上適用的餐具，所以只要按著所附上的餐具食用即可，而幾種點心不同餐具的使用方法，前文略有所提，此不再贅述。

(2)水果上來的方式有切盤（per-cutting）及整顆的形式服務，已經切好的水果用所附刀叉食用應該是沒有什麼問題的，但對於整個的水果，食用方式就要稍稍注意了。如：

※香蕉：香蕉連皮的整個置於盤中時，千萬不要拿起香蕉像在家裡一樣，用手剝了香蕉皮就將香蕉往嘴裡送。要先以叉子輕輕置於香蕉的一端固定以免滑動，右手持刀將蕉身由上至下輕輕劃開，再用刀叉輔助將香蕉皮剝掉置於盤子一旁，將香蕉切成一口大小用叉子送入口中食用。

※西瓜：一般以去皮切塊或切片的方式（pre-cutting），一片片的切好待取用，食用時以點心叉將瓜籽挑出置於盤中。如果吃到西瓜籽時，不要直接以口將西瓜籽吐在容器上，還發出噗噗的聲響。應該是以餐巾遮掩，將西瓜子吐在握拳狀的手中，再置於容器中。如果盤中切塊的西瓜太大，可以先使用刀子或叉子將西瓜切成易入口的大小後，再以叉子取食。

※瓜類水果：一般除了較大的西瓜多以 pre-cutting 的方式服務外，其他的瓜類食用的方式，多半是將整顆瓜切成一半，或是四分之一的方式服務。如果是半顆的形式，一手扶著瓜身的邊緣，一手持湯匙挖取果肉食用；如果是以四分之一的形式，可以用上述的方式一手扶著瓜瓣以固定，一手一樣以湯匙挖取果肉食用。但如果沒有湯匙，瓣狀瓜類也可以用刀叉食用，一手持叉輕輕固定瓜瓣一端，一手持刀從瓜瓣另一端頭，延著瓜身的形狀將瓜皮片開，保持與果皮與果肉分離，但留有部分仍未切割分離，再以刀子將果肉切成可入口的大小，以叉子取食。

※無花果：無花果一般在西方的餐飲食材中較多見，是一種無花果樹的果實，與李子大小差不多，形狀略似琵琶形，置於食物料理中大多連皮食用；如果是以水果形式食用，通常是將無花果對半切開後，再用湯匙挖取當中的果肉食用。

※櫻桃：櫻桃是所謂的 ffinger fruit，就是不需要任何刀、叉、湯匙類的輔助餐具，以手直接拿取入口食用的此類水果稱之。將櫻桃放入口中食盡剩下果核時，以餐巾遮掩，將一手握成杯子形狀，把果核吐在手中接住，再將握成杯狀的拳頭最後兩根指頭微微鬆開，把吐在手中的果核順著空隙放在盤中，千萬別將果核毫無遮掩的直接吐在盤子上，那是十分不雅的舉動。

※葡萄：如果葡萄已經按分量被放置在盤中，食用方式與櫻桃類似，因為葡萄也是一種 finger fruit。但是如果葡萄是一串一串的放置在水果籃中，以自取服務方式，這樣的方式通常會附上一支剪枝用具，正確的取用方式是先拉起整串葡萄中的一小串，用所附的剪枝工具將其截斷後，把所取用的一小串葡萄放置在自己的盤中食用。如果籃中沒有剪枝的工具，可以將要取用的部分多施點力，將其與主枝分離，切忌施力過大，以免葡萄因用力過猛而四處滾落逃竄，而自己也為

攔截四散的葡萄搞得尷尬不已。順帶一提的是，進口紅色的美國葡萄和綠色的義大利葡萄不似臺灣種的葡萄，都是連皮吃的，所以吃到這樣水果時，別千方百計的想把皮吐出，因為在你擠眉弄眼要整治這顆葡萄的當兒，坐在你對面的客人，也許會擔心你是否因食物中毒而造成顏面神經抽搐而緊張不已呢！一般吃葡萄的方式大致有三種：一、臺灣產的葡萄是必須吐皮吐籽，以餐巾遮掩，可以將皮與籽吐在拳狀的手中，再放在盛裝葡萄的盤子中。二、有些葡萄是所謂的無籽葡萄，吃這種葡萄時比較簡單，只要摘下一顆顆的葡萄送進嘴裡，一個個慢慢咀嚼食用，沒有吐籽吐皮的問題。三、另一種葡萄是有籽，但是無需剝皮，如果吃到這樣的葡萄，可以將葡萄以一手固定，另一手持刀將葡萄對半切開，再以刀子將葡萄籽剔除，以手取切半去籽的葡萄食用（無須吐皮）。

　　※蘋果：蘋果也屬於以手取食的水果，將蘋果用刀子切成四等份，再以刀將果核的部分切除後以手取食，如果你不想連皮一起食用，將蘋果切成四份後，再一瓣瓣的將皮去除食用。最好不要拿起整顆蘋果，就豪爽的大口大口的吃起來，在家裡也許可以這樣吃蘋果，但在正式場合可不要這樣隨性喔。

　　※梨子：梨子的食用方式與蘋果雷同，但唯一要注意的是，如果梨子是屬於較多汁的水梨，應該在切開去核之後，以刀叉切取一口大小食用之。因為水分太多的水果用手取食，容易將汁液弄得到處都是，所以如果梨子水分較多時，應以刀叉輔助食用。

　　※李子：李子也如 finger fruit 一樣以手取食，待食至果核處，以餐巾遮掩，用另一隻手將果核取出置於盤中，不要直接將果核吐在盤子上。

　　※草莓：草莓同屬 finger fruit 的一種，通常被洗淨、去莖、留蒂，在食用草莓的同時會佐以蜂蜜、楓糖漿或鮮奶油一類的甜食，佐味料（dessert mate）置於特製的容器中，以手指提取草莓蒂的部份，放入盛有醬汁的容器中，沾取適量的糖汁取食，入口後留下果蒂的部分置於盤中。

　　※葡萄柚：如是以 precutting 的形式，通常是切成瓣狀後，將有籽的部分切除，食用後果皮及多餘的籽均置於盤中。但如果是整顆的葡萄柚，則將葡萄柚對

半切開（葡萄柚蒂頭左右放置的方向），將一半用手握住，另一手用湯匙或特製柑桔果肉取用匙（pointed citrus spoon）挖取果肉食用。

　　※其他柑橘類水果：如柳橙、橘子等都屬此類水果，如果像是橘子一類外皮可輕易剝除的，可以將其果皮剝除後，一瓣一瓣的取食，以餐巾遮掩，將籽吐在拳狀手中在放於盤中。但如果像柳橙一類果皮不方便以手剝除，其食用的方式可以像葡萄柚一樣。

　　※鳳梨：鳳梨通常會去皮、去心，被切成一片一片的形式待用，置於盤中以刀叉切取適當的一口大小食用。如果是以長條瓣狀帶心（鳳梨心）的形式上桌，可先將鳳梨心纖維較粗的部分切除，剩下的部分再切成可入口的大小食用。

　　※柿子：如果是硬柿子，將柿子蒂頭部分朝下切成四等份，再以叉子固定其中一瓣，用刀子切取適當一口大小食用。但是如果是軟柿子，因皮澀肉軟，所以食用方式與硬柿子不同，首先將柿子蒂頭部分朝下對半切成二等份，一手握著一半的柿子，另一手持湯匙挖取果肉食之。

　　(3)茶：我們所了解幾種不同的茶文化，有中國式的功夫茶文化、日本的茶道文化及英國的下午茶文化。茶的歷史要追溯到西元前三世紀，中國人開始知道茶的用處，成為普遍的飲料是始於唐朝；到了宋朝更有一些有關茶的製作及飲用方式的著作出現。由於絲路的連結及海上運輸貿易的興起，中國的茶葉藉著陸路和海路被帶到世界各角落，而飲茶的文化也隨著傳播到許多國家，影響最深的是東方的日本及西方的英國，因此也孕育出了頗具特色的茶道文化和英國的下午茶文化。而一般茶的發音在世界各國大約分成兩種發音，一是與中文北京話「茶」（查）音相近，另一種發音則與福建閩南「茶」（ㄉㄟˊ）或英文（TEA）發音較為相近，這是由於當時中國茶葉經陸路及海路的不同路線的運送，而廣州是當時陸運的茶葉最大集散地，福建的泉州則是當時貨物輸出最大的港口，廣東話及泉州話茶的發音，也就影響了當時各國對茶的第一個認知。英國海權擴展後也開始接觸茶，更愛上喝茶，因為茶葉得來不易，喝茶都是王公貴族們的高級享受，也在被殖民的亞洲國家（以印度、斯里蘭卡為大宗）廣闢茶園，喝茶在當時貴族仕

女們的社交活動中，成為一種代表身分的飲品，進而發展出英國獨特的精緻下午茶文化。早年印度成為英國的殖民地後，由於英國有計畫的在印度廣闢茶園，所以印度有不少地方出產質優味醇的紅茶，像印度的大吉嶺紅茶、印度阿薩姆省的阿薩姆紅茶、斯里蘭卡的錫蘭紅茶。而一般較為人所知的茶有英國早餐茶、伯爵茶、大吉嶺紅茶；如果擔心咖啡因濃度太高，可以選擇咖啡因濃度較低或無咖啡因的茶，像花茶如玫瑰花茶、茉莉花茶、菊花茶；水果茶如桔茶、藍梅茶、花草茶等，都是很不錯的西餐餐後茶品。

　　(4)咖啡：咖啡是原產於非洲伊索匹亞的喀法（kaffa）高原，一種常綠喬木，其結實的果肉是紅色的漿果，而內有兩個種子，也就是烘焙之後的咖啡豆。咖啡雖然在十、十一世紀就被人發現，但其飲用的歷史是在十三世紀時，由阿拉伯人開始。但因為咖啡有提神與興奮的效果，在回教戒律中是不被容許的，與酒精飲料一樣是被禁止的，所以雖然在阿拉伯沖泡出了第一杯咖啡，但至今始終不見咖啡市場能在回教國家興盛的原因由此可知了。也因為地理環境之故，咖啡經由歐、亞橋梁的土耳其被帶進了歐洲大陸，自此大受歐洲人民的歡迎，而在義大利、奧地利及法國發展出了不同的咖啡文化，像大家熟悉的義大利的拿鐵咖啡（caffee latte）、義大利濃縮咖啡（espresso）、義大利的卡布其諾咖啡（cappuccino）、法式咖啡（café au lait）、維也納咖啡（wiener eis kaffee）。一般較為人所知的咖啡豆有巴西咖啡、曼特寧咖啡、哥倫比亞咖啡、摩卡咖啡、藍山咖啡，除了品種不同外，其烘焙的程度不同也是影響咖啡味道的關鍵。那箇中滋味只有咖啡老饕能體會了，如果想要更了解咖啡，坊間有不少好的專著可供參考喔！茶與咖啡成為歐洲大陸及英國人民常喝的提神飲料，伴隨著西餐文化的發展，主餐後的茶與咖啡也是西式餐飲的一部分。茶、咖啡飲食該注意的細節與禮儀是接下來所要討論的重點：

　　※一杯香濃的咖啡，如果需要搭配糖或奶精，以湯匙攪拌糖或奶精時，動作宜優雅且盡量避免發出聲響，攪拌完畢之後，湯匙要放回杯碟上，飲用時不可將湯匙置於杯中。喝茶或咖啡的時候，如果離開桌面時，應左手托杯碟，右手持杯，

既不會將液體滴在身上，姿勢也是非常優雅的。

※咖啡或茶的湯匙其功用是攪拌，千萬別用湯匙舀杯中的茶或咖啡來喝。喝茶或咖啡在離桌時，要將茶杯、茶碟同時端起，以左手持碟、右手持杯的方式飲用。但是如果座前有桌，則以右手持杯飲用即可。

※使用糖罐中的匙子加糖時，罐中的湯匙舀取適量的糖加入杯中，千萬別將匙子放入杯中攪拌浸濕，而影響下一人使用。

※茶、咖啡都是以至少70度以上的溫度沖泡，如果怕燙，可以將其靜置一會兒再飲用，不要因為怕燙而不斷的在杯口吹氣。在喝第一口時，宜少量啜入，避免因燙口而不慎將茶或咖啡灑出，造成困擾。

※通常咖啡是配奶精和糖，茶是配糖、檸檬片或牛奶，千萬別一股腦兒的全加了進去，那有可能變成咖啡豆花或紅茶豆花喔！記得有一次在餐廳裡，服務員在做熱茶服務，一位客人在杯中已經放入了奶精，卻還要夾取盤中的檸檬片，服務員客氣的告訴他：「加了奶精不加檸檬片比較好喝喔！」也不曉得這位客人是賭氣還是真愛喝紅茶豆花，還沒好氣的說：「紅茶奶精檸檬片是現在最流行的，你沒喝過嗎？遜！」雖然如此，喝茶或咖啡還是加上適當的調味是比較好的喔！

(二) 中式

中國菜的美味是舉世皆知的事，中國地大物博，各地區也因為食材的不同與飲食文化各異，發展出了幾種不同的菜系。有川菜（四川）、湘菜（湖南）、粵菜（廣東）、魯菜（山東）、浙菜（浙江）、蘇菜（江蘇）、閩菜（福建）、徽菜（安徽）等，所謂的八大菜系。但是在臺灣，因為各種料理大多有混合的情形，所以茶樓也點得到宮保雞丁，川菜館也吃得到西湖牛肉羹。一般筵席上的菜色，有時包含了各大菜系有名的菜色。中式餐具很簡單，不像西式餐具，吃生菜的刀叉，切肉的刀叉，一道菜就是一副刀叉。不諳西餐禮儀的人，看到這麼多的刀刀叉叉，想必還沒吃就已經很頭痛了！但反觀中式餐飲，餐具就是筷子一雙，一雙筷子挾起菜餚無數，小如松子、長如麵條、刁鑽如蛋、滑溜如鱔。只要是上得了桌的食，沒有筷子揀不起的菜，筷子著實的把槓桿原理發揮到了淋漓盡致的境界，

這時不得不小小誇讚一下中國人的智慧了！雖然傳說筷子起源的目的是為了安全，而不是發明用來取食的（商紂王為了防止反對者在他用餐時行刺，可以在他人行動時，手邊有可以立刻反擊的武器），但因為筷子實在太好用了，所以到了後來，筷子就成為中華飲食文化發展的一部分了。筷子講究的有銀製（為了防止經手料理的人在食物中下毒）、象牙製（近年來大象因盜獵，使得大象數量銳減，讓野生大象一度瀕臨絕種，禁止盜獵後象牙筷子不再多見）、木頭製、竹製等。除了中華民族是使用筷子的民族外，其他使用筷子的民族，在歷史演進中都是漢化很深的如大韓民族（韓國）、大和民族（日本）。但韓國人的筷子大都是金屬製的，而且筷身角扁平，日本人所使用的筷子筷長也較短。

一般人在家吃飯，有時筷子放下時，就架在前面的盤子上，或是直接擱在碗上，說來有些不大衛生也不太雅觀。筷架就是為解決這個問題的產物，筷架的造型、花樣也是非常的豐富。

中餐的餐具除了筷子、筷架外還有湯匙，湯匙的形狀如一平底船，使得湯匙置於桌面上的時候，如船行水面般的不會傾斜，這樣的設計不是西式的湯匙可堪比擬的。湯匙大部分都是瓷器製品，除了用來餵食小朋友的湯匙多用塑膠製外，四、五十年代的鐵湯匙已不多見。筷子有筷架相依，湯匙也要與湯匙架為伴，其功能與作用與筷架相同。

在中式的筵席上，通常每個位子前都會擺著一個 5 到 6 吋的圓盤，不像西餐裡的墊底圓盤用以襯底，也不當麵包碟來放置麵包。其功用是用來盛裝菜餚中，食盡後所剩下的雞骨、魚刺、蝦殼或蟹腳。為避免每道菜餚的味道互相混淆，通常每一道菜間，侍者會收走髒污的菜碟，換上乾淨的使用。

中國人用餐沒有像西方人，有用餐時幾乎餐餐佐酒的習慣，中餐餐桌上大多放著同一形式的杯子，水、酒、果汁皆可使用；不似西餐中，喝水有水杯、品酒有酒杯，而光是喝酒用的杯子，就多得讓人目不暇給。

一般中式筵席的餐具，大致上的擺放方式是會有湯匙與湯匙架、筷子及筷架、水杯、盛菜的小圓盤、餐巾等，有時隨需要做或增或減之擺放。但基本上中

式餐具並無絕對的擺放規定，因為許多的形式多半是約定俗成，所以你有可能在不同的中式餐宴中，會發現餐具的擺放有些許的不同。但不論擺放是否有多少差異，中式餐具的使用基本上對國人是沒有什麼困難的，重點在於用餐時應注意的禮節，那才是國人該要加強的，以下就依各種餐具擺設及功能逐一探討（如頁48圖）：

　　1.座位前會有一只 5 至 6 吋的圓盤，功能如前述，用以盛裝食物剩餘的雞、牛、豬骨、魚刺、蝦蟹貝類的外殼或殘屑。在這只圓盤的右前方，有時會擺放大小類似的圓盤，其功能是用以取菜之用。

　　2.圓盤上會有一只碗，這只碗通常用來盛裝筵席中的湯品。當菜單裡的湯品多過一種以上，之前使用過的湯碗，會隨當道湯品結束而被收走。下一道湯品上桌時，也會換上乾淨的湯碗以供使用，以避免混淆不同食材的味道，而影響湯品原有的風味。

　　3.在圓盤的左側放置湯匙及湯匙架，湯匙架除了可以使湯匙的擺放更加穩固外，也兼具美觀且衛生的功能。湯匙使用後多半會有湯汁或醬料殘留，直接放回桌上，容易弄髒桌面，並不雅觀，也不符合衛生的觀念。湯匙的功能想當然爾，必定是用來喝湯的，但是湯匙還有一個功能，是作為輔助之用。當菜餚中有筷子無法穩固夾起的食材，像芡汁較厚的食物，或是粉絲、鵪鶉蛋、鰻魚等較滑溜的食物，夾取食物時，可以使用湯匙做襯底的輔助，避免這些食材在挾取過程當中，因為不小心而滑落，正好掉入湯碗中，濺起湯汁，因而弄髒自己或別人的衣物。

　　4.而相對位置的右手邊，則是筷子與筷架的放置。筷子的材質有許多種，銀製、木製、竹製等，一般筵席大多使用木製筷子。如果一般的飲食店，因成本考量多使用竹製筷子。在使用竹製筷時，常見到有人會怕因筷子加工不精細，筷子上仍留有一些纖維會刺進手中。所以會將竹筷分置左、右手中，互相不停的來回摩擦，以期除去粗糙的纖維。這樣的動作除了不甚雅觀，在你磨去竹子的纖維時，也許有一些細屑因此而掉入菜餚當中，會讓同桌其他人會感到不舒服的，這樣的習慣最好能做修正。如果拿到的筷子真的有刺傷自己的疑慮，可以自己或請侍者

幫你換一雙使用為是。筷架的功能與湯匙架相同，兼有美觀與衛生的功能。

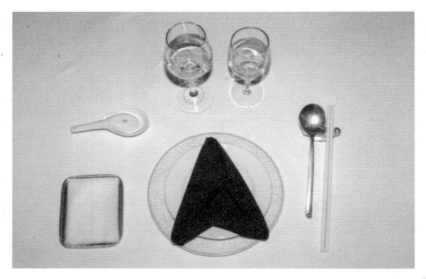

中式宴席從第一道菜到最後一道菜，大約有十二道之多，分前菜（多為冷菜、拼盤類）、主菜（以熱菜為主）、甜點三大類。中式的餐桌以圓桌為主，取菜為方便每一個人，中央以旋轉式的方式設計。每一道菜的分量，應多過實際座位人數的份量，每一道菜都會由侍者在桌邊分為等分，如果想要再品嘗一次該道菜，就必須自己取菜了。一般吃中餐的規矩，並沒有像西餐那樣繁複，但是用餐的禮儀在中餐桌上，一樣是要被強調的。

　　1.中式筵席通常桌數非常多，不大可能像西餐一樣，等待著主人或者是女主人的指示才能開動，不過通常主桌的菜一定是第一桌被送到的。除主桌外，當桌有長輩者，應待長輩先動筷後，才可以動筷取食。

　　2.旋轉桌是方便取菜用，不要將自己的餐具放在轉檯上，以免影響他人取食。

3.每一道菜上都會附上取用的餐具，要自行取菜時，務必使用公筷母匙，千萬不要用自己的筷子或湯匙，大剌剌的就伸進菜中，既不衛生也不禮貌。在取用時千萬別在菜中挑三揀四的，只取自己愛吃的，把不愛吃的撥到一旁，這樣的行為實在是讓人搖頭。

4.因取菜而旋轉桌面時，最好以順時鐘方向旋轉，其實方向並無嚴格限制，但因為大多數的人慣用右手，以右手循順時鐘方向旋轉也較為順手。

5.在別人取菜時，切忌轉動檯面，待他人取菜完畢後再行取用。千萬不要害怕吃不到，讓行為舉止變得浮躁魯莽，這樣失了風度也賺不到好處。

6.通常每道菜在收掉之後，廚房會將其整理打包，留給主人處理，如果真的想留一些帶回家，最好宴會結束後委婉的告知主人。千萬不要大剌剌的拿起自備的塑膠袋，就在所有人的面前堂而皇之的打包起來。有時為了怕人說自己貪小便宜，就拼了命的解釋：「我爺爺就愛這道菜……」；有些更沒禮貌的打包高手，別人還沒停筷呢！手沒停的打包，嘴中還自顧自的解釋著：「我們家小黃好愛吃！」其他人此時就算想吃也不敢動筷子了。如果有過這樣的行為，最好不要再有了，因為這些行為都是非常失禮的。

7.中餐餐具除了筷子、湯匙外，有一些不能用這些餐具取用的食物，是可以將食物放入餐盤後以手取食的，如土司夾烤方及蜜汁火腿，或是需要剝殼的蝦、蟹類，在食用完畢後，可用隨菜附上的洗指碗的水清洗。為去油膩，有些洗指碗裡會放些檸檬片，千萬別將它當檸檬水給喝了！

8.吃菜時記得閉著嘴細嚼慢嚥，不要張嘴咀嚼外，還不時的發出自以為美味的聲音，有時會讓坐在旁邊的人食不下嚥的。喝湯時，如果怕湯的溫度太高，記得先讓湯靜置一會兒，待溫涼後再喝，以免燙口。

9.有許多國人使用筷子會有一種小動作，在拿起筷子時，會將筷頭朝桌面上觸擊一下，有人的解釋是將筷子對齊，也有些人卻不知所以然，純粹是習慣問題。如果有這樣的習慣，盡可能的改一下，因為敲擊桌面，或是碗、筷、湯匙碰撞所發出的聲響，是會引響他人的用餐情緒；而入口的筷頭接觸桌面，這樣的習慣也

是不合衛生的。

　　10.食用湯麵時，不應該像吃日本麵食一樣，唏哩花啦的發出吸入麵條的聲音，避免發出聲響。如果挾取麵條入口時，最好以湯匙盛裝麵條輔助入口，避免麵條滑落濺出湯汁。

　　(三)日式

　　我們對日本料理的認識，大部分就是生魚片、壽司、拉麵、鐵板燒等片面的認知，事實上，在日本拉麵店是不賣生魚片（刺身）的，要吃高級的懷石料理也別進居酒屋。日本料理有分幾大類：酌物（tsukemono），如醃黃瓜、醃蘿蔔；吸物（suimono），如味噌湯、海帶芽湯；煮物（nimono），如關東煮、壽喜燒；蒸物（mushimono），如茶碗蒸、海鮮豆腐蒸；油炸物（agimono），如炸蝦、天婦羅；燒烤物（yakimono），如牛肉燒、照燒豬肉，是日本食物幾種主要的料理方式。一般比較正式的日本料理，有所謂的懷石料理和會席料理，以下就各式料理及用餐之禮儀分別探討：

　　1.日式料理區分

　　(1)懷石料理：懷石料理名稱的來源，是古時日本禪宗有一派強調身體苦修的佛教僧侶，在修行當中，為了克服因不食所造成的飢餓感，將溫熱後的石頭懷抱在腹部，以減輕飢餓感而不致中斷修行。後來發展出一套簡樸而不失美感的素食料理，以僧侶懷抱溫石來命名。因為講究的做工及強調美感，漸漸成為宮廷裡料理方式的主流，直到現在，懷石料理仍然是日本料理追求的最高境界。懷石料理大約可分先付（sentuske）、前菜（zensai）、吸物（suimono）、向付（生魚片）、煮物（nimono）、盤盛物（主菜 main course）、汁湯（tomewan）、香物（otsukemono），約八道菜，最後則是和果子（甜點）搭配日本茶（綠茶）。懷石料理之所以迷人，是必須隨四季的變化，將時令的食材與優雅的盛裝食器，作最完美的搭配。而一道菜中的顏色通常不超過三種，以符合懷石料理儉樸、優雅的特性。

　　(2)會席料理：會席料理是指正式筵席的餐點，一套順序下來是前菜（zensai）

吸物、向付（生魚片）、碗盛（煮物）、燒烤物、酌物、蒸物、主菜（牛、雞、豬類搭配米食的主餐）等八道菜。日式料理通常是一人一份一次上桌（除甜點和日本茶），有時不了解，看到琳瑯滿目的菜色，真不知該從何下手。一般是先喝一口清湯，其他菜色食用速度宜平均，不要持續食用某一道菜，讓所有的菜餚能在同一時間食盡。讓我們來熟悉一下這些料理方式的大致內容：

A、前菜（zensai）：前菜也就是一般所指的開胃菜，都是以冷食的形式上桌。

B、吸物（suimono）：吸物通常是指有料的清湯，湯料大多是魚肉、蛤肉、豆腐，多是一口可食的大小。如果不能一口食盡，用筷子從中截斷至可食的大小，不可以咬了一口再放回碗中。以手持碗，以碗就口，一口湯、一口湯料的將湯飲盡。

C、向付：也就是日本料理的生魚片，種類會因時令而有所不同，因為新鮮是生魚片首要的要求。鮪魚、鯛魚、花枝、貝類、蝦類、魚卵，都是生魚片中常見的種類。生魚片切片的大小，就是入口的大小，千萬不要用牙齒咬斷，因為有些生魚片肉質較韌，是無法順利一口咬斷的。在你齜牙咧嘴忙於對付它時，跟你同桌共食的人，可能無法繼續安心坐在你的旁邊繼續用餐了。

D、煮物（nimono）：通常是把食材煮至湯汁收乾後（比較入味），放置待涼後上桌，因為並非煮菜也作開胃之用，所以分量並不多。

E、燒烤物（yakimono）：日式料理的燒物料理一般多是牛肉、豬肉或雞肉，塗上燒肉醬燒烤後做成的料理，這些肉類不以筷子分割，通常切塊的大小都是一口可食的。如果是串燒的形式，也是一口可食的大小，串燒食物上桌後，應趁熱將肉塊取下，以免待肉塊冷卻收縮後，不易將竹籤上的串肉取下。如果勉強取下，有可能因用力過猛而將整串肉弄得滿天飛，場面很是難看。如果是烤魚之類的料理，一整條烤魚通常從尾部吃起，待吃完一面要吃另一面時，切忌不可將整條魚翻面，應該將魚骨移至餐盤的一側，再繼續食用另一部分。如果魚骨不易以筷子移除，可以用左手按在魚頭部分，幫助施力，是可以順利將魚骨和魚頭分離的。

烤魚如果不是整隻而是部分時，如烤魚下巴、烤魚肚等部分的魚身，最好不要從魚的中央吃起，可以從魚身的一端開始食用。

F、揚物：指的是以油炸方式料理的食物，像是天婦羅、炸蝦、炸蔬菜、炸花枝等食物都屬於此類。因為油炸的食物大多裹了一層麵衣，吃的時候用餐巾紙或以手接著，以免食物上的麵衣掉滿一桌子，實在不太雅觀。

G、香物（otsukemono）：指的是醃漬類的食物，有可能是小黃瓜、蘿蔔、茄子之類的蔬菜做成的醃製物。

2.日式料理用餐時的禮儀

(1)日本料理中筷子的擺放置是橫著放，與中式料理的直是擺放方式是不同的。日本認為筷子這樣的擺法，對於在座有長輩的時候，是表示謙遜的意思。通常日式料理筷子是裝在筷套中，多半是紙製的筷套，講究點的有用棉製的「和紙」製作。使用筷子的時候，先以右手從筷子下端拿起，左手置於筷子中端的部分握住筷套，右手將筷子取出放在筷架上。用餐時筷子夾取菜餚，雖不要求帶著殺氣的「穩、準、狠」，但也不宜猶豫不決，筷子在菜餚上左尋右找的，不知從哪下筷，這樣的狀況是失禮的。日本人也稱這樣的行為做「迷箸」，意思是你的筷子已經迷失了方向囉！筷子夾取食物時，第一箸夾起後就應該送入碗裡或口中了，不要因為不小心夾到自己不愛吃的食物，而又放回皿中，或是拿著筷子在食物中挑三揀四的，這樣都是不可取的。日本人對此也有一種說法，叫做「探箸」，也就是用筷子在食物中找尋什麼東西的意思。從小吃飯時，大人總是告誡我們：「儘量揀面前的菜吃。」雖然當時不知是為什麼不能吃面前以外的菜，心中就算有疑惑也不敢問，總是乖乖的照著大人們的吩咐去做。現在終於了解要越過盤盤菜餚，去夾取對方面前的菜餚時，是會影響到別人取菜的，大人以前這種生活教育，無非是要我們從吃飯用箸，試著去學習體貼別人。同樣的精神也適用在吃日本料理的的時候，對此日本人又有一說：這樣的行為稱為「越箸」，當然就是越過別人用箸不禮貌的意思囉！筷子的功能既然是夾取菜餚，就千萬不要將筷子當成烤肉串來使用（用筷子插取食物），也不要因為貪圖方便，直接以筷子移動桌上的食

具。使用筷子絕對不可以將筷子指向他人，這樣粗魯的行為會讓人不快的。

(2)日式料理是沒有喝湯的湯匙的，將湯碗直接端起，以碗就口的方式直接喝，如果是有湯料的清湯，以筷子輔助夾取湯料食用，而不是像扒飯一樣，將湯料扒入口中。如果是味噌湯，則必須先用筷子將沉澱在碗底的味增均勻攪動，使其與湯汁融合均勻，以免喝到最後有湯汁過鹹的情況發生。

(3)用餐前要先跟在座的人說：「itadakimasu！」，很客氣的跟大家說：「我要先用了！」。用餐結束也要跟大家說：「go chiso sama deshita！」意思是說：「我吃飽了！非常謝謝！」也是對準備餐點的人表示感謝之意。

(4)一般在臺灣吃生魚片的方式，都是在醬油碟裡加上芥末，將芥末與醬油攪拌在一起，再將生魚片放在碟中，沾滿了芥末醬油後一口食盡。事實上日本料理中的生魚片，為了品嚐到生魚新鮮的肉質，及肉質本身的甜味，在食用時，基本上只在裝著醬油的碟子中，點沾一下提味後入口食用，並不是將大量芥末加入，原因是芥末的味道太濃重，芥末食用會破壞肉質的原味。

(5)中國人吃麵的時候，發出聲音是非常不禮貌的。但日式的拉麵（ramen）、蕎麥麵（soba）、烏龍麵（udon）等，食用的時候如果沒有發出唏哩呼嚕的聲音，那可是會被認為失禮的喔！因為當你吃麵時，發出唏哩呼嚕的聲音，代表這碗麵很好吃，對於用整顆愛心去煮麵的師傅，可是一種無言卻有聲的讚賞呢！

(6)日本人認為共食是不衛生的，所以日本料理都是一人份一人份的方式，不像中式餐點是一大盤上桌之後再行分食。因為是一人一份，記得用餐時，縱使與同桌用餐者感情很好，也不要將筷子伸到別人的餐盤裡取食，那樣是非常失禮的。

(7)日本人用餐喜歡搭配清酒或啤酒飲用，如果同桌與人喝酒，在替自己倒酒前，別忘了先替對方的酒杯斟滿，這樣是合乎日本的餐桌禮儀的。如果對方要替你斟酒時，得要先將酒杯舉起輕酌一口後，再雙手持酒杯請倒酒的人幫你斟上。如果當你不想再喝的時候，就讓你的杯子保持在滿的狀態，不要拒絕別人替你倒酒，那是很不禮貌的。

(8)日式餐點是沒有湯匙的，所有的食物都以筷子取用，惟有一種叫茶碗蒸的

食物,是要用湯匙來食用的,但湯匙通常置於茶碗蒸的碟子上,食盡後將湯匙放回碟子上即可,不要將湯匙當作其他食物的取食器。

(9)日式料理原則上以先上的餐先取食,如果不是一道道的上,是將好幾種的食物全部擺在桌上的話,取食的時候,不要吃完一缽後,再用其他碗,應該是平均食用每一樣食物才是。放置在桌子左邊的食物,以筷子直接取食,如果是擺放在靠右邊的菜餚,則必須以左手將其拿起後,再用筷子取食。

(10)喝湯時應先將碗蓋打開,如果湯碗是從左邊拿起,就將碗蓋放在靠左手邊外側。同理,如果湯碗是從右手邊拿起的,碗蓋就要放置在靠右手邊的外側。如果碗蓋無法輕易打開,用左手先固定碗身再輕壓碗的兩側,將碗蓋打開。千萬不要試圖以蠻力為之,那樣有可能將湯灑得一身,既要費時清理,也會弄得很狼狽的。

(11)日式料理會提供毛巾(oshimoli)擦拭雙手用,有些會使用塑膠袋裝的濕紙巾。這個小毛巾是拿來擦手用的,千萬不要拿來擦臉、頸子或是其他手以外的部分,這樣的行為不宜發生。使用後就疊好放回,置於右手邊的手巾碟上,如果沒有手巾碟,用畢就置於右手邊。打開塑膠袋裝的濕紙巾時,從塑膠袋的一角撕開取出使用,千萬不要用個個擊破的方式打開,搞得槍聲四起,以為黑社會火拼來了,實在是很粗魯的行為。

(12)一般傳統的日式料理會採和式榻榻米的格局裝潢,入內是要脫鞋的。這時脫了鞋後,如果是一陣陣的腳臭味,任再好吃的料理上桌,也會讓人食不下嚥的。如果一脫鞋,就給人瞧見有隻腳指頭露在襪子外頭猛打哆嗦,那就再糗不過啦!不只為了吃日本料理時的足下儀容,平日就要注重足部的衛生,及襪履的清潔與美觀喔!

(13)日本料理盛湯汁的碗大多是漆製品,喝完湯後碗蓋要蓋回去,不要倒放在碗上,因為碗蓋與碗會密合,不容易取出清洗,也會因此刮傷碗蓋面上的漆器。

(14)在正統的日式料理,和室中的矮桌和幾個坐墊是讓女性採跪坐、男性採盤腿坐姿用餐。如果你不習慣長時間維持這樣的姿勢,前往日式餐廳用餐時可以告

訴侍者，侍者會讓你在有座椅的區域用餐，以免用餐時，因為不適而頻換姿勢，那樣會讓同桌用餐的人感到不安的。或是大家結帳要走人了，你還久坐不起，場面極為尷尬。

(四) 自助式

西餐的用餐服務方式，有不必起身由侍者服務的方式，還有所謂的自助式的用餐方式。而自助式也有分為全自助與半自助，所謂的全自助，是指所有的餐點及飲料均由自取的方式為之。而所謂的半自助式，則是除了主餐是由服務人員來提供上餐的服務外，其他如前菜、沙拉、湯品及甜點就採自取服務的方式行之。像在臺灣的龐德羅莎、時時樂就是以這樣的模式經營著。但我們現在大多所看到的自助形式，是自己取餐的用餐方式，cafeteteria 就是自助餐廳的意思。通常具規模的飯店有附設 buffet 形式的餐廳，也就是自取服務的餐廳，也有就是以自助餐形式經營的自助餐廳。buffet 自助餐是源自瑞典的 smorgasbord，字面的意思是 buffet table，就是將正餐前的各種餐點，置於餐桌檯上自行取用。演變至今，就是我們看到的 buffet 自助餐。這種形式最大的好處是，喜好與否的食物選取完全由自己決定，用餐速度的快慢與否也不會對鄰座的人造成太大影響（因正式的西餐，女主人或主人會依據客人的用餐的狀況，來調整上菜及其他服務的速度）。入座前通常必須等待 waiter 帶位，有時餐飲業者會將整個區域，因功能或需要不同而作必要的安排，比如吸煙區或不吸煙區的劃分，如果你是個癮君子，不待服務人員領位，就自行坐至非吸煙區，用餐時想吞雲吐霧一番也是行不得也，想必用餐後必定無法快樂似神仙。不過近年來環保意識的抬頭，有很多公共場合已經實施全面禁菸，針對這一點，癮君子們要注意囉！相反的，如果你是一個不吸煙的人，一旦誤入吸煙區，除了讓你用餐時坐立難安、食不下嚥外，還可能讓你帶著一身難聞的煙臭味回家呢！隨領位侍者入座後，通常侍者會問你要喝些什麼（因一般自助式的餐檯上僅提供餐點而沒有飲料，有些餐廳也許會提供果汁、汽水，或搭配甜點用的咖啡或茶），而所使用的杯子視所點（order）的飲料來決定。點紅、白酒就上紅、白酒的杯子，點果汁、水或其他飲料也都使用其相應的杯子，在侍

者詢問後替你送上來。桌上會有代替墊底大圓盤的桌布或桌墊，除了可以防止餐具滑動外，也可以避免小範圍的食物掉落而弄髒桌面。

如正式西餐一樣有二刀二叉，刀置於左側叉置於右側，一副刀叉供前菜、沙拉或冷盤使用，一副供主餐使用。拿取的順序和所有西餐一樣，由外側至內側取用，使用的基本原則是一樣的。如果有湯類或餐後的蛋糕、甜點等食物，餐桌上不會放置這些食物的餐具，而這些食物的取用處，都會有適當的餐具可取用，其擺放的位置通常會在該道食物旁邊顯而易見的地方，所以只要細心點，餐具是不會拿錯的。

奶油刀也會置於桌面，而至麵包取用處夾取麵包時，所需要的奶油會放在麵包的旁邊，同時會有取用麵包後供盛裝的 5 吋大小的圓盤（同正式西餐擺設的小邊盤）。

胡椒及鹽的調味罐不會是一人一套，通常是二人桌、四人桌放置一套在中間便於取用的位置，而隨桌子大小及人數多寡調整數量。

自助餐的取用的順序原則上以順時鐘方向來取食，用餐大致的順序是沙拉（美式的吃法多將沙拉放在主餐後食用）、冷食類、麵包、湯品、熱食、甜點、咖啡或茶。而餐型的內容原則上與正餐相同，除非有不想吃的部分，可往下一個順序進行。如果不想吃沙拉，可以先吃個開胃菜，如果不吃開胃菜可以先喝個湯，但基本上如果不是不合口味，還是每一個部分都少量嚐嚐。

取用餐點的標準以可以食得下的量為原則，以免拿了一堆吃不完，而造成不必要的浪費，如果想嘗試有不熟悉口味的食物，也先取用少量嘗試味道，如果合口味再多拿一些也無妨，總之，自助餐的食物取用是吃多少拿多少，不要認為付了錢就是大爺，不管吃得下吃不下，愛拿多少就拿多少，就算吃不完也不在乎，這樣的行為是非常要不得的。也不要因為愛吃某樣食物，就不在乎其他人是否也等在你後面的拼命拿。

曾經見識到一生蠔終結者，看到生蠔時如見仇人一般，有不滅不快之勢。取用生蠔時施展其疊羅漢的功夫，除讓人嘆為觀止外，更忍不住為其精湛的演出喝

個倒采呢！這樣自私的用餐行為是最令人不能忍受的了。

取餐的內容也要把握冷、熱不混食的原則，因為有些食物之所以用冷盤或加熱待涼後食用，一定是這樣的食物如此吃法會更有滋味。如果仔細觀察，餐檯上的食物一定是冷食有冷食區，熱食和沙拉也一定不會放在一起，要吃牛排殺到甜點區想必也是無功而返。當然有人就是天生反骨，吃生蠔加醬油，吃燻鮭魚愛加哇莎米，吃生魚片還配個塔塔醬，吃完後還固執的直說「讚」！但是吃美食是為了品嘗而不是為了賭氣，應是愉悅快樂的，所以遵守一些用餐的原則也是必要的呢！

現今一般自助餐的菜色，因為要照顧到大部分人的口味，所以菜色的內容及口味比較國際化，一般亞洲人喜好的米飯多以炒飯的形式出現，臺灣人家中的白米飯在自助餐廳中很少會提供。有一回，在臺北一家知名飯店的自助餐廳中，一家化妝品公司舉辦餐會。其中有一位小姐一臉不高興的叫住一位侍者說：「先生！這麼多的菜，沒白飯要怎麼吃啊？我們這桌有六個人，麻煩你盛六碗白飯來，好嗎？」搞得侍者不知該如何是好。所謂「入境隨俗」，既然到了一個不同於家裡的飲食地點，何訪試試不同的飲食，嘗試不同的事物不也是美事一椿嗎？

自助餐的形式雖然比較自由，但取餐時務必要遵守排隊的原則，這不僅是用餐、取餐的遵守事項，也是國民基本道德的表現。

(五) 雞尾酒會（cocktail）

略不同於自助餐（buffet）的形式，雞尾酒會的用餐方式一般是站食，會場中的飲料、食物是由侍者手持托盤來回穿梭於賓客間。如有需要是由客人輕喚侍者，待侍者駐足在其左右時取用。如果侍者沒有聽到你的叫喚，或是未注意到你的示意而走遠，你可以耐心的等到下一次的服務，切不可大聲叫喚甚至追上前去，那樣的驚人之舉，是難登大雅之堂的。

如果沒有侍者來回穿梭服務，另一種雞尾酒飲料及點心的提供方式，則是放在點心與飲料檯上，由客人自行取用。桌上的食物約一口可食的大小，因食物大多已經是一份一份的排列在餐盤上，取用點心時可以使用食物旁邊的牙籤或是小

叉子，將食物放在小點心盤中食用。如果沒有點心盤的服務，可以使用餐巾紙代替，也可以用來擦去手上因食物而留下的油漬。適才用來插取食物的牙籤或叉子，用畢後務必要丟棄在收集處或是垃圾桶中，千萬別又放回原來取用的盤中，既不衛生也不甚雅觀。

雞尾酒的原意，是指將好幾種酒混合在一起飲用，所以在這種場合這類的飲料是少不了的。因為酒精性飲料加上果汁或其他飲料混合飲用，無形中沖淡了原來酒精的濃度，加上好入口，所以一定會不知不覺的多喝幾杯。要知道這種酒精飲料後勁頗強，不勝酒力的人要注意節制，以免醉後醜態百出，除了自己失態，也會讓主人沒面子的。

取用飲料時，尤其是加了冰塊或是冰過的飲料，最好拿一張餐巾紙包住杯身來持杯。如此杯身上因遇熱所凝結的水珠，就能被紙巾吸收，而不會將手弄溼，也許就在當時有人前來介紹寒暄，溼答答的手要不要伸出去，都是很為難的一件事。

一般雞尾酒的場合，因為是採站姿與可走動的方式，所以多被商業性質的餐會所採用，好處是可以在活動式的場合中，認識更多的人以拓展自己的人際關係，而這時最好以左手持飲料或食物，因為如果這時要與人寒暄握手時，不會因為右手握著食物或杯子，必須要換至左手，而讓對方伸著手等你好久，這樣既不妥也失禮。

雞尾酒取用食物及飲料的方式是採站姿，必須要隨時注意自己的站姿，常會因為久站而變得小腹突出、彎腰駝背。尤其是女性朋友，一襲合身優雅的小禮服，如果不保持美好的站姿，畫面會很不協調的。

雞尾酒會的性質比較沒有那麼正式，不像正式餐會必須坐在餐桌前，等待一道道的食物吃完，女主人示意用餐結束後才能離席。這種宴會的好處在於，你可以隨時的走動與想認識的人攀談，也可以藉此機會認識較多的人，拓展自己的人際關係。

三、用餐時的禮儀

用餐時入座的禮儀：在一般宴會場合，如果餐桌的安排是長型桌的安排，雖然座位與座位的間距，是有足夠空間可進出，但那是在一個人進出的狀況之下，當有兩人要同時利用這樣的空間進出，就可能稍嫌擁擠了些。因為較正式的宴會，通常是由女主人或主人宣布用餐後，客人是一起進入餐廳同時入座的。此時最好是都由座位的左側入座，以免兩人同時要從一處入座，因空間太小而有碰撞的情況發生。當然離座時也是一樣從座位的左側離席。

用餐時的坐姿：就座時應以座椅的二分之一，或不滿三分之二的深度入座，但記得坐姿要挺，切忌彎腰駝背，更不要懶懶的靠在椅背上。用餐時坐姿仍然維持挺直，雙手自然輕靠桌面，但手肘部分是不宜靠在桌面上的，單手或雙手支著臉靠在桌上也是很不雅觀的喔！桌面下的雙腳維持自然併攏的姿勢，不要翹個二郎腿，因為在你換腳休息的時候，有可能動作太大碰到桌腳或其他部分，而影響別人用餐。當然不停的抖腳，也是非常不雅的行為，因為在你雙腳不停抖動的同時，別人除了會被你上下晃動的動作弄得食慾大減，也會認為你是一個神經質或是輕浮的人。

用餐進行間還有許多小節必須注意，看來似乎繁瑣，但只要稍加練習，是很快就能熟悉的。用餐之際如必須勞煩他人代為傳遞，如鹽或胡椒罐，別忘了說：「請、謝謝！」影響他人用餐時，也不忘說聲「對不起！」雖然是再簡單不過的國民禮儀，但還是有很多惜口如金的現代人，基本的國民禮儀仍然是做得不夠好。以下是各個用餐的應注意事項：

(一)何時開動

參加一般中式宴席，主人會非常熱心的勸菜勸酒請客人先用，但在西式的宴席中，服務人員或僕役長，在預定用餐的前十五到二十分鐘，會先大致計算一下賓客已到席的人數，告知女主人作參考，以便決定確實用膳的時間。女主人確定後便引領賓客至餐廳，待所有人坐定後，必須等候女主人說：「大家請用」此類的話語，即可開始用餐，但如果女主人沒有說話，可以看女主人拿起刀叉，或是

每個人的餐盤裡都已盛裝了食物後，就可開始用餐了。這裡是中、西式不大相同的地方，所以參加西式宴會千萬別一坐下就吃將起來，別忘了稍等一下女主人的訊號喔！

(二)餐巾的用法

一般入座後，將餐巾輕輕展開置於膝上，而不是用力的將其抖動打開。如果是正式宴會，必須等待女主人將餐巾置於膝上後，方可動作。將餐巾從餐巾環中取出，或是從桌上拿起，輕輕的打開置於膝上，不要大力抖動攤開。千萬不可將餐巾圍在脖子下，或是塞在上衣扣子與扣子間。餐巾必須穩定的置於膝上，以避免因餐巾不時掉落，而得頻頻彎下身撿拾，那樣的動作既不美觀，也會影響鄰座客人的用餐情緒。但也不要因為擔心餐巾會掉落，而將餐巾的一角或一邊塞在大腿下。餐巾的功用不似手帕與毛巾，將其置於膝上是可避免食物掉落弄髒衣物。如嘴上有因食留下的污漬，可用餐巾一角輕拭，而非似洗臉擦汗般用力擦拭。如餐具有污漬應請侍者前來替換，切勿以餐巾擦拭，桌面髒污也不可用餐巾來擦拭。如必須於用餐間離席，可將餐巾置於椅子上（如下頁上圖）。如用餐結束可將餐巾置於餐盤的左側（如下頁下圖），但是如果餐盤在之前已被收走，餐畢起身後，餐巾是可以放在原來餐盤擺放中央的位置，而餐巾無須折疊成原來的形狀，因為只有對服務表示不滿時，才會將餐巾摺回原狀，但也不要整張餐巾全部展開的往桌上一搭，只要稍微摺疊一下髒污的面朝下放置即可。順帶一提，當女主人將餐巾置於桌上時，也意味著用餐時間結束了。

(三)餐具的使用

如果不是十分確定何時用什麼樣的餐具，基本上是由外側向內側依序取用。通常特殊的餐具（如食用蝸牛、螃蟹）會隨著餐一同上上來，如果不小心弄錯餐具，千萬不要慌慌張張要求換餐具，安靜食用完畢待下一道餐點上來之後，再告知侍者補上一份適當的餐具。

臺北喜來登大飯店安東廳提供

臺北喜來登大飯店安東廳提供

　　刀叉的使用方式大約分為兩種：一是歐陸式，一種是美式。歐式用法是左叉右刀，將食物切成一塊適當入口之大小，以左手持叉將食物帶入口中，反覆為之直至用完為止。而美式方法也是採左叉右刀，但先將食物全部切成可入口的適當大小後，將叉子換至右手，以右手持叉將食物送入口中。該道餐用餐結束後，可將刀叉平行斜置或豎置於盤中，如仍未食畢則將刀叉交叉放置於盤中或分置餐盤兩側。

　　刀叉掉落不可撿拾擦拭再用，應以眼神示意，待侍者更換後使用。用餐之際如要談話宜將手中刀叉置於桌上，以免因過度的肢體動作而揮舞刀叉，不但危險亦不雅觀。如果盤中的食物有圓形易滾動的食物，如豌豆、玉米粒，或是切成細丁，不易以叉子直接叉起取食的食物，這時你可以用左手持刀，右手持叉的方式，將叉子置於盤中，靠近欲取食的豆子邊的一定點固定，叉子面朝上，以刀子作輔助，將食物輕輕撥到叉子的面上取食。這樣吃起這類的食物非常優雅，不會因為食物不停的滾動，而追得滿頭大汗，仍制服不了這些頑強抵抗的食物。

　　刀叉餐具的使用，原則上是由外向內依次取用。但是如果餐具擺置的位置有誤，而你也確切的知道現在餐桌上的食物是該使用何種餐具，那你就不需要遵守這樣的原則，可以選擇正確的餐具來使用。如果餐桌上缺少你可使用的餐具，可以輕喚侍者，替你補上正確可使用的餐具。最好不要在發現別人不小心的疏失後，大聲嚷嚷著叫喚，那是一種有失風度的表現。

　　用餐之際，如果有需要使用胡椒、鹽等調味罐時，可以請靠近的人代為傳遞。如果調味架上放的是醬料類的調味品，取用時應以提供大家使用的湯匙，舀取你所需要的量，置於碟中或盤裡沾取食物食用。當提供搭配食物的是裝飾用的橄欖、櫻桃或其他顆粒狀的食物時，以提供大家使用的夾子或湯匙，取用適量後，放在自己的盤中，再傳給下一個人使用。千萬不要在夾取這些調味或裝飾的食物後，直接放到自己的口中，那樣既不衛生也不合禮儀。

　　正餐後的點心，其食用的器具依不同點心的形式，會上相應的用具。如果甜點的內容是蘋果派，或是單片盛裝的蛋糕，使用甜點用的叉子即可。但是如果類

似的甜點加冰淇淋（這種形式的點心叫做 a la mode，法文裡的意思是指蛋糕或派之類的餐後甜點，加上冰淇淋一起食用），則會搭配甜點用的湯匙來使用。左手持湯匙將蛋糕、派、幕斯或此類的甜點切成一口大小，右手持叉，將切成可入口的點心以湯匙推至叉子上，再以湯匙舀取一口大小的冰淇淋，同樣方式置於叉子上，一口吃進美味的糕點和香濃的冰淇淋，是法國人餐後甜點的最愛。下次有機會點一個這樣的甜點嚐嚐，順便練習一下正確與優雅的吃法。

當餐後甜點是燉煮水果之類的點心，水果如果切塊成一口大小時，使用甜點湯匙食用即可。但是水果形狀為半顆時（有時主廚因擺盤設計的需要），可以使用叉子將標的物固定，以甜點湯匙切成一口大小後，再以湯匙盛裝食用。甜點所盛裝的容器如果較深，食畢後的湯匙或叉子，要放在墊在盛裝點心容器下方的盤子邊。如果盛裝點心的用具是較淺、較寬的容器，甜點食畢之後，是可以將甜點湯匙或刀、叉放在食畢的點心容器中的。

一般正式的餐宴，甜點刀、叉是隨甜點一起送上來的。但是有些時候，你會看見甜點刀、叉在安排餐具的擺放時，也會被放置在桌面上。這時甜點湯匙與甜點叉，會因餐盤左右的位置擺放用途的刀、叉已用去大半空間，所以甜點湯匙與甜點叉會被置於餐盤的正上方，也就是杯子擺放位置的左邊。湯匙與叉的安排是湯匙在叉子上方的位置，而湯匙的握柄朝右方，叉子的握柄則朝左邊方向安排。上述的甜點湯匙的安排位置與方向，是屬於美式的餐具安排方式。而另外一種歐式的甜點湯匙與甜點叉，放置方式卻有一點不同，湯匙和叉子的放置位置相同，不同之處在於甜點湯匙與甜點叉子的握柄，均朝右邊的方向擺放。

㈣ 酒杯的正確使用

西餐與中餐最大的不同在於，西餐有餐前酒、餐中酒及餐後酒，而不同的酒因不同的釀製方法與過程，也需要使用不同功能的酒杯，這樣更能彰顯酒的特色與香醇。

1. 餐前酒

所謂的餐前酒顧名思義就是餐前所飲用的酒精飲料，之所以在餐前飲用，是

因為有醒味及開胃的功能。一般適合做為餐前酒的有琴酒（gin）、伏特加酒（vodka）、蘭姆酒（rum）、雪莉酒（sherry）、威士忌（whisky）、白蘭地（brandy），如果單獨飲用認為太烈，也可選用以這些酒做為基酒的調酒。而一般正式宴會盛裝酒類的杯子，大多是採用至少含百分之二十四水晶成分的水晶玻璃杯，這樣的杯子會因水晶的成分，使得杯子在光的折射下會更晶瑩剔透。這些開胃酒因為濃度高，適合淺嚐，所以大多使用的利口酒（Liqueur）杯（如下頁圖）。甜酒因酒精濃度高，所以杯子的容量較少，杯口內收，而杯口內收的作用是為了留住酒中的香氣。而威士忌通常用的是 old fastion 杯，是一種無莖酒杯，因威士忌因酒精濃度較高，通常加冰塊飲用（一般的講法稱 on the rocks），所以想喝威士忌加水，可以說 whisky on-the-rocks。白蘭地也有專用的白蘭地杯，一般用法是將手從下握住杯缽，以手掌的掌溫來溫酒，使得酒中香氣能釋放出來，杯口內收也是為了保留酒中的香氣。以盛裝酒杯橫置桌面而白蘭地酒不外溢的量為最宜，最多不宜超過酒杯三分之一的量，而國人習慣所有的酒類都加冰塊，對白蘭地的飲用方法而言是相當不適宜的。

　　2.餐中酒

　　紅酒、白酒是最為人所熟知的餐中酒，紅酒宜搭配肉類主餐（meat course）食用，而白酒酒杯則與海鮮食物搭配較宜。紅酒搭配牛、羊等紅肉食物，白酒搭配海鮮、雞肉、豬肉等白肉食物，這樣的原則並非是一成不變的，也不似金科玉律般，一定要被奉為圭臬的。但一個重要的通則是，口味較輕淡的食物要搭配白酒為佳，而味道較重的食物則佐以紅酒較優。

　　如餐中飲用的酒不只一種，其飲用的順序：

　　(1)應該是以口味較淡的酒先於口味較濃者。如果先嚐味道較濃重的酒，其他味道較淡的酒會不易品出真正的味道。

　　(2)年分較新的酒先於年分較久的老酒。老酒通常味道絕對比新酒香醇，如先飲老酒再喝新酒，絕對不會有漸入佳境之感。

　　(3)白酒先於紅酒。一般正式的餐宴，菜單順序的安排大多先上海鮮類的食物

作為開胃前菜，再以牛、羊肉作為主餐。即使不是這樣的安排，主餐的味道一定較前菜濃重。所以基於紅、白酒搭配食物的原則，白酒的飲用應先於紅酒。紅酒杯狀似鬱金香，所以又叫鬱金香杯（如下頁圖），飲用時以手握住杯莖，飲用溫度以室溫為宜（約攝氏 20 度左右），因葡萄酒酒精濃度較低，杯口內收為保留酒中香氣。飲用時盛裝約酒杯二分之一的量，避免搖晃酒杯時因量多而濺出（此一搖晃酒杯的動作一般人稱為醒酒，意在讓酒中香氛藉搖晃讓分子因碰撞而釋放出來）。白酒杯因飲用溫度較低（約攝氏 7 到 13 度左右），所以杯口內收較不像紅酒杯明顯，以手握住杯莖避免手溫影響白酒的飲用溫度。白酒倒入杯中後宜儘快飲用，以避免放置過久溫度升高而影響白酒的口感。順帶一提的是，伏特加酒常冰鎮（well chilled）與魚子醬一起食用，而雪莉酒也可與湯品搭配使用。

3. 餐後酒

　　用完主餐後的水果搭配香檳是不錯的選擇，香檳杯（champagne glass）因杯身像笛子般細長（如下頁圖），所以又叫作長笛（flute）。適合的飲用溫度在攝氏 3 度左右，杯身細長是為了使氣泡保存的時間更久。波特酒（port wine）一般在餐後提供起司服務時一起食用，波特酒屬利口酒（liqueur）類，以 liqueur 杯飲

用。茶、咖啡是用餐完畢後談天話家常的時間，此時合宜的餐後酒為白蘭地、威士忌及甜酒類的利口酒。

臺北喜來登大飯店安東廳提供

臺北喜來登大飯店安東廳提供

　　各種酒杯的使用大致如上述，但喝酒的禮節東、西方是不同的，如臺灣人奉行「杯底不可養金魚」的原則，喝酒愛乾杯；臺灣人愛熱鬧，喝酒更喜呼朋引伴，划拳助興。但西方飲酒禮儀是淺嚐即止，慢慢飲用才能品出酒中的滋味。侍者斟酒時無須將酒杯舉起，置於桌面即可。女士喝酒前應以餐巾輕拭嘴唇，將多餘的口紅抹去，避免將口紅印在杯口給人有明顯不潔之感。

　　一種酒使用一個酒杯，以一只酒杯飲用不同的酒是絕對不可有的行為，縱使同樣是紅酒或是白酒，只要是不同的酒，就必須替換新的酒杯，才能嚐出該種酒的真正風味。

　　品嚐好酒溫度要合宜、杯子要正確、方法要適當，臺灣人啤酒加冰塊，紅酒、白酒加冰塊，有時連白蘭地也逃不出冰塊的毒手。當然你可以說：「愛怎麼喝是憲法所賦予的自由！」我想法國人也不會因為你喝他們的法國紅酒加冰塊，就將你送上斷頭臺，但我認為遵守正確的飲酒方式，也是對辛苦製酒人的一種尊重。

(五)用餐時應注意的地方

　　用餐入座時如有男士隨行，男士應主動替女伴或鄰座的女士拉開椅子服務人座。入座時應保持優雅，動作不宜過大，不要一屁股用力的坐下，也應避免坐滿整個位置。最多坐滿三分之二，背部挺直不彎腰駝背，也不該靠在椅背上頭。雙手自然下垂輕鬆的放在雙膝上，就不會因為緊張而手足無措。不要將手肘的部分放在餐桌上，當然也不好將雙手壓在大腿下，那樣看起來是很畏縮的感覺，應該要避免。

　　用餐的時候，如雙手同時在使用刀、叉，雙手是在桌面上的。但當單手使用叉子或湯匙取食的時候，另外一隻閒置的左手，不需要放在桌上，可以輕輕的放在大腿上即可。

　　就座時，女士如有較小的手拿包，可置於椅背前，千萬不可以放在桌面上，這樣會讓人以為妳是從事特種行業的小姐。而較大的手提包應置於椅子及雙腳下的空間處，以不影響侍者服務的空間為原則。如有外套、帽子、傘等，應請服務

人員將其置於衣帽間，不要搭掛在椅背上，或是放在腿上。

正式宴會，女士必須著長度及肘的手套，但在入座用餐時，必須脫下手套，將手套置於膝上，餐畢離席之後再將手套戴上。

置於麵包碟上的奶油刀，其功能是用來塗抹奶油，而不是用來切割麵包的，麵包應該以手撕成可入口的大小，塗抹奶油或沾取肉汁或湯汁來食用。

如果有食物掉落在桌上，可以待侍者前來換餐或收拾餐具的時候處理，不要用叉子直接在桌上插取掉落的食物，或是用湯匙在桌上追逐滾動的丸子。

如果有必須傳遞的食物，宜取用適合自己用得完的量，置於自己的盤中後迅速傳給下一位，不可因挑選某種喜好的食物而隨意翻動菜餚，這樣的舉動是非常不禮貌也不雅觀的。

用餐之際如果咬到異物或吃到不潔酸敗的食物，千萬不可動作誇張的將其吐在盤中，應靜靜的以餐巾抹去，或是以叉子移至嘴邊接住食物，置於盤中不明顯處。同樣的，如果在餐盤中發現有不明物體或躺、或坐、或臥、或蠕動，千萬別大聲驚呼，如果因此對該道食物產生惡感，而吃不下去的時候，靜靜的將刀叉擺放在食畢的位置，等待侍者收掉。但期間主人或其他客人，如因盤中所剩食物而問起，可以說：「餐點實在太豐盛，但是我真的吃飽了。非常的謝謝你！」來回應別人的關心。

吃東西細嚼慢嚥是人人都知道的，但在細細品嚐美食的當兒，別太陶醉的忘了閉起嘴來咀嚼，避免聲音太大影響鄰座的食慾，有時鄰座用餐咀嚼聲震天價響，其效果是等同於用指甲劃過黑板般的令人不悅。口中有食物時不要說話，以免口沫及食物噴濺他人。

用餐時身體宜微微向前傾靠近餐盤，避免食物入口時湯汁滴在衣物或餐巾上。持刀叉時雙手一定置於桌上餐盤的兩側且手肘必須離開桌面，千萬不可放在桌下，或拿著刀叉將手放在椅子上。如果必需與鄰座聊天或應答，也必須將刀叉放下為宜。

用餐具喝湯、分菜、切肉時，宜儘量輕聲。也就是最好不要將一道食物分作

好幾次食用，如此減少刀叉放置在餐盤上的次數，也就減少放置刀叉所產生的聲音。如果主食是塊狀肉，你是採歐式的方法用餐，可以從肉的左邊起刀，切下可入口的大小，以左手持叉直接入口。如此便不用將叉子從較大塊的肉中取出，再以叉子叉取切下較小的肉，既麻煩也不順手。

以湯匙或叉子取食的多寡以可入口的量為宜，不可堆疊過多，致入口前因搖晃而掉落。將食物送入口中應一口食盡，不可僅食部分而將剩餘的部分留在湯匙或叉子上。

一般主食肉類的料理，大多是去骨後烹調的方式，以除去進食時細小魚刺、魚骨、禽類骨肋處理的麻煩，所以大部分的肉類主餐是比較不會有吐骨、吐刺的問題。但是如果食用肉類主食，有吃到小骨頭或小刺的時候，將刺或骨以舌頭推至舌尖，以餐巾遮掩將叉子移至嘴邊，接住從口中吐出的骨頭或小刺，再將魚骨、魚刺置於餐盤邊。常見到有人以口就盤的，就將骨頭類的東西直接的吐在盤子上，甚或是餐桌上。還有人就把手指放入口中掃探，沒一會兒功夫，變把戲似的，一根細長的骨頭就從嘴裡冒了出來，這些行為舉止在餐桌上都是不甚雅觀的，宜盡量避免。

當吃到有較多份量酸敗的食物的狀況發生時，常常會有人就毫不遮掩的，將口中的食物直接吐在餐盤上，其實這樣不雅的行為，是會影響別人的。試想，大家正要品嚐桌前的美味時，說巧不巧的，就看到你從口中吐出半咀嚼後的食物，再有美食當前，食慾也早已被破壞殆盡了。但是當你碰到這樣的狀況時，千萬也別有苦自己吞，一咬牙就將壞掉的食物給硬生生的吞下去，那是有可能吃壞肚子的喔！這時你可以拿起餐巾的一角，像擦拭嘴角油漬的方式，將口中的食物吐在餐巾角處，再迅速的捲起餐巾角包覆食物的部分，做這樣的動作不宜太大，之後再輕喚侍者，請他替你換一條乾淨的餐巾為是。

食物或湯品過燙應待其稍涼後取用，可利用空檔時間與鄰座談天，增加彼此間的互動。如果不知道湯品或食物的熱度，可用湯匙從食器的邊緣舀一小匙，輕啜一口來測知食物的溫度。如不小心被食物燙傷，應快速飲一口水或冷飲降低燙

傷部位的溫度，不宜表情扭曲張嘴伸舌用手作搧風狀，除畫面不夠優美，也是很不雅觀的。

如果用餐食物掉在餐桌上，可用叉子輔助將掉落在桌面上的食物放在刀面，再置於盤子邊緣處。但食物如果掉落在身上沾污衣物，可以將餐巾圍在食指上輕沾水杯，以沾濕的部分輕拭污漬。如果非常不小心將紅酒杯翻倒在桌上，應保持鎮定不宜慌張，安靜等待侍者前來處理，也必須為自己的魯莽而影響他人用餐的行為致歉。如果不慎將紅酒潑在自己的身上，可在侍者前來幫忙處理前，用餐巾先行將水分吸盡，可減少沾污的面積以便於後續的清理。

如果用餐時不想喝酒，可以用眼神及手勢來告知侍者，或是說聲：「謝謝！不用」，如同英文的「No, Thank You」，不要將酒杯倒置，更不可將手蓋住杯口表示拒絕。當侍者倒酒時不要將酒杯拿起，放在桌面上手持杯莖而非杯口，如此可以穩住杯身，一方面可以避免指紋印在漂亮的玻璃杯上。但有時會看到有人在侍者倒酒時，不停的用手指敲打桌面，其實這樣的舉止是不適合的。

席間如果有一個突如其來的噴嚏想打，切記要以餐巾掩住口鼻，避免口中食物伴隨噴嚏而出。噴嚏打出來以前，記得要先側身低頭，以降低周遭其他用餐者的不適為宜。如果用餐之際想要擤鼻涕，最好事先離開餐桌至盥洗間為之，回到座位時別忘記將手洗淨，千萬別在席間就擤了起來，那樣的聲音是會讓用餐的人感到不舒服的。更不要將餐巾作為工具，將鼻涕擤於其中，那跟你同桌吃飯的人食慾必定大減。

你如果發現同桌用餐的人，牙縫塞著一小片蔬菜葉，或是未食盡的肉屑，這時不要覺得不好意思而不告訴當事人，應該小聲的提醒他，讓他立刻處理牙縫裡的殘渣。如果因為你不好意思開口告知，而讓當事人自己發現時，可能全桌吃飯的人都已經和當事人的菜屑打過照面了，那樣的尷尬是可想而知的，基於體貼的心，早點告訴當事人，他會很感激的。

如果你有特殊的飲食習慣，或是對某種食物過敏，最好在回函時就先告知主人，那樣他就可以事先為此做準備。當然，如果在未及告知主人你特殊的狀況而

參加餐宴，在席間如果有遇到讓自己過敏或因信仰而不吃的食物，你可以輕輕告訴上菜的侍者「No, thank you！」或是「謝謝你！我不用！」最好不要搖手來表示拒絕，因為體貼的主人如果看見你搖手拒絕，會以為他們精心準備的食物不合胃口，認為招待不周而自責呢！

　　當上桌的菜餚有你不喜歡的食物時，一樣可以是以輕聲的「No, thank you！」或是「謝謝你！我不用了。」來表達，千萬不要皺著眉頭，而且表情嫌惡。此時就算你什麼也沒說，都會讓其他看到你表情的客人對這道菜食慾盡失，也會讓辛勤準備這次宴客的主人感到顏面盡失。小小不經意的表情，既失禮又破壞氣氛，不可不慎。

　　如不慎弄破杯子，除等待侍者處理善後外，事後需盡可能的找到相同的杯子送給女主人（因為一般用來宴會的杯子大多是質優的水晶杯，好的水晶杯價錢也不便宜，且餐具通常是成套販售）。如果是不小心弄髒了主人的桌布或地毯，也必須以同樣的方式處理，縱使不能完全彌補主人的損失，但可以真誠的表達自己的歉意，主人也會因為你的體貼而了解你是一個知禮的人。

　　如非必要，切不可中途離席，如因席間必須暫時離開，應向被打擾用餐的鄰座客人輕聲致歉。如果席間必須先行告辭，一定要告知主人後，不驚擾他人輕聲離開。用餐時如果有食物塞在牙縫中感到不適，或有菜屑緊緊的黏在牙上，千萬不要用手指甲去剔除，不但不雅且不衛生。也千萬別試圖以舌頭將其頂出，因為在你忙於消滅那些菜屑時，你臉部的表情定是時而猙獰恐怖、時而擠眉弄眼，可能會讓坐在你對面的客人不寒而慄或不明所以，以致嚴重影響對方的食慾。此時最好暫時離席，到洗手間去處理完畢後再回來用餐。

　　待女主人的餐巾放置在桌上後，表示用餐結束方可離席，侍者收拾桌面時無須幫忙收拾，因為也許你並不了解他們的工作手法及技巧，不要因此而幫了倒忙，只要記得離席前將椅子靠攏餐桌即可。

　　所有的餐點結束後，咖啡、茶的服務應該是會移至交誼用大廳中來進行。待客人就座後，侍者會將咖啡碟、咖啡杯（喝茶的客人則送上茶碟和茶杯）放在客

人的桌前，加入你要的茶或咖啡後，還會提供牛奶、奶精和糖，期間還會提供巧克力、薄荷糖，或其他類型的糖果。

咖啡、茶結束之後，也會提供甜酒（liqueurs），侍者會詢問在場的賓客，想要喝甜酒的客人，桌前會放置一只甜酒杯（liqueur glass），此時倒酒的工作就落在男主人的身上了，依男主人提供的甜酒做選擇後，男主人會一一的替客人斟上。

西式宴一定會有一位主客，在所有的餐點、飲料進行完畢後，不論時間有多晚，如果當天的主客沒有起身向主人表示要離去了，在座其他受邀的人是不可以先行離席的，這樣是非常不禮貌的。除非你有重要的事情，但也必須婉轉告知主人，你有必須先行離去的理由，同時表達對主人邀請的感謝之意後，在不影響其他人的狀況之下靜靜的離席。

㈥敬酒的禮儀

臺灣人喝酒的習慣一向豪邁，舉杯敬酒在臺灣，就是要勸對方喝酒或是乾杯。而如果對方不乾杯或不勝酒力，通常會讓勸酒的一方認為是不給面子的一種表現，這樣的習慣其實是會造成別人的困擾。在西方國家，舉杯敬酒是一種祝福的表示，像是婚宴中舉杯對新人的祝賀、朋友之間祝福彼此健康、正式場合主人對在場賓場蒞臨的感謝、和對傑出人士成就的讚揚。但不管是為何種場合或目的敬酒，都是出自為對方祝福的心而舉杯，絕不會勉強不會喝酒的人一定要乾杯的。而西方舉杯敬酒的儀式是源自古代，戰士在征伐之前，會朝著天的方向舉起酒杯，以祈求眾神的庇祐，不會戰死在沙場而凱旋榮歸。到了古羅馬時期，當時希臘、羅馬的士兵在出征以前，也會舉杯敬天，請諸神保佑能讓次次的征伐所戰皆捷。時至今日，這種為出兵征伐前所做的敬神儀式，已漸漸成為彼此間祝福的儀式，如朋友、家人之間相互的祝願，像是健康、快樂、財富與愛情等等，這與臺灣人敬酒動輒乾杯拼酒的意義是有些不同的，以下是敬酒時該注意的細節：

1. 敬酒在西式的正式場合中，第一次舉杯敬酒的人應該是宴會的主人，或是宴會中致敬酒辭的人。而宴會中如果主人沒有做這樣的動作，主客是可以舉起酒杯向主人敬酒的。

2.當席中主人或是主客，要向在座所有人舉杯敬酒時，不論此時你杯中的酒或飲料已經喝罄或所剩不多，你都應該和所有人一樣，高舉手中的酒杯，與大夥同聲祝福。男士應主動向女士敬酒，當敬酒的彼此高舉酒杯，相互祝福的同時，眼神一定是要注視著對方，以表示尊重。

3.臺灣的婚宴中，通常是新郎、新娘向各桌賓客敬酒，或是雙方主婚人向來賓依次敬酒，通常席開百桌的婚禮，新人們酒還沒有喝醉，光是敬酒就敬得發昏了。西式的婚宴，一般是男儐相起身致詞前，會先舉杯向新郎、新娘敬酒，接著是新郎向他的新娘敬酒，最後是新人向他們的父母舉杯敬酒。

4.在以往敬酒的習慣中，無論喜不喜歡或能不能喝酒，在大夥舉杯敬酒時，也須小酌一口，因為古時到現在流傳下來的習慣，杯中盛的一定是酒。但是如今不喝酒的人也不在少數，所以不論你杯裡裝的是何種飲料，酒、果汁甚或是水，都必須在大家舉杯時一同舉杯，以表示彼此的祝福。但記得當大家舉杯敬酒祝福時，必須要起身舉杯同賀，而不是仍然坐在位置上，那樣是不適當的方式。

(七)較特殊餐點的食用

1. 培根（bacon）

培根是在早餐中可以常常吃到的食物，一般早餐的培根通常會是一片片的形狀。而如果培根是以水煮，或是油鍋略煎一會，但整個培根的狀態仍然是柔軟的，用刀叉來食用是正確的方式。但是當培根被油煎呈酥脆的狀態時，這時如果使用刀叉，只會將酥酥脆脆的培根弄得都是碎片，更不容易取食。這時你就可以大大方方的，用你的手指來取用香、酥、脆的培根囉！

2. 魚子醬（caviar）

許多人聽過魚子醬，但由於魚子醬是屬於價位較高且稀少的食物，吃過魚子醬的人並不是非常普遍。魚子醬是由一種鱘魚的卵以鹽醃漬而成，而一隻成熟到可產卵的雌鱘魚至少要四年以上（按等級的不同還有十年、甚至是二十年以上的），要吃到好吃的魚子醬，不但需要金錢也需要時間。當菜單裡出現這道食物時，這個宴會或飯局應是所費不貲（飛機上也只有頭等艙才有魚子醬的服務），

通常是當作開胃前菜。食用時通常是以一種專門的玻璃或水晶碗，將魚子醬置於碗中，碗下鋪一些冰塊保持低溫（因為魚子醬在低溫狀況下比較能保持新鮮，在食用時才能有最佳的口感），用湯匙取一湯匙的量置於盤中，加上少許切碎的洋蔥末及切碎的蛋白、蛋黃，再淋上一些檸檬汁加以混合後，用餐刀取適量放在烤過的土司（melba toast）上食用。但是真正魚子醬的老饕，吃魚子醬時是什麼都不加的，記得有一臺灣客人在機上用魚子醬時，告訴空服員：「除了那個黑黑的、一顆一顆的東西我不要，所有的東西都要加一點。」空服員聽了後都不知道該說什麼好。更講究的有舀魚子醬的湯匙是用象牙製的，但因禁止盜獵及買賣的禁令，象牙製的湯匙已不多見而改以貝殼製的湯匙。一般魚子醬可以搭配低溫的伏特加酒一起食用。

3. 酪梨（avocados）

是一種美洲熱帶的果樹上所結的果實，形狀類似西洋梨。通常是對半切開，如果是以水果的方式食用，左手將酪梨握住，右手以湯匙挖取果肉食用。但如果是以前菜食用，通常在酪梨果核挖空處會加上調拌好的沙拉或其他冷菜，先以叉子食用沙拉，食盡後勿將叉子置於酪梨殼中，應置於餐盤上。

4. 朝鮮薊（artichokes）

朝鮮薊對一般人來說可能並不熟悉，這種蔬菜主要是吃他葉片較厚、有肉的部分，通常當前菜、冷盤或沙拉用，形狀類似石蓮花，但葉片不似石蓮花般外展，而是一片接著一片的緊緊的向內包覆著。通常搭配著油醋醬（oil vinaigrette）或奶油醬（butter sauce）來食用，一般而言，朝鮮薊是屬於以手取食的食物，一片一片的剝著吃，食取較多肉的部分。如果有餡料，可用餐刀將餡料均勻的塗抹在朝鮮薊上食用。當吃到較內層的葉片時，可能因葉片較薄無可食部分，可將其丟棄，靠近中心莖的部分有一些鬚狀物，可將其清除後以刀、叉食用中心嫩莖的部分。雖然這是一道以手取食的食物，並不代表吃完後必定是杯盤狼藉的狀況。每一葉食盡有肉的部分後，剩下不可食的部分應該也是整齊的置於餐盤上，而不是東一片西一片的隨處丟棄。

5. 蝸牛肉（snails）

　　大家都知道法國菜有一道非常有名的料理，就是蝸牛肉，當餐桌上出現這道菜時，得要注意一些食用的方法及細節。蝸牛肉上餐時會佐以大蒜奶油醬，因為蝸牛肉食用方法較為特別，一般會搭配一種特殊金屬製的蝸牛鉗（蝸牛殼因加熱，表面溫度會變得很高，為避免燙傷會提供蝸牛鉗）。首先以一手持蝸牛鉗握住蝸牛，再以另一手持牙籤狀的尖針或叉子將蝸牛肉取出食用，如果沒有蝸牛鉗，可以使用餐巾一角將蝸牛握住，以同樣的方式將蝸牛肉取出食用。食盡所有的蝸牛肉後，因蝸牛肉從蝸牛殼中取出後，仍會留有一些蝸牛肉的肉汁在蝸牛殼中，此時可將一些大蒜奶油倒入殼中，與殼中的肉汁混合飲盡，或者是將殼中的湯汁倒在盤中，把搭配食用的法國麵包撕成小塊，浸入湯中用叉子取用

6. 青蛙腿（frogs' legs）

　　食用青蛙腿這道菜時並不需要使用特殊的餐具，只要用刀叉將有關節連接處分開，或將大塊可食部分切割，再以刀叉析離骨與肉後取肉食之。

7. 生蠔（oysters）

　　一手扶著生蠔殼以穩住生蠔，另一手持叉將生蠔肉與生蠔殼連接的部分分開，再以叉子取生蠔食之。有一些生蠔會搭配著其他的醬汁食用，如果有醬汁的提供，以叉子將生蠔肉至生蠔殼中取出，沾取適量的醬汁一口食盡。千萬不要用刀、叉將生蠔肉切割食用，以避免切割的汁液噴出或弄髒環境。如果不想沾取醬汁，可先以叉子將殼與肉分離後，再擠一些檸檬汁在生蠔上，一口食盡。

8. 蛤蠣（clams）

　　如果上來一道清蒸蛤蠣，取其殼已全開者，如果想要和未開的蛤蠣搏鬥，此舉宜在家中進行，想想一場殺氣騰騰的人、蛤大戰出現在溫馨的餐桌上，除了讓人筋疲力竭外，也是不太文明的喔！食用方式與生蠔類似，一手握住蛤蠣殼、一手持叉將蛤蠣肉與柱身分離，然後沾一下原湯食用，食畢的空殼置於其提供丟置的容器。貝殼類食物以生食方式食用者，不宜以餐刀切割，可以叉子取用；如果是以油炸等熟食方式是可以用刀、叉切割食用的。

9. 淡菜（mussel）

淡菜的吃法與蛤蠣類似，以叉子將淡菜自柱身分離後沾取湯汁食用，淡菜殼置於提供丟棄的容器中，食畢可將搭配的麵包撕成小塊浸於湯中食用。

10. 義大利麵（spaghetti）

義大利麵食有許多許多的形式，有我們一般所熟知的通心麵（spaghetti）、寬麵條（linguini）、烤寬麵條（lasagna）、千層麵（layered）等許多不同的名稱，但一般人所說的義大利麵，則是將所有的義大利麵食給統稱化了。較為人熟知的義大利麵（spaghetti）是指較細的圓形麵條，吃義大利麵時，用叉子捲起一束適量的麵條，用輔助的湯匙將捲起的麵條推入其中，再用盛裝麵條的湯匙食用。如果不用湯匙輔助，僅以叉子食用的時候，一樣以叉子捲起適量的麵條後，再將麵條直接用叉子送入口中。為避免義大利麵的湯汁在捲動麵條時，或送入口中的過程中會濺到衣物上，可以用左手持餐巾一角移至胸前遮擋。在捲取麵條時麵條的分量不宜過多，以一口的量為原則。如果捲取入口的量過多時，部分麵條不慎從叉子上滑落時，應立即將麵條咬斷，避免麵條的甩盪將湯汁噴濺到四處，弄髒桌布或衣物。

11. 豌豆（peas）

圓圓的豌豆滑不溜丟，想要順利的吃完一盤盛有豌豆的食物，是需要一些小技巧的，以餐刀做為輔助工具，將豆子推至叉子上後送入口中食用。

12. 玉米（corn）

一整條的玉米在正式的西餐中大多不會出現，因為既不容易切割也容易吃得到處都是，且玉米的纖維容易塞牙，通常會以切割好的玉米粒形式出現，取食的方式同豌豆。但如果有機會至外國友人家中作客，也許會吃到這道食物，將奶油塗在部分的玉米上，用手握住玉米兩端，吃完了這部分再重複其動作直至食盡整條玉米。吃玉米時儘量不要發出太大聲響，吃完之後也必須儘快清理沾滿奶油的雙手。

四、用餐時的應對

　　在正式宴會中，細心的女主人通常會對所邀請的客人做合適的安排，一般座位是一位男士、一位女士的交叉安排，夫妻、情侶通常不會被安排坐在一塊兒，因為是這樣的安排，會顧著聊彼此的私事而冷落一旁的客人，如果是以交叉安排的方式，可以藉著與鄰座的客人談天而更了解彼此。而在用餐時的談話內容宜輕鬆，切忌牽涉易對立的政治話題，尤其在現今政治對立明顯的臺灣，父子、兄弟、夫妻因政治立場不同而反目、失和的例子時有所聞。一個氣氛和諧且籌劃多時的宴會，如因一尖銳的話題而被破壞實在不值。對於不同政治立場、不一樣的宗教信仰，彼此都應該尊重對方的立場。避免在餐桌上討論彼此對立的話題，除了會把用餐氣氛弄僵外，我想主人下次一定不會再自找麻煩的邀請你了。

　　對於女性客人，千萬別一開口就問人：「妳今年幾歲了？」要知道不只女性，有些男性也是很介意別人談論年齡的。或是第一句話就說：「你一個月賺多少錢？」這樣子的開場白或問話，是會讓人跟你聊不下去的。所以談話時的話題也盡量以不涉及個人隱私為宜。

　　女性受邀者，餐畢後可以至化妝間梳頭、補粉、補妝、補口紅。不要在席間就旁若無人的拿起鏡子，瞇著眼補眼影、噘著嘴補口紅，這都是不符合禮儀的要求。也不要拿起梳子就梳將起來，更不符合衛生的觀念，不可因一時之便而為之。

　　先向鄰座的客人大略的介紹自己，也了解對方的背景，藉著大致的了解尋找彼此間共同的話題。試著先找話題與鄰座聊天，不要以為每個人都是擅於表達的演說家，如果對方個性害羞或是個悶葫蘆，可以自己先打開話匣子，就算不能攀談甚歡，至少可以打開葫蘆蓋，看看葫蘆裡賣的是什麼藥囉！

　　如果你的話題引不起對方的興趣，試著改變為對方熟悉或有興趣的話題。但是如果對方的談話內容也無法與你產生共鳴，不要露出不耐或厭煩的表情，試著耐心聽完，要知道一個好的談話者是擅於傾聽的。

　　對於聊天時，話題順序之前後安排，也是要稍微注意一下的呢！比如見到一位小姐或女士，你不要先就問人：「小孩幾個啦？」事實上人家連婚都還沒結

你問人家有沒有小孩，這樣是很不禮貌的。對於不熟悉的人，打開話題不出錯最保險的方式，就是先問對方：「您貴姓？」或「哪兒高就？」這些問話也許老套，但當話匣子打開後，對方自然就會告訴你一些比較多的訊息了，再從這些得到的訊息中，尋找其他更多的話題才是比較適當的方法。

參加宴會用餐之際，不宜使用手機或呼叫器，尤其現在的手機鈴聲又非常豐富，當大家正愉快的享用著美食，也伴隨著空中響起的悠揚樂聲，這時你的手機忽然響起，柴可夫斯基的第六號交響曲‧悲愴（柴可夫斯基做完這首曲子，十二天之後便撒手人寰了），我想其他用餐的客人，也會被你這突如其來，氣氛悲傷的音樂，搞得不知道該面帶微笑還是愁容滿面了。要不就是響起柴可夫斯基的1812序曲（1812年拿破崙率軍攻打蘇俄的莫斯科，但因對手頑強抵抗，拿破崙大敗而退），而主人或受邀席中的賓客是法國人，餐畢主人應該會叫車馬上把你送走的。如果真有要事，可以婉轉告知主人，主人如不介意，可以將主人家電話留給要聯絡你的人，如果用餐時有事來電，可請人轉告。

避免談論他人的私事，如：「前陣子我看到張先生挽著一位身材似魔鬼、臉蛋如天使的狐狸精在101大樓逛大街呢！」諸如此類揭人隱私的話題是不妥的。

另外也要避免悲傷的話題，「聽說你家的狗狗被卡車輾斃，真的好可憐喔！」這樣的話題是又血腥，更令人傷心，想想此言一出，一定會讓人食不下嚥的。一個好的談話者除了會耐心的聆聽外，也要會找出適時、適地及適合彼此的話題，能使主人用心經營的用餐的氣氛，達到畫龍點睛之妙，相信無論到哪兒，你都會是一個受歡迎的好客人。

五、佐餐飲料的認識

前面我們曾提到餐前酒、餐中酒及餐後酒的酒杯使用，現在我們更進一步談談佐餐飲料的內容。餐中酒大部分以主餐是否為海鮮或肉類，來決定搭配紅酒或是白酒，基本上變化不大。就餐前、餐後飲料而言，變化較多，有我們較熟悉的調酒及甜酒，調酒大多是以一種基酒為底，加上其他飲料所調製出來的混合酒精性飲料。所謂的基酒有許多種，以下是我們較為熟知的幾種：

(一)伏特加（vodka）

伏特加酒和我們的高粱酒同屬於白蒸餾酒，以蘇俄（蘇聯未瓦解的前身）所生產的伏特加為代表，酒精濃度非常高，很適合天寒地凍的蘇俄人飲用。但因為蘇俄內部發生革命，許多俄國人逃離家園後，將這種代表蘇俄伏特加酒的製作方式及飲用習慣，帶到落腳的各個國家，如今儼然成為基礎酒的代表了。像螺絲起子（screwdriver）、血腥瑪莉（bloody Mary）、鹹狗（salty dog）、莫斯科驢（Moscow mule）等，都是以伏特加酒為基礎酒的調酒。

(二)蘭姆酒（rum）

蘭姆酒是以甘蔗為原料的蒸餾酒，因為原料是甘蔗，所以產地大都集中在中南美盛產甘蔗的國家，古巴、牙買加、多明尼加等，都是蘭姆酒的製造國。我們一般看到呈琥珀色或咖啡色的藍姆酒，都是因為放置在木桶中釀製的緣故，其顏色深淺及風味的不同，端看蘭姆酒置於木桶中時間的長短而決定。邁泰（mai tai）、邁阿密（Miami）、藍色夏威夷（blue Hawaii）、古巴河（Cuba river）這些非常熱帶的名稱的調酒，就是以蘭姆為基礎酒而調製出來的。

(三)琴酒（gin）

琴酒是以杜松子為主要添加香料的蒸餾酒，最初由荷蘭人所發明，引進英國後因工業革命蒸餾技術的更進步，英國成為琴酒的主要生產國，現在我們普遍喝到的杜松子酒大多是英國製的。因為琴酒有一種杜松子特殊的香味，與不同的飲料混合也會如精靈點指般產生不同的風味，到現在產生了許多以琴酒為主的調酒，而琴酒也有一個調酒精靈的外號，是不是很可愛呢？琴湯尼（gin tonic）、新加坡司令（Singapore sling）、馬丁尼（martini）、琴飛絲（gin fizz）、粉紅貴婦（pink lady）、藍月（blue moon），令人耳熟能詳的名稱都是以琴酒為基礎調製出來的，由此可知琴酒有超越伏特加成為基礎酒主流之勢呢！

(四)威士忌（whisky）

威士忌酒因釀造的原料不同有分成幾種不同的大類；蘇格蘭威士忌（Scotch whisky）、波本威士忌（bourbone whisky）、加拿大威士忌（Canadian whisky）

等，其中又以大麥芽釀製的蘇格蘭威士忌最有名 高球（high ball）、威士忌沙瓦（whisky sour）、曼哈頓（Manhattan） 老式（old fashioned）就是用以上各種威士忌酒作為基礎所調製出來的

㈤**白蘭地**（brandy）

白蘭地是以葡萄為原料發酵釀製而成的，依釀製時間的長短有分成幾個等級：V.O.（very old）、V.S.O.（very superior old）、V.S.O.P.（very superior old pale）、X.O.（extra old）、EXTRA 等，亞歷山大（Alexander）、刺針（stinger）是以此為基酒調製出來的，不過一般白蘭地還是以直接喝最能品嚐出酒的風味。喝白蘭地時，最好用專門的白蘭地杯盛裝飲用，因為酒杯的的設計就是要以最適當的方式，來品嚐白蘭地的風味，所以一般臺灣人飲酒加冰塊的舉動，是比較不適合飲用白蘭地時為之

㈥**龍舌蘭**（tequila）

塔吉拉酒是以龍舌蘭為原料的蒸餾酒，所謂的tequila是專指產於墨西哥塔吉拉鎮的龍舌蘭酒，就如蘇格蘭的威士忌酒才能叫做 Scotch，產於法國香檳區的汽泡酒才能叫做champagne是一樣的道理。而瑪格利特（Margarita）、日出（tequila sunrise）、日落（tequila sunset）都是以塔吉拉酒調製出來的。一些較為普遍的調酒並不難，一般都是以平底酒杯（long drink）加冰塊後，倒入一盎司的基酒，量約莫兩指幅的寬度，然後再加入其他飲料到七、八分滿即可。因為大部分調酒會在杯口綴以裝飾（garnish），如果杯子中的量已至八、九成滿，會因裝飾的重量使得杯中液體溢出，破壞了調酒的視覺美感。以下是一些簡易的調酒及調酒方式，可以在家自己 DIY 試試看喔！

調酒名	簡介	材料	製作方法
高球 high ball	調酒名的由來：曾經有一位在高爾夫球場打球的男士，休息時無意間將蘇打水和威士忌混合飲用後，發現非常的清爽，之後便打出一記又高又遠的球，故名之。	威士忌 Scotch whisky 蘇打水	將一盎司威士忌倒入已加入冰塊的平底大酒杯 longdrink glass 中，再將蘇打水倒至八分滿，視需要加入調酒棒即完成。
曼哈頓 Manhattan	曼哈頓位於美國紐約市區，是一種非常美式的調酒，所以使用的威士忌必須是美國地區出產的波本威士忌，才是正統的曼哈頓喔	威士忌 bourbon whisky 甜苦艾酒 苦味藍姆酒 櫻桃	將四分之三盎司波本威士忌、四分之一盎司甜苦艾酒、苦味藍姆酒一滴，全部倒入調酒器中搖動予以完全混合後，倒入雞尾酒杯中，再飾以櫻桃一顆即成。
酸威士忌 Whisky sour	是威士忌加上檸檬汁，讓威士忌成為帶酸味的一種調酒，味道也較為清爽。	威士忌 檸檬汁 檸檬片 砂糖	將一又二分之一盎司的威士忌、三分之二盎司的檸檬汁、砂糖一匙放入調酒器中搖動混合，倒入有碎冰的高腳雞尾酒杯中，杯口綴以檸檬片即成。
螺絲起子 screwdriver	這是由探鑽石油的美國石油工人，在休息時將伏特加和柳橙汁，用手邊隨時使用的螺絲起子攪拌飲用而得名。	伏特加 柳橙汁 柳橙切片 櫻桃	平底大酒杯加入冰塊、一盎司伏特加、柳橙汁加至八分滿後，加上柳橙片綴以櫻桃置於杯中，便完成了一杯螺絲起子。
血腥瑪莉 bloody Mary	十六世紀英國女王瑪莉在位時，因為宗教原因造成死傷無數，以紅色的蕃茄汁代表戰爭血腥及殘酷。	伏特加 蕃茄汁 檸檬片 tabasco 胡椒	將冰塊放入平底大酒杯，加入一盎司伏特加、蕃茄汁倒至八分滿，加入幾滴 tabasco，灑入一些粗顆粒的胡椒粉，加進一片檸檬片，就是一杯完成的血腥瑪莉。
琴‧湯尼 gin tonic	通寧水 tonic water 是一種含有奎寧的飲料，對瘧疾有治療的效果，英國在殖民地普遍飲用	琴酒 通寧水 檸檬片	將冰塊放進平底大酒杯，加入一盎司的琴酒，倒入通寧水至八分滿，杯口飾以檸檬片即

調 酒 名	簡 介	材 料	製作方法
	以防止瘧疾，加上琴酒就成為現在我們熟知的琴‧湯尼。		可。
粉紅女士 pink lady	粉紅女士得名於英國一齣有名的戲劇「pink lady」中，女主角愛喝的調酒。	琴酒 糖漿 蛋清	將琴酒四分之三盎司、糖漿四分之一盎司、蛋清一個加進調酒器中搖動混合，倒入雞尾酒杯中即成。
琴‧飛司 gin fizz	琴酒加上蘇打水而調製的一種氣泡雞尾酒。	琴酒 蘇打水 檸檬汁 檸檬片 砂糖	調酒器倒入一盎司琴酒、半顆檸檬汁、砂糖兩匙搖動混合，倒入加入冰塊的平底大酒杯中，再加入蘇打水至八分滿，杯口飾以檸檬片。
蘭姆可樂 rum coke 又叫作古巴河 Cuba-river	基酒為蘭姆酒，再加上可樂調製而成。	蘭姆酒（白） 可樂 檸檬	將平底杯加入冰塊，倒入一盎司的蘭姆酒，再將可樂加入八分滿，最後杯緣放上一塊檸檬塊，另外再加上一個攪拌棒即完成。
邁阿密 Miami	是一種非常有名的熱帶雞尾酒之一。	蘭姆酒（白） 薄荷酒 檸檬汁	將一杯份量，以蘭姆酒三分二、薄荷酒三分之一的比例倒入調酒器，滴上幾滴的檸檬汁，充分搖晃均勻，再倒入雞尾酒杯中即可。

　　有些人用餐時不飲酒，也可以喝一些無酒精性的飲料，像果汁或水，餐前飲料不建議飲用氣泡性飲料，如汽水、可樂、蘇打水等，因過多的氣體會造成胃脹，之後的餐點可能無法盡情享用，而胃中的氣體也會造成用餐時打嗝，可能會因過大的聲響及不佳的氣味，有影響他人用餐的疑慮。在餐後水果之後還有咖啡、茶等搭配的飲料。

(七) 紅酒

　　臺灣近年來因紅酒文化的推展，所以喝紅酒的人也越來越多。但畢竟紅酒是來自於歐美的酒文化，對於各個不同國家及廠牌的紅酒，基本上真正了解的人並不多。雖然紅酒從葡萄品種的選擇、栽種，葡萄種植過程中氣候的變化、土質的影響，到收成釀製的完成，本身就是一個很大的學問，如果要討論，可不是三言兩語就能探知一二的。但如果要學習西餐禮儀，西餐餐桌上少不了的佐餐酒（紅、白酒）當然也是要有些許程度的了解，才不至於有知其一而不知其二的困擾。因為常常有人大約知道，吃什麼餐要搭配什麼樣的酒，但不是真正了解，為什麼要搭配這樣的酒？為什麼有些紅酒一、二百塊錢一瓶，有些紅酒一、二千塊一瓶？還有些紅酒卻能在紐約的拍賣會場，以一百萬以上一瓶的高價成交？影響紅酒的價格有很多，這個問題對於初學者來說可能難了點。對於入門者而言，大概要了解的是如何正確的喝紅酒？如何從瓶身的標籤上，去了解這瓶酒？這裡我們會做一個大概的介紹，讓讀者可以從簡單的知識中，大約知道紅酒要如何識別，如何品嚐。

　　我們知道白酒與紅酒都是以葡萄釀製而成的，紅與白只是紅葡萄酒與白葡萄酒釀製的方式的不同。紅葡萄酒是採用紅葡萄連皮一塊釀製，採先發酵再搾汁，所以紅酒的顏色有著紅葡萄表皮的顏色。而白酒則事先去皮再發酵釀製，釀製白酒有可能是紅葡萄的品種，但因事先去皮，所以白酒的顏色近於葡萄果肉的顏色。也許有些人對於白酒的定義不一，有些人認為高粱、茅臺、vodka 或是 gin，都是白酒的一種，但當你到了歐、美國家，如果你要喝 gin，最好在酒單的烈酒（spirits）部分去找會比較容易找到你要喝的酒，因為一般所認為白酒的定義，就是以葡萄脫皮釀製而成。但是可能還是有一些人點酒時，你問他要喝紅酒或白酒，他還是很認真的跟你說：「我要喝葡萄酒！」這就很像吃雪蛤，不知道雪蛤是來自於蛙類的輸卵管其道理是一樣的。紅酒與白酒，因為適宜品嚐的溫度有些不同，所以喝法也是有一些不同的地方。

　　法國紅酒馳名已久，但並非所有的法國酒均屬優質，為使得法國酒在世界上

維持不墜之勢,在法國有一種國家級評定葡萄酒的標準,基本上符合這種標準,應該都是品質不錯的酒。

1. Appellation d'Origine Controllee

又可以寫成 AOC 的縮寫,代表著法國最高等級的葡萄酒,是由法國國家產區管制協會所制定。而符合這個協會的規定,如葡萄的品種、酒精濃度、葡萄酒原產地的名稱、葡萄栽種的方式、葡萄採收時的含糖量、發酵方式、葡萄園每公頃的葡萄生產量等,完全符合這些條件,才夠資格在瓶身上標示著AOC,也正代表著這瓶葡萄酒不平凡的價值。

2. Vin Delimite de Qualite Superieure

又可以寫成V.D.Q.S.,意思為優良指定酒,較AOC等級為次。雖然規定不似AOC般嚴格,也必須限定在優良葡萄指定生產區,所生產釀製的葡萄酒,及採用年分較佳的葡萄來釀製,才能在瓶身被標示著 A.D.Q.S.的字樣。

3. Vin de pays

此一等級是屬於法國限定產區所生產的葡萄酒,且不能與其他產區葡萄混合釀製,但不限定葡萄的年分與葡萄的品種。此類葡萄酒都非常有地方區域的特色,有時不高的價錢卻能買到不錯的酒呢!

4. Vin de Table

屬於這四種等級中最普通的等級,各項釀酒的規定最為寬鬆,也不限定是哪一個產區,或是哪一種葡萄的品種。可以混合不同產區的葡萄釀製,但唯一的限制是,必須限定以法國產區的葡萄來混合釀製。

影響紅葡萄酒味道的因素有葡萄中所含的單寧酸、葡萄品種所含的甜度與澀度、酸度及酒精濃度。正因紅酒的釀製方式是與葡萄皮一起發酵,單寧酸存在於葡萄的根、莖,以及葡萄的表皮中,所以當葡萄連皮被釀製成葡萄酒時,裡頭就富含著單寧酸。酒中的單寧酸會讓新酒喝起來較澀,但隨著酒的年齡,單寧酸會讓酒喝起來更緩和與溫厚。紅酒開瓶後,一般有三個步驟:

*1.*準備一只無飾潔淨的紅酒杯(如果是切割面或是有圖繪裝飾的酒杯,會無

法完全透光或折射，而不易欣賞紅酒剔透的顏色），倒入紅酒，將酒杯舉起向著有光或是白色的牆面或背景。先檢視酒杯中有無殘留的瓶塞木屑，酒的顏色是否剔透。通常紅酒的顏色應該是紅褐色或是帶點茶色，顏色會是由酒杯中央漸漸向杯緣淡去。而較熱地區或氣候較暖的地方，因為日照的影響，此間的葡萄品種顏色會比較深一些。

2.將紅酒倒入紅酒杯中約三分之一滿，輕輕的搖晃酒杯。因為酒開瓶後，空氣會與葡萄酒中的分子結合，而散發出酒中的芳香。搖晃酒杯的動作，就是要藉此喚醒酒中的香氛，這個動作一般人叫做「醒酒」。倒入三分之一的份量，是為了在搖晃酒杯時，不會因為量太多而濺灑出來。

3.吸第一口杯中的香氛，用嗅覺玩味一下酒中的滋味。醒酒後，將杯子靠近鼻子，盡量將鼻子的部分埋入杯中，深吸第一口杯中葡萄酒的香味，味覺會因為習慣而遲鈍，所以吸入第一口的香氣，是最容易辨別的（入芝蘭之室，久而不聞其香；入鮑魚之肆，久而不聞其臭）。你會發現酒中的香味，並不只有葡萄所散發出的果香，也許有其他的香味，但因為自己並不是專家而無法確切的辨識出其他的香味。曾經請教過紅酒專家，吸入第一口的酒香，裡面包含的香氣，的確不只是葡萄品種本身的果香。它還包含了其他的味道，在葡萄種植時，因周遭環境的味道，也會被葡萄所吸收，像是大地的青草香、花朵所散發的花香、甚或是蜜蜂採粉製蜜的蜜香，這都或多或少的影響了酒中香味。雖然你不是專家，也未必能分辨出酒中到底有什麼香味，但是久而久之，便能領會出箇中的趣味了。

4.結束以上望、聞的步驟，輕酌一口，以舌中味蕾嚐盡酒中滋味。輕輕的喝一口，可先別急著吞下肚中，將飲入的一口紅酒，用漱口但不失優雅的方式，讓紅酒能觸及舌頭每一片味蕾，從味覺中去發現這瓶酒裡藏著的所有味道。我們的舌尖可以讓我們吃到所有的甜頭，酸的滋味藏在舌的兩側，舌根處掌管著苦味，苦澀的味道是在我們吃到甜頭後有的反應。在刺激過舌中的味蕾後，你可以感覺酒中的甜味、酸味、澀度，然後吞下。你也許不能確知酒是屬於甜度較高，或酸度較低，但一瓶好的紅酒並不是酒中的甜度、酸度、澀度的高低多寡與否，而是

其中比例是否適當，也就是喝來是否順口。那樣的感覺在你多做幾次練習後，就可以慢慢的抓到訣竅了。

上述的品酒步驟，可以明顯的看出臺灣人喝急酒和催酒的習慣，與西方人品紅酒時講究的望、聞、啜、飲的玩味方式是不同的。所以當下次端起一杯紅酒時，試著以細細琢磨的方式品嚐，也許你會有一些新的體驗也說不定呢！

在一些專家的眼中，除了認為不同的酒杯，有可能影響葡萄酒品嚐的味道外。有更甚者，還有一些酒杯製造者，因著不同的葡萄品種，而設計出了適合飲用的酒杯。當然，這對我們而言似乎是太過複雜了，但是基本的酒杯知識也是必須要掌握。如一般西式正餐除了餐具外，還有酒杯的擺放，一般講究一點的，會有兩只葡萄酒杯，形狀似鬱金香，又叫鬱金香杯（tulip-shaped bowls）。一只較大、另一只較小，較大的葡萄酒杯是用來盛裝紅酒，而另一只較小的酒杯，則是盛裝白酒用的。紅酒酒杯必須要大於白酒酒杯，因為紅酒需要「醒酒」，需要多一點的空間呼吸，所以杯子當然要比白酒杯子大一些些囉！

我們一般刻板印象都以為法國的紅酒都是好的，事實不然，除了法國紅酒，美國的加州紅酒，及澳洲、紐西蘭、智利、葡萄牙等，也都有生產品質不錯的紅酒。

除了冰酒、薄酒萊 beaujolais，或一些較甜或果香味較重的紅酒，是需要較一般紅酒低溫飲用外，通常紅酒適合的溫度在攝氏大約 16 度左右。如果講究一點的酒商，通常儲藏紅酒的地方，其溫度會控制在攝氏 16 度左右。因為不是喝冰酒或白酒，所以下次點喝紅酒時，就不要再用錯誤的方式飲用了。

(八) 白酒

白酒的生產地區也遍布在許多地方，除了法國白酒，德國、奧地利、智利、紐西蘭、美國加州等，都有生產品質不錯的白酒。白酒因為是先壓榨再發酵，不似紅酒有葡萄皮加入其中，所以白酒注重的是酒中的酸度與甜度。比較為人所知的是產於法國北 burgundy 區的白酒，幾乎是以 Chardonnary 的葡萄品種釀製，依瓶身的標示此區的白酒又分四個等級：

1. Regionale

地區性級的葡萄酒，一般產自勃根第區 burgundy，普通等級的萄酒，酒瓶的瓶身會有這樣的標示。

2. Village

這是高於地區性級的酒莊級葡萄酒，一般是以酒莊名稱來命名。優良的酒莊所產製的葡萄酒，也有可能成為一級或是特級的葡萄酒產區。

3. Premier Cru

第一級葡萄酒園，品質又高於酒莊級的葡萄酒，如果村莊級葡萄酒的瓶身標示後，加註一個 Premier 就代表著是屬於一級的葡萄酒園，其所生產的葡萄酒就是一級葡萄酒。

4. Grand Cru 等級

是指從特級葡萄園中所生產的葡萄酒。在酒莊名稱或葡萄園後，加上 Grand Cru 等字樣，便代表所出產的葡萄酒是此區域的特級葡萄酒。

所以當你在餐廳用餐必須要點酒時，如果點的是法國白酒的時候，你便可以從服務生手上酒瓶的標籤中得知，這瓶酒的等級在哪？當然等級越高，就代表這瓶酒喝來越順口，相對的價錢也就越高囉！

另外依採收的時間先後與方式的不同，白酒有分以下幾種：

1. dry wine

一般在採收期採收下來的葡萄酒，甜度低、酸度較高，法國白酒多屬此類。

2. sweet wine

採收期過後約一到兩個星期，葡萄會因為更熟成而甜度增加，所以這種晚收的葡萄釀製的酒，甜度會比較高。德國白酒就是屬於這種方式採收釀製的，Riesling（芮絲琳）和 Mueller-Thurgau（慕勒圖高）這兩種品種占了德國白酒製造的大部分。

3. ice wine

葡萄因為過了一個冬天而結冰，採收下來的葡萄，有百分之九十五是水分，

只有百分之五是富含糖分的葡萄糖。而釀製時，只取其百分之五的部分，所以甜度非常的高，就是我們熟知的冰酒。因為能使用的部分量較少，所以一般看到冰酒的包裝多是 350ml 容量的包裝。

4.貴腐酒

貴腐酒的釀製必須仰賴一種貴腐菌（noble rot），葡萄在生長的過程中，表皮會附著許多不同的微生物、細菌或黴菌，而貴腐菌就是黴菌的一種。當葡萄表面被貴腐菌附著後，對於沒有成熟的葡萄，會因為貴腐菌而發霉腐爛。如果貴腐菌是附著在成熟的葡萄上，這個菌種會在葡萄的表面繁殖後，穿透葡萄皮而吸收葡萄的水分，使得葡萄會萎縮呈類似葡萄乾的狀態，採收這種經貴腐菌作用後，糖分極高的葡萄所釀製的葡萄酒就是貴腐酒。因為黴菌喜歡較溫暖，且溼氣較重的環境，所以多霧、溫暖、地勢較低的地區才會有貴腐酒的生產，像是德國、法國及匈牙利，都有貴腐酒的生產。

這裡順帶一提，前面提到法國酒以 AOC 的制度，做為評比的標準。德國酒也有這樣類似的方法，不同的是德國酒以酒本身的品質做為評量的標準：

1. Tafelwein

是指一般普通等級的酒。

2. Qualitaetswein mit bestimmter Anbaugebiete

當然是比普通等級的酒更高一級，有時會以 Qma 縮寫的方式表示。

3. Qualitaetswein mit Pradeikat

這樣的文字出現在標籤上，表示這是一瓶優質的酒，有時也會縮寫成 QmP（如下圖）

QmP 在德國代表的是最高等級的葡萄酒。

　　德國白葡萄酒的甜度與酒精濃度，是來自於葡萄本身，釀製過程當中是完全不加入糖分來提高酒精濃度與甜度的。大致分為六級，如果是 67'是指葡萄酒的甜度，也就是每公升的含糖量。基本上這六種等級在瓶身的標示上，都可以清楚的識別出來：

　　1. Kabinett（如下圖）

　　採用的是一般成熟度的葡萄，也就是一待葡萄成熟後，立刻採收而釀製出的白葡萄酒，每公升的含糖量為 67 到 85 度（一度的糖分，大約是每公升二公克的含糖量）

2. Spatlese（如下圖）

　　當葡萄成熟後，再等待一至兩個星期採收，為的是使葡萄的熟度增加，相對的甜度也因此提高。這是所謂的晚收型葡萄，每公升的含糖量是 76 到 95 度。

3. Auselese

每公升約 83 到 105 度的含糖量。

4. Beerenauselese（B.A.）

選用上好的葡萄品種，挑選部分染有貴腐霉菌（noble rot）的葡萄釀製而成，其甜度約在 110 到 128 度之間。因為濃度高，所以味道較為香甜、濃郁，是品質很好的白酒。

5. Eiswein（Ice Wine）

就是我們所熟悉的冰酒，是葡萄經過冬季結冰之後，採收而釀製的葡萄酒。因為只使用葡萄未結凍，富含葡萄糖的部分來釀製，所以甜度也非常高，有 110 到 128 度。

6. Trockbeerenauslese（T.B.A.）

以優質的葡萄品種，必須是葡萄成熟沾染到貴腐菌，貴腐菌吸收葡萄的水分而葡萄萎縮成類似葡萄乾狀態，採收釀製的酒，也就是一般所稱的貴腐酒。因為這樣採收釀製方式，所以甜度最高，約 150 到 154 度。也因為葡萄培育的過程不易、產量稀少，所以價格也不便宜。

上述的一些紅、白酒的分級制度，對於初學者在選擇時，或多或少是有些幫助的。如果喜歡喝義大利酒的人，對於義大利酒的好壞，也可以從瓶身的標誌中窺知一二，因為義大利也有像是法國 ACO，及德國 Qmp 的分級標準，一樣是對酒本身的品質做評量：

1. DOCG（Denominazione di Origine Controllata e Garantita）

在義大利酒的分級標準中是屬於第一級的酒，也是品質優良的酒（如下頁圖）。

2. DOC（Denominazione di Origine Controllata）

在分級標準中屬於第二級，也就是次於DOCG一個等級，屬於分級當中第二級的酒

一般白酒的溫度大約是在攝氏 8 度到 10 度間，如果白酒的溫度不夠低，千萬不可以貪圖方便，且自以為聰明的將冰塊加在倒入白酒的杯中，這樣白酒的濃度會被融化的冰塊稀釋，如此便會破壞白酒原有的風味。如果這又是一瓶不錯的白酒，我想這樣的喝法糟蹋的不只是酒的本身，也包含了製酒人的辛苦與用心。

一杯白酒最好是將一杯的量飲盡後，再做添酒續杯的動作。前一杯因較低溫飲用的白酒，杯身產生的水氣，與置於室溫後溫度的變化。如果飲用到一半時便做添酒的動作，杯中的水氣與溫度，勢必多少影響到原有白酒的風味。

(八) 香檳

一般人以為所有有氣泡的酒精飲料都稱作香檳，其實這是一個錯誤的觀念

香檳必須是生產在法國香檳區（champagne）的氣泡酒，才能被稱為香檳。而一般有氣泡的酒精飲料，應該稱作氣泡酒（sparkling wine）。香檳的飲用溫度不宜高過攝氏 10 度以上，飲用香檳或氣泡酒時，最好使用特製的香檳杯（champagne flutes），因為一般酒杯的杯身較低、杯口較寬，如果倒入香檳，香檳裡的氣泡會很快就消失了。如果使用杯身較細長，杯口較窄的香檳杯，氣泡會保持較久的時間。

　　一瓶酒的身價可以從瓶身標籤識別，標籤上所載的內容有：酒製造商的名稱、製造年分、香檳的甜度、酒精濃度、香檳的等級等等。一般在臺灣較為熟悉的香檳有庫克香檳（krug）、泰廷爵（taittinger）、貴婦香檳（la grande dame）、亨里約香檳（henriot）和香檳王（dom perignon）（如下圖）。

　　所謂的香檳除了指生產在法國香檳區以外，必須是以 Pinot Noir、Pinot Meunier、Chardonnary（均為製造香檳的葡萄品種名稱）這三種品種的葡萄為原料，以傳統製作香檳的方法製作，在瓶中發酵兩次，在香檳區的酒窖中放置一年以上，整個過程完成後，才是一瓶真正的香檳。

臺北喜來登大飯店安東廳提供

Blanc de Blanc：如果香檳瓶身有這樣的標示，那代表著這瓶香檳是只採用 Chardonnary 一種葡萄品種所釀製出來的香檳，因此這種香檳喝起來花香味也特別的濃。

Rose：也就是時下流行的粉紅香檳，如果有這樣的標示，不但瓶身或標示看起來很粉紅，香檳本身也會因為加入了少許紅酒，而變成了粉紅色的香檳。

對於香檳的製造商、製造年分與酒精濃度，識別方式同於紅酒。而較不同於紅、白酒處，香檳的的標籤上會標示著香檳的甜度。一般甜度的分類大約有五級：

1. extra burt

是指不甜的香檳。

2. brut

指香檳的甜度大約在百分之一的濃度，一般的香檳大多是這樣的甜度

3. extra-sec

香檳的甜度約在百分之一到百分之三間。

4. demi-sec

香檳甜度介於百分之三與百分之五，因為較甜，一般較受仕女們的喜愛。

5. Doux

超過百分之八的甜度，雖然香甜，但也因為甜度過高，較容易壞了香檳本身原有的風味。

對於香檳等級的高低，在標籤上也非常容易識別，以香檳王為例，就可以依年分的好壞，與釀製時間的長短，分為好幾個等級（如下頁圖）：

臺北喜來登大飯店安東廳提供

1. Non Vintage

意思是指無年分的香檳，也就是將上面提到的三種釀製香檳的葡萄品種，依各酒廠配方的特色，按比例混合，但不限定使用哪一年分生產的葡萄。香檳的好壞完全仰賴釀酒師父的功力了，像是認識時尚名牌一樣，應該算是各酒廠特色的基本入門款。

2. Vintage

年分香檳，顧名思義，這種香檳必須挑選年分較佳的葡萄來製作。像俗稱香檳王的 Don Perignon，標籤上大多會標示年分，如：Vintage 1993，意思是說製作這瓶香檳的葡萄品種是 1993 年的，當然也表示這一年製作這瓶香檳的葡萄品質是不錯的。

3. Cuvee

頂級香檳。如果在香檳的瓶身看到這樣的標示 Cuvee Dom Perignon，就是表

示這瓶香檳是香檳王中的頂級香檳。而頂級香檳又有所謂的單一年分頂級香檳（Prestige Cuvee），和多年分混合頂級香檳（Multi-Vintage）。

4. Prestige Cuvee

單一年分頂級香檳。代表是頂級香檳，如果在香檳的標籤上有標示 Cuvee 的字樣，除了是選擇年分最好的葡萄外，在壓榨過程也只取第一次壓榨的葡萄汁（一般無年分香檳 Non-Vintage 與年分香檳 Vintage，所使用的葡萄汁都經過壓榨二到三次）。為使香檳味道更為香醇，僅使用第一次壓榨的葡萄汁外，還必須在酒窖中放置兩年以上（一般香檳在酒窖中需放置十二個月），才能成為一瓶頂級香檳。也正因為釀製的方式較費時、費工且稀少，相對的這種香檳價格也較高。

5. Multi-Vintage

多年分混合頂級香檳。這種香檳所選用的葡萄，是混合了各年度最頂級的葡萄釀製而成。這種香檳選用各年度的頂級葡萄，其比例也是依各釀酒師父及酒廠的特色而有所不同。和無年分香檳（Non-Vintage）的做法雖類似，但味道更為精緻是不在話下的了。

香檳的好壞，除了取決於葡萄的品種、土壤及氣候的影響、師傅釀製的功夫外，香檳的保存方式也會影響到香檳的口感。

六、付費的禮節

與人一起用餐時，最好結帳前就先言明帳由誰付或各付各的（go Dutch），不要臨到付帳時帳單送到桌前了，有你看我、我看你，而侍者不知該將帳單交給誰的窘狀。或是如一般的臺灣人有搶付帳的習慣，也不知是真要請客還是裝模作樣，大家你搶過來、我搶過去的，不知道的人以為發生了鬥毆事件，場面十分尷尬，在公共場合這樣的行為也不是很妥當的。

如果言明是張三請客，很自然的餐後就是由張三付帳，付帳時以眼神或動作不太誇張的手勢招喚附近的侍者，通常侍者會將帳單送至示意者的桌前，除非是各自付費，一般是由付帳者做招喚的動作。如果因為熱心招喚了侍者結帳，結果帳單送到你面前來，是要硬著頭皮把帳付了，或是尷尬的將帳單往外推，都不是

適當的舉動。

　　付帳時不要看也不看的就在簽單上畫押付錢了事，要先詳細確認帳單上的名細及金額，是否正確無誤後再行付帳，也許有些人認為這樣的動作是一種小氣計較的行為，但事實上確認清楚才是一種詳細務實的表現。

　　在西方國家小費通常是不包含在帳單總額中的，一般是總數的百分之十到百分之十五，如果是簽帳付費，可在帳單金額外加小費金額，加總後就是帳單的付費總金額。也可以在簽帳的金額外加現金的小費，將現金小費置於帳單下或餐巾下，待服務人員收餐時會一起收走，以現金付費也是將金額與小費加總後置於收帳碟上待侍者收走。臺灣人到國外旅行也應該大致了解所到城市當地的付費及小費的習慣，記得有一回在美國洛杉磯旅遊，在當地一家餐廳用餐，鄰桌一對小情侶從臺灣到美國來自助旅行，餐畢兩人付帳後起身準備離去，不料後腳還未踏出就被侍者叫住，原因是付帳的金額沒有加上服務費（service charge），也就是小費沒有付在帳中，也沒有按比例以現金留在桌上，無怪服務生追出索討。對於服務生這樣的動作雖然並不贊同，但因不了解當地的小費文化的小情侶，也因此而尷尬不已，更掃了不少遊興呢！

　　一般在臺灣，服務費是已經加在帳單的金額裡了，所以不管你認為侍者的服務好或不好，都必須付這百分之十或百分之十五的服務費。服務不錯便罷，服務差的或是完全沒有服務可言的，那就有點「要打此處過、留下買路財」，被迫交出買路財令人不快的感覺了。

第五章

衣著的禮儀

　　古時人類穿衣是為了不受風寒，做保暖之用；之後有了羞惡之心，便作蔽體之用；如今隨著時代進步，穿衣不再只為了蔽體與保暖，而要視場合、地點的不同，及符合自己的特色作適宜的裝扮，合宜、得體的穿著不但是一種藝術，也是一種禮貌。每年讓全球矚目的金像獎頒獎典禮，除了讓人關心的是小金人今年落入何人之手外；我想更讓話題不斷的，應該是當天出席盛會的男、女明星的穿著吧！也許從名服裝師設計的眼中，最會穿衣的明星可能連小小的髮飾、胸針，或手鍊、腳鍊的搭配適當與否，都能成為他們評分的重點呢！當然我們並不是執世界服裝牛耳的少數設計師，我們只是一般普羅大眾，所以在一般正式場合中的穿著打扮，只要合乎一般大眾遵守的原則即可。我想穿衣原則不外幾點：

1. 適時

　　適時指適合當時穿衣的季節，是冬天？是夏天？氣溫低？還是氣溫較高？縱使是「愛美不怕流鼻水」，夏天的露背裝應該不會出現在白雪紛飛的大街上，保暖的毛線帽你也不會帶著它去游泳吧？適時也指適當穿衣的時間，是白天？是夜晚？一身晚禮服的妝扮在晚宴的燈光照射下是絢麗的，一樣的妝扮出現在熙來攘往的大賣場，人家會以為哪一家的祭神野臺戲班剛下戲呢！

2. 適合場合

　　穿著與打扮是要隨著場合的不同而有所變化的，適合運動的勁裝不宜出現在

正式的會議場合中，就像頂著在 pub 中露出小肚肚的妝扮去菜市場買菜，不知道的人以為妳是賣檳榔的呢！所以說對於不同場合做合適的打扮是非常重要的

3. 適合身分

這樣的意思並非是那種以貌取人的心態，而是穿什麼樣的服裝就立刻知道你的身分，制服就是最好識別身分的方法，醫生穿的醫生袍、護士著的護士裝、軍人及學生的制服。如果沒有制服的規定，服裝也以符合工作性質為原則來穿著，沒有人穿著西裝下田鋤草種地，快遞的女性送貨員也不會蹬著高跟鞋進進出出，大企業的負責人就該是一派西裝革履穩重的打扮。也許有人天生反骨，不喜按牌理出牌，但禮儀這種東西就是一種約定俗成的社會制約，不理會這樣的制約，並不影響個人道德的評價，但如果你是一個社會人，遵循適當的穿衣原則是有必要的。

4. 適合身材

人因為有高、矮、胖、瘦各種體型，所以成衣有分大、小尺寸，個人訂作也必須套量尺寸。因為穿上合身的衣服看起來就比較有精神且俐落；尺寸太大或鬆垮，給人一種無神不可信任之感；而尺寸太小或太緊，除了讓自己不舒服外，也讓別人有過端午的感覺。合身的衣服除了可以讓自己穿著舒適外，也可以藉著合適的剪裁，達到修飾身材的作用。如扁身型的身材最好不要穿著非常緊身的長褲，那樣會更強調臀部的扁平；上圍豐滿的女士也不宜穿著緊身上衣，如此會更強調上圍的偉大，這樣走在路上是會讓駕駛人分心的喔！身材較矮小的人，穿著大衣儘量不要選擇長及膝蓋以下者；嬌小的女性，一件式洋裝的選擇，絕對好過兩件式的套裝。如果小腿太粗，盡可能不要穿著顏色鮮豔，或有圖案的襪子，除了會使圖案變形外，會更突顯腿部的缺點

5. 適合年齡

人的一生分好幾個階段：幼年、少年、青少年、青年、壯年、老年，而穿著打扮也需要配合年齡的增長而有所改變。由於科技進步，保養的方法日新月異，也許現在的人看上去要比實際年齡來的年輕，但基本上穿著打扮不宜與年齡相差

太多。十五、六歲的小女生梳個包頭看來著實老氣。五十歲的老先生穿件滑板褲，除了罕見之外也讓人不敢恭維。

　　許多大公司都有提供制服，除了可以藉制服來彰顯這個公司的精神，還可以避免員工人數過多，服儀管理不一的缺點。通常制服之於上班族男性，大多規定單一色系深色西裝，有可能是藍色、灰色等色系，搭配同色西裝褲、同色系領帶（黑色領帶僅在喪禮中才使用，有時公司會統一領帶型式集體採購，發給公司的男同事）、白色襯衫、黑色皮鞋、黑色襪子。如果公司並未有制服的規定，男性上班族上班時的穿著，也遵守以上所述為原則，再斟酌自己行業的特性選擇服裝，讓人從穿著可以感覺到你的穩重及專業。而女性上班族的服裝，制服如果是洋裝形式，必須穿著絲襪及前包式黑色半高跟鞋。有時看到穿制服的女性上班族，上著合身的公司制服，但卻未著絲襪的穿著一雙平底娃娃鞋，給人的感覺就是隨性、不專業。對於沒有制服規定的女性上班族而言，實是一則以喜、一則以憂。喜的是可以較自由的選擇自己工作時的服裝，憂的是可能會花掉不少治裝費。如何在有限的預算下精打細算，買來的服裝又能發揮最大的搭配空間，以達到最高經濟效益，有一些小地方是可以注意的。首先考慮公司的規定及自己的穿著習慣，如果公司要求上班需著及膝窄裙，而你自己平時也喜歡穿著裙裝，就可以多採購幾件，其中可以有一些較合乎時尚的流行，如此上班時、下班後，都能搭配其他上衣來穿而不失流行感。但是如果平日出門逛街都愛穿著長褲，上班時的裙子搭配性就要非常的強，視自己衣櫥裡上衣的材質、顏色、風格來做選擇。如果不是從事與流行相關的行業，較保守的搭配，出錯的機率也會大大減少。

一、不同場合的穿著

　　一般正式場合受邀的男士或女士都應著禮服出席，而女士的衣著變化一向較男士的為大，以下則就各種場合男士及女士們的穿著做說明：

㈠男士穿著

　　男士出席正式場合必須有正式的穿著，除了分場合外，還有日、夜間穿著的區分。有正式日間禮服、正式晚宴禮服、無尾半正式晚禮服、長禮服、商務套裝

……等，而每一種正式的禮服也有一定的穿著場合，如下說明：

1. 正式日間禮服

正式日間禮服（formal mornign clothes），或稱（cutaway; frock coat with stiped trousers），顧名思義就是在白天所穿著的正式大禮服，前面的剪裁是斜幅與後身及膝的圓形剪裁相接，選擇質優的毛料，顏色以黑色為主，內著白色立領襯衫，外套與襯衫間須穿著灰色亞麻質料的雙排扣背心。穿著同質黑、灰色相間條紋長褲，黑色亮皮皮鞋配絲質黑襪，黑、白或黑、灰相間條紋或斜織領帶及白色手套。一般配上絲質的大禮帽，不過大禮帽的配戴在臺灣並不多見。通常在禮服胸前的口袋，可以裝飾質料不錯的白色絲、麻或棉質手巾，一般稱為口袋巾或胸袋巾（handkerchief pocket），胸袋巾的質料有棉、麻、絲等材質，因搭配的禮服質料而有不同，以下是胸袋巾幾種不同的摺法：

(1)將正方形的胸袋巾摺成四分之一大小，再將兩角向內摺至口袋寬度的大小，底部向上摺，平整的放入口袋，露出頂端三角的部分即可（如上圖）。

(2)將胸袋巾向內摺成口袋的寬度，露出口袋的部分長度須多於另一部分，約一點五公分到兩公分，上下對摺後再平整的放入口袋中（如右圖）。

(3)將胸袋巾四角抓起後，抓起的四角朝下同時放入口袋中，露出口袋的部分（如下頁上圖）和三角形摺法露出三角形的部分略同。

(4)另一種摺法與上圖的摺法相反，找出正方形的中心點，從中心點順勢抓起後，中心點朝下放入口袋中，露出部分同樣與三角摺法類似（如下圖）。

（頁102、103圖皆摘自「名士館」網頁mailto: service@nobility.com.tw）

胸袋巾的摺法還有許多種，但要注意胸袋巾放入口袋時要平整，如果不平整的話會讓口袋凸起視覺不佳。胸袋巾雖然是裝飾作用，但仍要注意胸袋巾一定要乾淨，使用前也必須熨燙平整，如果一條沾有污漬且皺巴巴的胸袋巾放在口袋裡，不知道的人會以為你把襪子放在口袋裡了！不論什麼摺法，只要把握這些原則，都可以摺出美觀的胸袋巾，也可以為禮服加上畫龍點睛之效。

日間大禮服顧名思義，就是在白天穿著的禮服，所以此種大禮服，多半也是在白天所舉行的公開或正式的場合中穿著，如下：

1. 白天所舉行的國家慶典活動。

2. 日間所舉行的婚禮（新郎多著此種裝束）。

3. 日間公開的受勳典禮。

4. 日間正式宴會中受邀為主客。

5. 歐、美國家婚禮中的招待。

6. 在葬禮中擔任扶棺者（領帶及背心改為素面黑色）。

㈠正式晚宴禮服（formal evening clothes 或 tail coat 或 white tie）

指的是非常正式的晚宴時，必須著大禮服，也就是一般稱的燕尾服，如果是有階級的軍官則必須穿著其軍種的大禮服，帶大盤帽及懸掛所有的肩飾及勳章，而一般男士的燕尾服剪裁合身是絕對必要的，燕尾服不像一般西裝，一般身材的男士找到合適的樣式，試穿後稍作修改即可，只有較高、較胖的特殊體型才需要套量訂做。最好是找一個老經驗的裁縫師傅量身訂做，因為燕尾服的後面長度及膝，每個人的身材比例不盡相同，所以精確的套量，才能做出符合自己身材的燕尾服，穿起來才能合身又筆挺。顏色以黑色、白色為主，布料應選擇上好的毛料，翻領剪裁（俗稱絲瓜領），領子部分為緞面材質，同質料的黑色長褲，褲管兩側有同質緞面飾帶。白色立領襯衫與禮服間，要著一件亞麻或細棉質料的白色背心，搭配同質的白色領結。著亮皮黑色皮鞋，絲質黑襪及白色手套。燕尾服不論著黑色或白色，都須打白色的領結，所以收到有註明 white tie 的請柬，必須著晚宴大禮服出席。一般在歐洲，男士仍有部分戴英式絲質禮帽的習慣，在其他地區已不常見。歐、美一般穿著夜間大禮服的場合有：

　　1.夜間大型國家慶典。

　　2.晚間公開正式的會議場合

　　3.正式晚宴受邀為主客。

　　4.夜間舉行的正式表演及典禮場合

　　5.晚間所舉行的婚宴（新郎的穿著）

　　6.歌劇或音樂表演交響樂團之指揮。

　　7.鋼琴或其他樂器獨奏或獨唱表演之表演者。

㈢半正式無尾晚禮服（tuxedo 或 black tie）

Tuxdo一詞源自紐約一鄉村俱樂部 Tuxdo Park 而來，一如其名稱無尾晚禮服，不似大禮服後身長度及膝，顏色有黑、白、銀灰等，長度類似一般西裝外套，但絲瓜領緞面設計與燕尾服同，白色立領襯衫搭配黑色領結。黑色長褲一樣在褲管兩側飾以緞面滾邊，亮皮黑鞋和絲質黑襪。半正式無尾晚禮服除了少了尾巴和大

禮帽外，不論著哪種顏色的外套，搭配的下著一定是黑色長褲，打的一定是黑色的領結（如果請帖上有註明 black tie，就必須著小禮服出席），與大禮服任何顏色的外套均搭配白色領結是最顯著不同的地方。因禮服的長褲是沒有腰帶環的，所以需使用吊帶，背心可穿可不穿，如果不穿背心則必須穿上一種類似肚圍的封腰帶。穿著無尾晚禮服的場合有：

　　1. 私人邀請的正式晚宴。

　　2. 私人俱樂部集會所舉辦之晚宴

　　3. 高級餐廳中用餐。

　　4. 參加音樂會或觀賞表演。

　㈣**商務簡便禮服**（business suits 或 black suit 或 three-piece sack）

　　商務的簡便禮服主要是針對一般半正式的場合來穿著，適合白天與夜間來穿著。商務簡便禮服與一般西裝的款式沒有什麼差別，適合商務，所以稱 business suits，顏色主要以黑色為主，又叫 black suit，因為主要包括了西裝外套、襯衫及長褲三件式的簡易搭配，所以又有一個 three-piece sack 的名稱。因為適合白天與夜間穿著，且穿著的方式不似大禮服及半禮服一樣，有著許多規範及限制，所以就必須視場合來搭配其他的配件，像領結、領帶、領帶夾、袖釦、封腰、吊帶及胸袋巾等配件，依場合的變化來靈活運用是非常重要的，除了可以避免不得體的穿著外，更能收畫龍點睛之效呢！而商務禮服適合的場合有：

　　1. 上教堂及做禮拜。

　　2. 商務旅行及會議。

　　3. 所有的日間半正式的場合

　　4. 參加婚宴。

　　商務西裝雖然使用的場合性很大，但也並非毫無原則，以下幾點提供其注意原則：

　　避免穿著太醒目顏色的西裝，如鮮黃、鮮綠、鮮藍等亮色系，會讓人有不夠沉穩的感覺。質料應以純羊毛為主，顏色應以深藍、黑色、灰色系為宜。

西裝樣式不宜標新立異，如果對於選擇樣式沒有絕對的把握，應以保守為原則。西裝的墊肩應以個人肩寬作調整，太寬太大的墊肩，讓人覺得活像個金剛戰士。

西褲的長度約離地二到三公分，褲管分有摺及無摺兩種，但不管褲管是有摺還是無摺，摺縫的部分一定向內，而不是向外反摺。

西裝褲的形式是標準的直統褲，不應該是褲管向內收的「AB 褲」，或是腰間打折的「老爺褲」。一般臺灣男士上班族似乎不很注重西裝的整體形式，認為只要是西裝、襯衫、領帶即可，並沒有非常注意其他物件的搭配，也會忽略一些穿著應避免的事項，以下是男性穿著西裝時應避免的事項：

1. 穿著 three-piece sack 的西裝時，不論外套、長褲、襯衫、領帶都須熨燙妥貼，展現畢挺的姿態。衣著乾淨清潔沒有污漬，袖口、領口的清潔更應注意，如果袖口泛黃、泛黑，會給人一種邋遢的負面印象。當然髮型也必須注意不要太過流行、勁爆，保持清潔，勿蓬頭垢面。

2. 不管冬天或夏天，穿著西裝時，襯衫一定要穿著長袖襯衫，別因圖一時的舒服，西裝外套下穿著短袖襯衫，這是非常失禮的喔！

3. 領帶顏色與西裝的搭配如果沒有把握，以同色系為原則較不易出錯，打領帶時襯衫的第一顆釦子一定要扣上，領帶的長度太長或太短均不適宜，約至皮帶銅環處。

4. 穿著西裝須扣上釦，最下面的一顆釦子可以不用扣上，坐下時可以將上釦打開，而裡面的背心，最下面的一顆釦子也可以不用扣上。與西裝外套不同的是，背心在你坐下的時候，除了最下面的一顆釦子，其他的釦子是不能解開的。而西裝質料的選擇宜隨季節變化，搭配的西裝褲也必須是同一質料。

5. 穿著西裝一定是黑色亮皮西裝鞋配深色的襪子，常發現臺灣男士身著西裝，待坐下時就露出一截白色襪子，雖然不宜，但臺灣男士習慣如此穿著的人還不在少數呢！而穿著襪子時，長度至少要到小腿肚，以免因坐下時而露出一截毛茸茸的「雲腿」，要注意襪子不要脫線或破洞，遇有要脫鞋的場合是很尷尬的，

最重要的是襪子一定要天天換洗，且質料要吸汗，以免發出異味令人不悅

　　6.穿著襯衫要先著一件棉質吸汗且合身的汗衫，以防汗水透出襯衫，尤其著有顏色的襯衫時，應在腋下最易出汗的地方擦些制汗劑，以免因出汗而溽溼腋下部位，實在不甚雅觀。

　　7.皮鞋為黑色亮皮質料的西裝鞋，一般的休閒鞋是不適宜的，而鞋面一定要刷淨打亮，鞋底不可沾泥帶汙，鞋跟也不該有磨損的狀況。一般好一點的鞋，可以在沒有穿以前加黏一付鞋底，待鞋底磨損後，可再換一付新的鞋底，而原來的鞋底結構仍未磨損，如此一雙好鞋可以穿得更久，也更符合經濟效益。如果許可，準備幾雙品質良好的木質鞋撐，除了可以維持鞋子原有鞋形外，因為木頭的質料可以自然溫和的調節鞋內的溼度，可使鞋子較長時間的維持在最佳狀態。

　　8.穿著西裝時，西裝外套或西裝褲的口袋蓋一定要外翻，而口袋裡最好不要放置物品。有人將手機、皮夾放在西裝褲的後口袋裡，鼓鼓的一包極為明顯，除了視覺效果不佳外，叫扒手不偷你也難。也有不少人將零錢、鑰匙，都一古腦兒的全裝在褲子口袋裡，走起路來丁鈴噹啷的，當你打身邊走過，不知道的以為收舊貨的來了呢！如果有必須攜帶的隨身物品，可以將這些物品置於男用皮包或手拿包中，就不會有上述的情況產生了。

　　以上所談到的是男士們在正式場合時的穿著及應注意事項，其實不只正式場合，在休閒旅遊時也有大概的穿著原則以及應注意事項：

　　1.在一般旅遊區域，或百貨商圈、電影院、餐廳甚至是搭機，都可以看到將近五成的男性有著相似的穿著：一件T恤、一件及膝的短褲和一雙黑色橡膠製的涼鞋，儼然成為一個臺灣「東方不敗無敵裝」。這樣的穿著也許方便、簡單、不傷腦筋，但並不是每一種非正式場合都適宜，希望臺灣男士在花精神賺錢之餘，也能花點心思照顧自己的穿著。

　　2.男士的其他服裝的飾件，材質應搭配服裝，以簡單大方的樣式為宜，頸子上掛著一條指頭粗的金項鍊，手上帶著一只滿天星星的「紅蟳」，「俗」又有力，威力實在驚人。有的時候設計簡單、大方的飾品，更能襯托出你的品味呢！

3.在運動及流汗後，應淋浴後換一套乾淨的衣服，因為汗臭味並不代表有男人味，而是一個標準的「臭男人」。養成使用男性香水的習慣，也許有些男士認為，用香水太娘而不夠「man」，也就是沒有男子氣概，事實上適時的使用香水是一種基本禮貌。但是使用香水時，應該適度不宜過濃，以免走到哪時都是你身上香水的味道。不論什麼味道，太過強烈都是讓人感覺不舒服的。

4.穿著質料較薄的夏季衣物時，內衣內褲的顏色最好是同一顏色，曾經見一名男子穿著一件白色長褲，而隱隱約約可以看到一件聖誕老公公圖案的綠色四角內褲，因為走動偶爾還可以瞥見臀部上掛著枴杖型的棒棒糖，讓人看了不知該不該告訴他，他的右邊褲角還少了一顆聖誕樹！

5.穿衣服不但可以看出一個人的品味，搭配得宜也可以修飾身材，而且有些衣服是挑人穿的，比如身材較胖者不宜穿太鮮豔的顏色，會有更放大的效果，橫條紋且較緊身的服裝也應避免。如果有啤酒肚的男士，衣服樣式的選擇應避免腰部合身及有彈性質料的衣物。

6.合宜的衣著也需要有相對應的外表修飾，愛吃檳榔及愛抽菸的男士，因檳榔汁及煙油經年累月的堆積，一張口就是一嘴血盆大口，或是一里外就能聞到那一股菸臭味，口腔清潔與衛生也是非常重要的。如果有以上習慣的男士們，應該注意要常常清潔牙齒及口腔，定期到牙科洗牙，除了可以避免口腔病變的發生，這也是與人應對的基本禮貌。

㈡女士的穿著

常常聽到一句話：「女人的衣櫃永遠少一件衣服。」這其實並不是很正確，應該是說：「衣櫃裡永遠缺一件正式場合的衣服。」一般人參加正式場合的時候，常會為了穿什麼衣服而傷透腦筋，以下提供女士在正式場合穿著的原則：

1. 正式場合禮服之穿著

也許在五到十年前，除了少數人，一般女性較少有機會穿著正式的晚宴禮服。時至今日，女士們除了社交經驗多於以往外，參加正式宴會的機會也增加不少，而女士參加正式晚宴時，必須著長襬的正式晚宴禮服，西式禮服多半無領、

低胸、無袖、露背或細肩帶式的設計，質料大多是銀亮色系（在晚間這樣的色系會顯得更亮眼）。可佩帶與禮服搭配的飾品（項鍊、耳環、胸針、戒子、手鍊等），一般的飾品儘量以珍珠或鑽石來做搭配（如因預算考量，也可以價錢較低的水晶或養殖珠作替代），除非整體造型為金銀色系，否則戴太多金飾掛在身上，實在難掩暴發戶的氣息。因禮服多為無袖設計，可搭配披肩（通常是與禮服相同質料的材質），和配上一雙長度及肘的手套，髮型最好是做盤起設計，也可以搭配一些與禮服相稱的髮飾。鞋子的形式為高跟鞋（露指與否均可，唯穿露指高跟涼鞋時，必須塗上色系協調的腳指甲油），鞋子的顏色也最好與禮服搭配。臉部的化妝應比一般場合為濃，與禮服的色系相協調，如此才會有整體搭配的感覺。如果不習慣西式低胸、露背、露肩的穿著，可以穿著較保守的改良式旗袍，不但能展現中國女性溫柔婉約的獨特氣質，也是一種不失高貴的選擇。

2. 半正式禮服之穿著

通常在半正式的場合可穿著長襬晚禮服，或是長度及膝的小禮服，長禮服的樣式類似正式晚禮服，整體搭配原則與正式晚宴的裝扮相同，唯手套可省略，髮型也不必一定是要盤高設計，但切忌披頭散髮，髮型一定要與禮服相搭配。

3. 一般雞尾酒會的穿著

雞尾酒服裝不像正式宴會般，一定要穿著正式的長禮服，或是半正式的小禮服，可以穿著套裝或洋裝，雖然不需要過於正式，但也必須注意服飾與化妝整體的搭配。

大致了解了不同場合的穿著後，依著大原則的規範，應該不致於有多大的問題，但是有一些整體之外的小細節也是必須要注意的。紅花的完美是需要綠葉來襯托的，以下的敘述便是對於穿著打扮時，應注意的小細節：

1. 穿著正式禮服應注意的小細節

穿著正式禮服或小禮服，搭配高跟涼鞋時，腳後跟務必注意保養的工作。常常見到一些摩登時髦的女郎，穿著一雙漂亮露出腳後跟的高跟鞋，但仔細一瞧，怪怪，腳後跟除了有著一層厚厚的硬繭外，還因長期缺乏滋潤而龜裂，裂痕還因

塵土的沾染而泛黑，就視覺而言是不夠美觀的，如果全身完美高雅的打扮，卻因為一個小地方的疏忽，使得整個美感被破壞殆盡，真的是很划不來，而且也是相當失禮的喔！

　　穿著涼鞋時，是不需要再穿上絲襪的，所以這時候如果小腿的腿毛過長，就必須在之前做一些除毛或脫毛的保養工作。如果因為碰撞，導致腿上產生瘀青，也要適度的補上一些粉底或是遮瑕膏等的物品，為小腿整體的美感做一些修飾，因為當穿著露出修長小腿的小禮服時，誰也不希望因為腿上瘀青，將整個優雅的感覺給破壞了！

　　2.穿鞋時，除了要照顧腳後跟外，如果穿的是露指、露腳跟的高跟涼鞋，露出的腳指頭也不要忘記保持清潔，還要記得修剪並塗上腳指甲油，一旦發現指甲油有脫落、斑駁的狀況時，應立即修補，千萬不要因為腳長在下頭而忽略照顧。愛美是人的天性，漂亮的鞋誰不愛？一雙高雅的鞋，也需要一雙乾淨、清爽的靚足來襯托，也才能稱得上是相得益彰，不是嗎？一雙高跟涼鞋，必須要一雙修整乾淨的雙足來搭配，才能更顯出其優雅的風格。除了上述的注意事項外，還有一處容易忽視的小地方。有些人在雙足大指頭的部分，會長出幾根較長較粗的腳毛。如果這裡的腳毛較明顯，在穿著優雅的高跟涼鞋時，務必將其刮除，以求整體的完美。穿著高跟涼鞋除必須行走如儀，選擇鞋子必須合腳外，楦頭也必須適宜，如果楦頭太大，會讓整隻腳向前擠，可能會讓五隻腳指無法併攏，五隻腳指會像雞爪一樣分開，讓美感盡失。

　　3.穿著無袖禮服時，要記得先刮除腋毛，因為在舉手投足間，在你還沒有表現出妳的個人魅力前，其他的人已被妳兩腋下的毛髮嚇得說不出話來了，在別人驚魂未定前，也別談什麼拓展人際關係了。腋下的清潔與清理，是穿著無袖衣物的基本原則喔！

　　4.有些穿著小禮服的場合是不用戴及肘的手套，露出的雙肘也許因長期與衣物、桌面摩擦，而生繭變粗、變厚，視覺上因此打了折扣，實在是很可惜，所以雙肘的保養是平常就要做的喔！

5.有時小禮服配上高跟涼鞋，這時是不會穿絲襪的，如果腿毛較長或明顯的人，必須刮除腿毛，在參加正式場合時，這是很基本的禮貌。也許有人認為是不必要的，但這是社交禮儀，也就是一種約定俗成的規範與制約，所以注意這些小細節就是一種知禮的行為。

6.穿著正式禮服或半正式禮服時，長髮必須要有型的盤起，長髮飄逸固然美麗，但是正式宴會場合裡，披著一頭飄逸的長髮，一回頭百媚生的姿態是不大適合的。如果在用餐時因低頭用餐而不停的撥弄頭髮，除了讓人有不潔感外，也會讓人誤以為你有其他的性暗示。

7.一般正式晚宴的彩妝部分，除了可以比一般時間的化妝要濃一些外，顏色也可以更亮一些，不但與服裝可以搭配，臉部化妝在強烈燈光下也不會因此而黯然失色。

8.飾品的搭配也是很重要的，既然是飾品，基本上飾品的穿戴不宜過大，設計也不可過於誇張，其功能是使得造型更有整體感，以達畫龍點睛之效。如果不是很能掌握飾品與服裝的搭配，就不宜選擇過於大件，或是造型太誇張的飾品。

9.香水也要有所選擇，日間工作時，可以使用味道較清淡的淡香水；夜晚赴約宴會時，可選擇較濃且持久的香水或香精。但如果赴宴用餐時，記得香水也不要噴得太多，以免用餐時菜餚的香味被妳的香水味這麼一混合，真箇是名符其實的「食不知味」。

10.女士赴宴時，如果期間有補妝的需要，可以配上一小型的手拿包，將口紅或補妝的一些小物件置於手拿包中。手拿包的顏色和質料，應該盡量與禮服搭配，千萬不要搭著一個肩背或側背的大皮包，那樣的感覺是很突兀的。通常穿著較淑女的套裝時，搭配的如果是手提包，就盡量以手提，或是提掛在手腕、手臂關節彎曲處。不要當背包一樣背在肩上，因為手提包的手把設計與肩包的設計是不一樣的，把手提包當肩包來背，或是把肩背包當手提包來提，都是很不適當的。

11.女性的肩背包，有時背帶的設計長及腰間，但那並不表示這種皮包可以像小學生背書包那樣來斜背。尤其當現在有很多世界知名品牌進駐後，常見到有能

力消費的小姐太太們，花了一堆錢買了一個包，卻在不適合的場合使用，或是提背之間並不那麼清楚，要知道配件使用得宜，是能收畫龍點睛之效的，但是如果穿戴不當，將會是你整體的最大敗筆。

「人要衣裝，佛要金裝」，當一個人套上合宜體面的穿著後，給人第一個印象一定是非常正面的。但是得體的穿著也要搭配合一的行為舉止，合乎禮儀的行為舉止也才能在得體的外表下，襯托出內在的氣質。以下幾點就是有關於合宜衣著與舉止的建議：

1. 女士穿著裙裝入座時，同時以手從臀部的位置，由後往前順去，必須注意裙子是否平順，以免起身時裙子一角因坐著時間過久而產生縐摺，起身後讓人從後頭看來，也不甚美觀。

2. 穿著窄裙採坐姿，前面有人或沒有遮蔽物時，盡量不要將兩腿交疊，以免當兩腿互換時碰到尷尬場面。坐時應抬頭挺胸，不彎腰駝背，兩腿併攏，雙腳著地，雙臂自然下垂，雙手交疊至於腿上。如果要休息，膝蓋仍然要併攏，雙腳可以微微向左或向右傾斜。坐著移動時，膝蓋與膝蓋不可分開，避免走光。

3. 女性穿著裙裝，務必隨時注意坐姿，避免不雅的動作。但當著褲裝時，也一樣要注意坐姿是否適當，翹所謂的二郎腿，或不時的搖晃或抖動，都是不莊重的舉止，應該避免。

㈣男士就座時，一樣是抬頭挺胸，勿彎腰駝背，雙腳打開與肩同寬，兩手自然下垂置於雙膝。常常看到有些人入座後，就很習慣的單腿或雙腿，不停的左右晃動，或是上下抖動，這樣除了讓人看來不雅外，也會讓別人感覺你過於輕浮而不夠穩重，相信這樣的行為，如果發生在商談生意的場合中，對方可能會因為你浮動的外表，而重新考慮是否與你合作呢！

二、出國時應準備的服裝與穿著

現在的人或多或少都有出國出差或旅遊的經驗，對於出國前行李箱中要帶什麼樣的衣物，要帶多少，不啻是一件頗傷腦筋的事。出國旅行還好，如果帶了不合季節的衣物，抵達當地後可以在當地購買，也不失為一個補救的辦法。但如果

是出國出差，而出差期間又會有正式的宴會行程，那衣物的準備就是不能馬虎的
了！

(一)出國旅遊的穿著

出國遊玩是一件輕鬆的事，但出國時的穿著可不能輕鬆過了頭喔！筆者曾經
在機場看到一家人，穿著幾乎都是一派輕鬆的模樣：爸爸上身穿著一件 T 恤，下
著一件及膝短褲，雙腳沒穿襪，套著一雙黑色塑膠涼鞋，兩個小朋友幾乎是一模
一樣的穿著，儼然是爸爸的縮小版。而一旁的媽媽也是相同的 T 恤（夫妻穿著情
侶裝），雙腳踩著一樣的塑膠涼鞋，不同的是，媽媽穿的是膝蓋以上的短裙，這
一看就是一家人的裝扮。這樣的制式穿著，常常在大小的公共場合見到，公園裡
玩耍、餐廳裡吃飯、戲院裡看電影、甚至是晚上社區樓下倒垃圾，這樣的穿著無
所不在，我們相信共同的穿著習慣，也正代表著這個地方的穿著文化，但相同的
穿著，不一定代表適合每一個場合

不管今天要前往的地點是否純屬度假區，前往機場、搭乘飛機的穿著都不宜
太隨性。出發地點的氣候與前往地點的氣候，如果溫差不大，且純粹是輕鬆的度
假，男士們可以穿著polo衫，或是較休閒的短袖襯衫，下身可著休閒長褲，或更
輕鬆的牛仔長褲，腳上可以套一雙樣式較休閒的皮鞋或球鞋，基本上塑膠涼鞋應
該僅適合在家居時穿著。而女士的穿著不宜暴露，因為行動坐臥會比較不方便，
而且在一些回教國家也是不宜的。也許你會覺得那樣會不會太麻煩了，但是在臺
灣的制式穿著到了國外，可不是哪裡都適合喔！因為在一些回教國家，在公共場
合是不宜隨便穿著的。如果所前往的地區與出發點溫差明顯（比如低緯國家與高
緯國家，或是北半球國家要前往南半球國家），有時兩地的溫度相差太多時，可
以準備一套適合當地溫度的衣服，在下飛機前換裝，也是一個適合的方法

(二)出國商務的穿著

企業會因業務需求，公司的業務執行者常有機會出國與國外廠商接洽商務事
宜，國外的出差業務不可避免。如果是短程飛行，可以穿著西裝搭乘飛機，在機
上時西裝外套可以交給機上服務人員，懸掛在機上的衣櫥間中，以避免因久坐使

得西裝起皺，下機前再取回西裝，就不會一身皺巴巴的會見國外客戶，那樣會給人沒精神且不專業的感覺，如此的形象，我想多少也會有些影響吧！

但是如果前往的地點，搭乘飛機必須花費十小時以上，且一下機就必須前往開會者，可以穿著商務的西裝上機，但別忘記要準備一套較休閒或較舒適的衣物，在起飛後就可以換下整套西裝，待下機前再換上，既可以不必擔心弄皺衣服的好好休息，又能在下機後，給客戶一個畢挺且精神的感覺。

如果你不想要那麼麻煩，可以將要穿的西裝熨燙妥貼後，掛在西裝套裡帶上飛機，請機上服務人員替你掛好，下機前再換上，西裝畢挺精神奕奕的下機見客戶，也是一種基本的禮貌，「好的開始可是成功的一半」呢！

(三)出國時衣物準備合宜

出國時的機票、簽證或是行程，大多委由第三人代辦或處理，唯出國時的隨身行李是無法假手他人的，所以動身前行李的準備也必須依目的、場合、氣候及滯留時間的久暫做為打包行李考量的依據：

1. 目的

此趟出國的目的是旅遊、商務、私人性質拜訪朋友，旅遊時的穿著是可以比較休閒的，但原則是隨性而不隨便。商務的衣物準備以簡潔為原則，如果天數不多，可以帶幾件可換洗的襯衫和搭配的領帶，顏色以穩重素面為主，不宜太過鮮豔或花俏，如果時間較長則可以多帶一套西裝。但在停留期間，有參加正式宴會的場合，那就必須帶一套半正式無尾晚禮服（tuxedo），以免出席時穿著不合宜而失了禮數。女士也是一樣，商務時的穿著應以簡潔的套裝為宜，期間如有宴會、或有與客戶晚餐的安排，行李箱一定要帶著參加晚宴的禮服及搭配的飾件。也許有人會想到當地再行購買，但是如果需要修改，可不像臺灣今天交件，明日就能取貨喔！總之，事前做好準備，就不容易失禮了！至於私人性質的拜訪，一般受邀前往友人家停留，與友人應是有一定的交情，但千萬不可因此而穿著隨便，因為拜訪他人時，合宜的穿著也是對主人該有的尊重。

2.場合

在臺灣，一般人比較不注重穿衣的場合，但在歐美、日本，對於什麼場合穿什麼衣服，是非常注重的。在臺灣隨便穿，也許不會有人告訴你不妥，在離開國門後，你的穿著及言行已經不只是代表你個人了。如有失禮失矩，別人大多會說「臺灣人都如何如何」，所以到了別人的國家，請注意不同場合穿著的禮儀。前往熱帶地區旅遊期間，如果有前往寺廟參觀的行程，別忘了帶件長袖襯衫，因為許多寺廟對於著短褲、短裙或短袖的參觀者，是比較不歡迎的，帶件輕便長袖、長褲以備不時之需。如果想到當地高級餐廳享受美食，或有聆賞歌劇或音樂會的打算，行李箱裡的禮服是不可少的喔！

3.氣候

出國前，了解前往地的氣候狀況是很重要的，雖然東南亞四季常夏，但一年中會分乾季、雨季。雨季時前往，別忘了帶一把方便收取的雨傘；到日照強烈的地區，也不忘準備帽子及太陽眼鏡。七、八月前往歐洲也是陽光普照，如果怕晒黑，在出去前可以擦些防晒的乳液，或戴帽子做好防晒的措施。因為歐洲人喜作日光浴，認為陽光是最自然的能量，所以不會有人打陽傘的，筆者一友人曾有一年盛夏前往巴黎旅遊，因為太陽太大怕會被晒黑，出門時就很優雅的帶著遮陽傘逛街，旁邊的路人表情疑惑的，看看天空再看看她，忍不住的問她：「現在有下雨嗎？」了解他們的習慣，你就不會奇怪他為什麼這樣問了！

三、各地穿著的文化

前面提到了正式場合的穿著，這裡要介紹的是各地的傳統穿著，因為在不同國家因著不同的文化背景，也各自發展出其特有的穿著，像代表中國的旗袍、日本的和服（kimono）、印度的紗麗（sari）、印尼的巴地卡（batik）、越南女性穿著的長衫長褲（ao dai）等等，下面我們來介紹各國的傳統服裝，在你遊訪他國的時候，就可以從服裝了解傳統服裝穿著的大概意義。以下的敘述是對各國傳統服裝的大致介紹：

㈠中 國

中國境內的民族雖然有許多支,而各民族也因地形、氣候及其不同的生活方式,和材料取得的便利與否,發展出了許多不同的傳統服飾。因為清朝是中國歷代最後一個君主制的朝代,當時旗人女性的傳統服裝就是旗袍,也因為時代的關係,為了更方便穿著及活動,旗袍經過了改良而成為代表中國女性的傳統服裝。而男性則是我們熟知的長袍馬褂,尤其是在五四時期,男性多如此穿著;一直到了西方文化入侵後,中國男士漸漸的穿西裝的人多了,現在到中國大陸會發現,正式場合傳統服裝的穿著,女性仍然可以看到旗袍的蹤跡,但男士多是一派西裝革履的穿著,長袍馬褂早已不多見了。

㈡韓 國

韓國的傳統服裝從臺灣前幾年刮起一陣陣「韓流」後,從戲劇中都可以清楚看到韓國傳統服飾的裝扮。韓服的形式有因階級、社會地位、已婚或未婚而有所不同,如韓國戲劇中看到,女性結婚前是將頭髮中分結辮,辮子置於背後。已婚的女性也是中分結辮,唯不同處是已婚女子必須將辮子挽起,結成髮髻固定在腦後。韓國男子一般時間也是穿著西裝,但在過年、花甲宴(花甲在中文的意思是六十歲,因為以前的人年逾六十就算長壽了,而時至今日,六十、七十的年紀都算普遍,而花甲宴也成為子女為六十以上父母祝壽,為祈求父母健康、長壽的祝壽宴)、週歲服(韓國人小孩滿週歲時,給小孩穿的一種傳統孩服,也為祈求小朋友從此能無病、無痛,健健康康的長大)、婚禮或是韓國特有的傳統節日中,韓國男性也都會穿著傳統韓服:上著短衣,短衣外加背心,背心外頭有袍,最外頭是外套大衣,外套穿法以右衽在下左衽在上,再在腰間繫上飾帶,下著長褲,褲腳紮以綁腿,而一般女性在穿著韓服時,上著短衣,外罩背心,下著襯裙,襯裙外罩及踝的長裙,最外頭可穿外套大衣,雙足著白襪和繡花鞋。

㈢日 本

日本的傳統服飾就是日本和服,日本男性平日大多穿著西裝,一般日本男性穿著和服的機會不如日本女性來得多。通常婚禮會穿著和服,而日本男性婚禮如

果採西式婚宴則會穿著大禮服。而日本女性會因不同場合，和服的樣式也有所不同，像是畢業服、浴衣、花嫁、七五三等⋯七五三是日本傳統禮俗中，小孩逢三歲、五歲、七歲時，父母親或長輩為了祈求他們能遠離災厄，在未來的日子能平平安安、健健康康的長大，在這樣的日子裡，這些年紀的小朋友要穿上傳統的服裝，來度過所謂的「七五三」

日本人穿著和服的時候，是右襟在下、左襟在上，只有在喪裡的場合才會出現左襟在下，右襟在上的情況，所以如果你要入境隨俗，穿上他們的傳統服飾時，穿著的方法可別弄錯喔！

四 菲律賓

菲律賓男士的傳統服飾，是一種叫做巴龍（Barong Tagalog）的寬鬆襯衫，襯衫的質料是用香蕉與鳳梨纖維製成，所以呈半透明的顏色，所以男士在穿著巴龍的時候，裡頭必須穿著內衣，不然是很失禮的。當地女性正式的傳統服飾，是一種叫做特諾（Terno）的連身裙裝，最大的特色是一對位於肩膀的蝴蝶袖。

五 寮國

寮國位在中南半島，與柬埔寨鄰近，沙龍的穿著是非常普遍的，也就是當地婦女的常服。上身用麻或棉製的長條寬幅之布緊緊的從胸前纏繞至腰際，下著同質棉或麻料的沙龍，沙龍是長度約至小腿下的長窄裙，有的時候是一片裙的形式，沙龍上所印染的圖案通常很具有當地民族的色彩，在腰間有一條寬幅的金蔥色腰帶。

六 越南

越南女性的傳統服裝，是一種稱做襖戴（Ao Dai）的連身長衫，上半身的形式類似中國的旗袍，至腰部以下開衩，下身則搭配白色長褲，這樣的穿著行動坐臥都非常方便。

七 泰國

泰國的佛寺林立，若要出入當地之寺廟、皇宮、高級餐館、夜總會、舞廳等等，則仍以較正式之服裝為宜，短褲與涼鞋是被認為不雅觀，極可能會被禁止入

內的。

(八)緬甸

緬甸人的傳統服飾類似沙龍的設計，但不同的是，這種傳統服飾在緬甸稱為櫳濟（longgi）。這種傳統服飾在緬甸的大小場合都會出現，主要以棉或棉紗混紡為主，穿著時的長度原則上不長過腳踝。男士穿著的沙龍叫做巴索（pasoe），穿著時會在腰前打一個結，其作用如同腰帶；女士穿著的沙龍叫做褡媚（htamein），穿著時並不像男士一樣在腰前打結固定，而是將尾端摺入腰際之間，當地的新婚傳統服飾也是同樣的設計。

(九)馬來西亞

馬來西亞男性穿傳統服飾時，頭戴 songkok，是一種圓形無邊帽，帽緣有時也會有邊飾，顏色多為黑色。身上穿的是立領類似唐衫的寬鬆上衣，衣服顏色以素面為多，配上同款的長褲，當地人稱為 baju koko。當地女性較正式的穿著，是稱作 kebaya 的傳統服飾，上身是一件前開式尖領或圓領的長衫，曲線服貼採高腰設計，長度約在臀部與大腿之間。下身則搭配合身設計長度及踝的裙子，或者是合身的長褲。布料多以細棉或緞面質料搭配使用，一般白天多穿著較柔和的顏色，夜晚則以較深的顏色做穿著的考量，再搭配一件同一質料與同一色系的披肩，更能突顯當地女性的特質與風情。

(十)新加坡

新加坡因為是一個多種族的國家，其中包含了華人、馬來人、印度人，多民族融合所產生的文化是兼容並蓄的。為求國內各種族的平等，除了政策要求一致外，在新加坡所有主要民族的重要節日都會放假。至於服裝的穿著，因為新加坡是一個西化較深的國家，平日各民族的傳統服飾穿著不受限制，但在正式場合中，男士以正式西裝的穿著，女士則以西式禮服的穿著較普遍。

(十一)印尼

印尼國土分散，離島眾多，但是大多位於赤道，或是南、北回歸線之內，年均溫都在 25 度以上。印尼的傳統服飾巴帝克（batik），就是以當地最著名的臘染

為布料製作而成的，也就是為了適應炎熱的氣候，當地的人以最自然的原料，如吸汗的棉、服貼如絹的絲，用這兩種自然物，做為其製作臘染布料的原料。印尼臘染布的顏色非常鮮豔，布料上所繪製的圖樣也非常的具有民族特色。以這樣的布料作成的巴帝克，在印尼是屬於男士正式場合也可以穿著的服飾。臺灣觀光客最愛的峇里島，島上女性的穿著是一般稱為紗龍（sarung）的服飾，紗龍裙子的布料是以木棉製作而成，顏色與圖案也是非常的具有民族風格。男士上身著寬鬆的襯衫，下身則穿著與當地女性一樣的紗龍，不同的是以褲裝型式剪裁。

(出)汶萊

汶萊是一低緯度的國家，一年四季氣溫都在 25 度以上，所以到汶萊遊訪的時候，所帶的隨身衣物可以都是夏季的衣物。與鄰近的印尼、馬來西亞同是信奉回教的國家，所以雖然常年屬於夏季型的氣候，但衣著仍然非常保守，臺灣女性在夏天穿著的無領、低胸、短袖上衣和短褲，都是不宜穿著在公共場合的服裝。在一般正式場合，女性會穿著當地的傳統服飾或套裝。如果穿著傳統服裝，女性必須穿長袍（顏色不會過於鮮豔）與長裙，頭部以頭巾包裹不露出頭髮。當地的男士在一般正式場合也以傳統服飾與西裝為主，如果穿著傳統服飾的時候，會戴著一頂白色或黑色的圓形瓜帽，腰間繫著一寬幅腰圍。

(出)印度、巴基斯坦

印度與巴基斯坦的女性，會穿著一種稱做沙麗（sarrie）的傳統服飾。印度女性穿著沙麗時，上身會是一件貼身露肚的短衣，在印度這件短衣叫做卓尼（chol-e）。沙麗是一件寬約一公尺，長約五至六公尺的布料，有棉、麻製的，當然比較講究一些的是以絲綢製成。沙麗基本上是不靠一針一線來縫製，也不需靠釦子之類的輔助物來固定，穿法是從腰部約肚臍處纏起，再斜繞至胸前，最後尾端搭掛在左肩上。雖然不費一針一線縫製，但卻是最能表現印度女性體態的傳統服裝。

(崀)中、西亞回教諸國

信奉伊斯蘭教的回教國家大多依照伊斯蘭教的教義，穿著他們傳統的服裝。各個回教國家也會因國情的開放程度不同，對於穿著的保守程度，也會有些許的

差異。在阿拉伯，不論男性或是女性，都是穿著傳統的阿拉伯服飾。男性頭戴著傳統的ghutrac（一種飾頭巾），樣式多為格子狀，再以一種叫做igal的帶子圍繞頭部束緊，加上 thobe（一件式的連身白袍），外罩一件叫做 mishlah 的長衫。而阿拉伯的女性會穿著一件稱作abaya的黑色長袍包裹住全身，用頭巾 hijba 包覆頭部，再以面紗遮住整個臉部（有些面紗則將眼部的部分露出）。在公共場合穿著這種服飾的女性，幾乎全身上下包括雙手都是不可以露出來的。

(圭) 荷 蘭

荷蘭的傳統服飾較具區域性，不是所謂的全國性的傳統服飾，較具代表的是凡能登（volendam）和馬肯（marken）地區，仍然保有節慶時穿著傳統服飾的習慣外，其他地區穿著傳統服飾的習慣已不多見。這些傳統服裝多以黑白為主，而在黑底的布料上綴以顏色鮮豔的刺繡，令人印象深刻的是，女士頭上戴的白色蕾絲帽，還有最具代表的荷蘭傳統木鞋。除了仍然在濕地工作的農夫，為了防潮濕及保暖，還會穿著木鞋外，現在荷蘭的傳統木鞋穿的人已經不多了，其象徵意義已超越實質意義了。

(夫) 挪 威

傳統的挪威服飾在當地叫做 bunad，一般在當地的傳統節慶會使用，在婚禮當中也被當做禮服來穿著。因地區的不同，在樣式、顏色、裝飾上也會有些許的變化，但是基本的款式是大同小異的。一般而言，女性所穿著傳統的 bunad，會有上衣、背心、長裙、腰帶、頭巾、領巾，及一些金、銀製的飾品，顏色大多是黑與白、黑與紅為底色，間或有綠色或黃色做為裝飾色。男士穿著的 bunad 有白色上衣、背心、及膝收口的燈籠褲和白色的長統襪，顏色以黑、白、紅為主，顏色雖然不多，但是衣服上都有著精美的刺繡圖案，這是 bunad 最大的特色之一。

(古) 英 國

英國對於我們而言，是擁有豐富歷史的歐洲國家之一。英國傳統服飾中，讓人較為熟悉的是蘇格蘭式的格紋裙裝，這種傳統的服飾叫做 tartan，這種服飾不只見於蘇格蘭，在愛爾蘭、威爾斯等地區也可以看到類似的服飾。tartan 源自於

蘇格蘭高地，tartan 原來是一種編織的方式，這種布料是花格紋的呢布，雖然下著裙裝也只有男士才能穿著。穿著正式的 tartan，必須是白襯衫打領結或領帶，下著格紋呢布、長度約在膝蓋上的裙子、及膝的長統襪與皮鞋，外罩背心與合身的短外套，頭戴蘇格蘭的無簷格紋呢帽。最重要的是腰間要上皮帶，及掛在腰際間一種叫做 sporran 的毛皮袋裝飾。

第六章

住宿的禮儀

　　除了當地的遊玩與飲食外，最重要的就是住宿的問題了，而旅行社的服務項目也包含了飯店的預定，如果是跟團旅行或半自助式的旅行，只要你的行程沒有任意更改，應該不用擔心住宿無著的問題。現在有許多人不喜歡跟團旅遊，因為上車睡覺、下車尿尿趕集式的旅遊方式，已經不能滿足自主性較高的消費者了！所以自助旅行的風氣也就相形更炙，但出國享受無拘束的自助旅行前，最好事先收集相關的資訊，除了當地旅遊飲食的資料外，最重要的是你要住宿飯店的訊息。如果沒有頭緒的話，可以向購買機票的旅行社詢問相關的資料，或是上網查詢，在你所選擇飯店的網站上直接預訂房間，因為是直接在網站上預定，有時會比其他方式便宜個一到二成左右，也是不無小補喔！但是如果你在出國自助旅行前，忽略了事前預定飯店的這個動作，到了當地，有可能因旺季而找不到落腳休息的地方，到時那可就叫天天不應、叫地地不靈囉！不但會因此產生一些額外的費用，也會因此一掃玩興喔！

一、飯店住宿的禮儀

　　由於國人出國旅遊的風氣越來越盛，相對的到國外各地入住飯店的機會也更為頻繁，所以進出飯店的禮儀也要更為注意了。一般如果是跟團，到了預定住宿的飯店後，通常飯店會有人協助住客，將行李從車上的行李箱卸下，這時別匆匆忙忙的拉著自己的行李就往大廳走去，在提領自己的行李前，別忘了跟搬運行李

的飯店人員說聲「謝謝」，不但讓人覺得你是有禮之人，也會讓服務的人有被尊重的感覺，進而提供更優質的服務，何樂而不為呢！但是如果你是自己坐車或是開車到預定的飯店，下車後飯店的服務人員一定會趨前協助你提取行李，在確認自己所有的行李都沒有遺留在車上後，可用眼神示意服務人員行李已然到齊，服務人員會提著你的行李，或用行李推車裝載而隨行在後，等待你辦理好所有的客房入住手續，再替你將行李送到你的房間裡。如果你的行李不多，或是你習慣自己照管隨身行李，在辦完住房手續拿到房間鑰匙後，可以告訴行李服務人員你可以提你自己的行李，服務人員會將行李交給你，這時候也別忘了向替你服務的人說聲「謝謝！」。讓我們從一進入飯店的 check in 櫃檯，就能自然的表現出優雅的氣質與高尚的修養。以下就是從 check in 到 check out 該注意的儀則：

(一) check in

飯店入住前的第一個動作就是 check in，到了飯店 check in 櫃檯，告知櫃檯服務人員你要辦理住房手續，飯店櫃檯人員會先詢問你有無預定，之後會要一些你的預約資料以便核對，確認無誤後會遞給你房間的鑰匙，這時候你就可以循房號找到你的房間進入安頓。如果碰到你的鑰匙無法順利打開房門，不要企圖堅持非打開為止，或是唸個百遍的「芝麻開門」，我想那只有徒勞無功的份。這時可以到大廳櫃臺由服務人員為你重新設定。如果剛好遇到房間清潔人員（cleaning crew），可以告訴其原因，請清潔人員替你通知櫃檯，然後在房間外等待，順便看顧自己的行李，等待飯店 check in counter 的服務人員更換你的房間鑰匙後，再安心的回房去休息囉！

有些飯店的電梯設施，是必須使用你的房間鑰匙才能啟動的，而且只能到達你所在的樓層，通常這樣鑰匙是卡片型的設計。在進入電梯後將卡片放進插槽中，系統讀取卡片的樓層，按下你房間的樓層數，電梯才會關門運作。這樣的設計也是為使各樓層的住客不會互相干擾，所以當你操作電梯時，如果你按取的數字與你卡片中的樓層數不符的話，電梯是不會運作的喔！

(二)住房的禮儀

在入住房間後可以放鬆自己休息，雖然這個空間是暫時屬於目前的使用者，但是這並不代表你可以在這房間裡為所欲為，該有的住房禮節也是不能少的。

進入房間後別急著使用所有的設備，首先最好先閱讀一下飯店在每個房間，為所有的住客所準備的房間設施的簡介，以免因為不了解使用方法，而將其設備損壞，有時不但要照價賠償，也會因此造成飯店人員的困擾。仔細閱讀飯店的設施簡介，是可以清楚知道飯店設施的正確位置、開放時間、付費與否，如此比較不會發生想要去游泳，卻來到了 B.B.Q 餐廳的窘狀喔！

飯店住房期間，不宜在房間食用味道太重，或味道不佳的食物。像是榴槤這種味道非常濃重的水果，雖然有水果之王的封號，但是因為其特殊的味道，並不是每個人都能接受。而且榴槤的味道非常持久，吃過之後，口中的味道也久久不會散去，如果在房中吃過這類的食物，房間裡會殘留味道，有可能讓打掃房間的人，或是下一個不喜歡榴槤味的住客，在進入房間後，聞到令人不快的味道。

房間的電視、音響設備可以隨時因需要而使用，但記得音量不宜過大，在房中與同伴談天說笑的聲音也要控制，筆者十年前的一個慚愧的經驗，與同行友人在房間開懷暢談，一時忘情的放聲大笑，因為音量太大而引起隔壁房住客的不滿，向飯店經理投訴，而由飯店經理來轉述其他住客的不滿。在那個當時除了不斷的道歉外，真是覺得失禮到了極點。

使用浴室洗澡時，務必將浴簾拉起，簾子的底部應該是放在浴缸裡面，而不是在浴缸的外頭，如此可以避免洗澡水濺出。如住房期間有洗頭，洗完澡之後，必須將掉落在浴缸出水口的毛髮撿起，再丟入垃圾桶中，以免造成堵塞，影響下一個住客的使用。

房間裡的設備及服務用品，使用完畢之後要歸回原位，不可在退房後隨意帶走，像是睡袍、毛巾、杯子等，如果真的喜歡可以詢問飯店是否可以購買，因為有些飯店是有提供這項服務的。千萬別因貪一時的便宜，隨便拿取飯店的物品，最後被人發現，而對你的品德打了折扣，如此因小失大的行為，實不宜為之。

在一些飯店浴室中會有洗身盆裝置，是如廁後清洗用的設備。不要拿來當作洗腳盆或當作尿斗用了（在印度及回教國家較常見，因為這些國家的習慣是用右手抓飯吃，如廁後的清潔多以左手為之，所以在這些國家享用當地的食物時，切忌不要用左手抓食，這是非常非常不禮貌的行為）。

如果有衣物要清洗，可填寫洗衣單，連同要清洗的衣物置於洗衣袋中，掛在門把上，或直接打電話請人來收取。儘量不要自行在浴室中清洗大件衣物，如果有小件衣物，如手帕、絲襪、貼身的內衣、內褲，洗淨後必須擰乾掛在浴盆上方的懸掛繩上。如果沒有這條繩子，將其掛在衣櫥內的衣架上晾乾。千萬別大刺刺的就搭在房間的檯燈、窗臺、甚至電視上，當你離去時如果忘記收回，清潔人員看到或躺、或吊、或搭的小內褲，不知該當垃圾處理，還是要交給失物招領處，等待失主來領回呢？

女性住客於住房期間如果正值生理期，使用衛生墊時，千萬不可將使用過的衛生墊，不加以包覆就隨意丟在垃圾桶裡，有可能因為背膠未包覆，而沾黏在垃圾桶壁，那樣會讓清理的人不易處理，且感受不佳。可將使用過的衛生墊封妥後，置於飯店浴室內附的衛生墊丟棄袋（sanitary bag）。多一點的小小動作，可是大大的方便處理的清潔人員喔！睡覺的時候也別忘了做好安全措施，免得弄髒了床單和床墊。

如果在飯店停留的時間超過一天以上，外出時可以將清理房間的牌子掛在外頭的門把上，讓清潔人員由此得知，可以進入你的房間做清理的工作，待你由外頭回到飯店時，迎接你的又是一個乾淨清爽的房間。

出外遊玩儘量不要帶著過於貴重之物品，如果有，而又不方便隨身攜帶，飯店客房中都會有保險箱（security box）的服務提供，按照操作說明使用，將不易攜帶的貴重物品鎖在保險箱裡，是比較安全的一種做法。

外出準備在當地尋幽訪古之前，別忘了記下入住飯店的名稱、地址、電話，或是在櫃檯拿一張飯店的名片，以便萬一忘記回飯店的路時，如果語言又與司機或路人無法溝通，可以將名片拿給司機，我相信應該可以順利的回到飯店才是。

千萬不要以為每個國家的人都會說英語喔！如果沒有記下飯店的地址或電話，在一個語言不通的國家迷路，是沒人幫得了你的喔！

㈢大廳禮儀

　　飯店的大廳通常是人來人往最頻繁的地方，進入飯店大廳時不要高聲喧嘩。有時出國入住飯店時，看到一些臺灣同胞到了異國後因為興奮，而不自主的與同伴便旁若無人的高談闊論起來，讓其他進出經過的人，實在不得不注意到他們的存在，其實在任何的公共場合，大聲交談都是不適宜的。

　　進出大廳大門時，門僮（door man）會趨前為你開門，別因為客氣而搶著開門，只要面帶微笑大方接受後，跟為你服務的人點頭致意或說聲「謝謝」即可。

　　如果帶著幼童進住飯店，要注意小朋友可能因為玩耍而撞到人或物，或是因為攀爬而跌倒，造成飯店設施的損壞，或是小朋友因此而受傷可是不太好的。

　　進出大廳時，不可以穿著太過隨性，如果有同行團員或友人，分住在飯店不同樓層，切不可圖一時的方便，穿著睡衣、拖鞋就乘著電梯上上下下的串門子，這樣是不妥當的。

㈣上下樓梯的禮儀

　　在上下樓梯時，應該盡量靠右邊扶手（有些國家是靠左邊上下，依各地習慣而作調整），緩步上下，不宜兩人或三人並行，而阻礙對面通過的人。男士在上樓時，應在前替長輩或女士引道，下樓時也必須在前為長輩或女士照看為宜。

　　上下樓梯時應緩步上下，切不可急急忙忙、慌慌張張，以免不小心而摔傷。

㈤電動手扶梯行進間的禮儀

　　手扶梯行進時依當地習慣靠左或靠右站立，通常手扶梯的設計是單向行進，與樓梯的雙向行進是不一樣的。站立在行進的手扶梯要靠邊站立，挪出來的一邊是給趕時間的人，提供可以超越的空間，常見到有人占據著左、右兩線的走道，讓後頭想要快速通過的人，因此而被阻擋停滯，這樣的行為也是非常失禮的。

　　手扶梯因為是電動輪軸帶動，輸送帶的盡頭如果不注意，鬆脫的鞋帶和及地的衣褲，是會有被捲進去的危險，所以在跨越盡頭時要注意安全。在搭乘往上的

手扶梯時，絕對要注意樓梯與樓梯接壤處，千萬不可任由孩童在此伸手或探頭的玩耍，這樣的行為是十分危險的。

(六)搭乘電梯的禮儀

搭乘電梯時，如果想要前往向上的樓層，電梯的按鈕選擇向上的按鍵即可，同樣向下也是一樣。常常有人誤以為，按向上的按鍵是要把電梯叫上來，向下的按鍵就是把電梯叫下來，所以常常在搭乘向上的電梯時，到了某個樓層停住，電梯門打開後，電梯外的人還問你「上樓？下樓？」，這時還得告訴這位冒失的朋友說：「電梯上樓！這裡沒有你要去的樓面！」

進出電梯時須等待要出電梯的人都出來以後，再行進入電梯，常常見到有些人，電梯門一打開時，不管有沒有人要出電梯，就一個勁兒的往裡頭衝，國民生活禮儀實在有待加強。電梯門在關上之際，如果聽到一串匆忙的跑步聲，或是有人說：「請等一下！」時，可以按下打開的按鍵，稍微等待個幾秒鐘，這位請你稍等的人會非常感謝你的幫忙的。電梯雖然屬於公共範圍，但因為空間狹小，是不宜在電梯裡講電話的，如果此時有電話響起，可以簡短告知對方，現在不方便接聽，過幾分鐘後再打來，千萬不要在小小的空間，接起電話就講個沒完，你不介意自己的私事講給別人聽，別人卻不想接受你的噪音污染呢！在公共場合，不顧別人的感受高談闊論，是很不禮貌的。

在臺灣搭乘電梯時，你會發現有很多帶頭殺進電梯的人大部分是男士，出電梯時也是不落人後。在國外，男士搭乘電梯時，會替女士伸手擋住電梯門，讓女士進入後再進入電梯。出電梯時也是一樣，會讓女士先出電梯後再出電梯，對於同行的長輩也是如此，這樣的紳士風度，臺灣男士有待加強。

電梯內不宜飲食，因為小小空間，食物的味道很容易就擴散開來，有味道不佳的食物，像臭豆腐、榴槤這種吃起來香、聞起來臭的食物，如果在電梯裡食用，真的會被人罵的。

如果電梯裡的人很多，而你所在的位置是靠電梯裡面的位置，要出電梯時，別忘了說聲「對不起！借過」，站立在電梯門邊的人，應該向旁邊的空間挪去，

如果旁邊也沒有多少空間，此時應該暫時先跨出電梯，待所有要下電梯的人都順利下了電梯後，再回到電梯裡。這時站在靠電梯控制面板的人，必須負起控制按鍵的責任，一個小動作讓人倍感貼心。

若是因為人多，而無法靠近電梯的控制面板，去選擇你要到的樓層，可以和站在靠近控制按鍵的人說聲：「麻煩 XX 樓，謝謝您！」我相信對於有禮的人，別人是會樂於服務的。可別以為自己的手長賽劉備，一個勁兒的要穿越重重障礙，將手從別人的耳際、臉頰旁劃過，最後終於觸及按鍵達陣，但被你騷擾到的人也不會為你的得分而高興的。

電梯裡雖然是一個密閉空間，但仍然是一個公共場合，不宜高聲談笑與喧嘩。正因為電梯是一個密閉的空間，此時如果想要排氣或打嗝，請務必要稍作忍耐，全電梯的人幸福掌握在你的手中，能不謹慎嗎？

進入電梯後，應該轉向朝電梯門的方向站立，因為當人數越來越多時，有可能會跟一個完全不認識的人，面對面相對無語的站著，那樣的情景一定是非常的尷尬呢！

(七)洗手間使用的禮儀

一般飯店都會有清潔人員不時的清理洗手間，以隨時保持清潔，讓使用洗手間的人能夠有一個乾淨清潔的方便空間。有些更講究的飯店，會安排一位或兩位的清潔人員，除了負責清潔工作外，還會在你如廁完畢洗完手後，替你遞上擦手毛巾或擦手紙，服務可謂是無微不至。

進入廁所以前，不管門外的指示是否為無人的標示，不要忘了一定要先敲門，確定無人後再推門進入，因為還是會有粗心大意的人，急急忙忙當中卻忘了鎖門，雖然性別相同，但在開門後四目相交的剎那，也是讓人頗為尷尬的。

進入廁所前不論你有多急，先確認一下有沒有衛生紙可以使用，如果因為一時疏忽，在你解放之後，赫然發現你沒有衛生紙可用，那就糗大了！

不論是否有服務人員的洗手間，在使用洗手間的時候，都要記得留給下一個使用者，一個清潔的如廁環境，使用時不管是坐式還是蹲式，記得務必對準，免

得弄得滿地污穢。

一般坐式馬桶通常會有馬桶坐墊紙提供，可以將坐墊紙舖於馬桶上使用，待如廁完畢後一起沖走。千萬不可將雙腳踩在馬桶上，如此不但會踩髒馬桶，也是很危險的。

臺灣人的廁所公德心一向是為人所詬病的，因為有機會到各國旅遊，發現除了所謂的未開發國家，大多數國家的公民道德做得是比我們徹底。我們一直自詡是已開發國家，但表現的公德心實在有待加強，希望以後在臺灣上公廁時，不再會因為憋氣不足，而有英雄氣短之慨。

(八) 小費

小費是對服務感到滿意的一種表現，雖然不是硬性規定一定要給小費，但這也是表示謝意的一種方式。

進飯店 CHECK IN 後，如果有服務人員將你的行李送到了你的房間，在他離去前可以給他一塊或兩塊小費，這裡所說的單位是指美金，因為美金是強勢貨幣，世界各國的飯店都有美金兌換的服務，或者是以美金換算成當地貨幣也是可以的。

給小費時一定給紙幣，千萬不要給硬幣，那樣會給人有路邊行乞的感覺。且當你拿了一堆硬幣零錢時，萬一不慎掉落一地，蹲在地上撿拾一個個硬幣小費，如果你是受者，想必感覺也一定不好。

如果叫了客房服務（room service），在客房服務人員將你點的東西送到，簽完房間帳單後，可以將小費夾在房間帳單中。

在出門前請清潔人員來打掃房間時，別忘了將小費放在枕頭下或枕頭上，那樣的用意是讓清潔人員知道，那是你表示謝意的小費。可別像玩尋寶遊戲一樣，把小費塞在床的某一不易被發現的角落。

如果服務人員在你遞上小費時，清楚的讓你知道，服務是他的職責，提供好的服務也是一種榮耀，而不願收下小費的話，也不需硬要人家接受的你的小費，有時甚至粗魯的，將小費塞到服務人員的口袋裡，這樣做不但無法讓人感受到你的謝意，反而會讓人有被汙辱的感覺，實在是適得其反，不足為之。

在進入大廳辦理 check in 時，可以遞上小費給替你提取行李的服務人員。對將行李送至房間的行李服務人員，在收到行李後，也可以遞上小費表達你的謝意。

如果房間需要有加床的服務，或是房間設備故障，對於客房服務人員和維修人員，也可視狀況給予小費（服務的態度及效率）。

㈨退房（check out）的禮儀

在 check in 時，就可以事先詢問櫃檯服務人員，退房時間是什麼時候？一般飯店的退房時間大概都是中午十二點左右，但有時有些飯店會因需要，會要求提早一些時間請住客辦理退房，所以事先了解入住飯店的退房時間，可以預留收拾行李的時間，也可以從從容容的辦理退房。不要因為沒有做時間的安排，在你收拾行李的當兒，清潔人員已經來敲門提醒你了，那樣會把自己弄得非常緊張，也可能因此延誤其他住客的入住時間。

收拾行李退房前，一定要再仔細的巡視整個房間，確認沒有遺留的物品後再行離去，如果不小心遺失物品在房間裡，除了影響心情外，也會間接的造成他人的困擾。

至櫃檯辦理退房時，櫃檯人員通常會詢問房號，然後將你的帳單列出，拿到帳單必須先確認其中的明細是否與你實際消費的項目相同，如果有疑問，應該立刻告訴櫃檯人員替你檢查清楚，一切確認無誤後，再做刷卡、付現結帳的動作。

如果在房中有不小心損毀的物品，辦裡退房手續的時候，一定要誠實的告訴櫃檯人員，看是否需要照價賠償。誠實的告知，一定比事後被人發現，最後由飯店出面連絡你求償要來得好多了，因為誠實是最好的方法。

二、一般民宿的禮儀

一般出國旅行大多會在飯店投宿，在歐美地區很早就有民間將居所稍加整修，做為提供旅者住宿的選擇。一般提供的就是可以睡覺的床，和第二天一早起床時，一份熱騰騰的早餐，也就是我們一般稱的民宿，所以一般人又稱民宿為 breakfast and bed（B & B）。近來臺灣也有不少的民宿業者，在有名的景點小規模的投資，以飯店管理的模式來經營，有些房間數也許只有幾間或十幾間不等，

規模雖然不大，但因為是業者自己經營，不像飯店是交由專業經理人來管理，民宿經營者和房客之間，有的是比飯店更多的互動與親切感。也正因民宿雖小但充滿人情味，所以在入住民宿時，也有一些不同於住飯店時，所要注意的地方喔！因為民宿一般主要是以提供休息的處所為主，所以不會像飯店一樣，有非常齊全的設備可供使用，一般價錢有時是非常便宜的呢！所以如果是要選擇民宿落腳，一些私人的盥洗用具，有時要得自己事先準備的。

　　如果所進住的民宿，是要與主人使用共同公共空間的話（浴室、廁所、廚房等），務必要先向主人詢問其使用方法，或應注意事項，避免有使用不當而造成損壞的情況發生。使用浴室如果有浴簾，入浴時必須將浴簾拉起，浴簾的下端應該放在浴盆內，以免浴室地板因濺出的水弄得滿地溼答答，浴室濕滑是很容易跌倒的。如果洗完頭髮，要將留在出水口的頭髮撿起處理，以免頭髮堆積堵住水管。盥洗完畢後，應該將使用過的浴盆、洗臉臺清洗乾淨，留給下一個人乾淨、清潔的使用空間。如果值女性生理期間，將使用過後的衛生墊向內摺疊，再用衛生紙或衛生墊的包裝封妥（如果不包覆妥當，背膠很容易沾黏在桶子邊壁，是會讓主人不好處理的），放進垃圾桶。千萬不可以將衛生墊直接丟進馬桶中，那樣是會讓馬桶阻塞的。如廁後必須記得沖水，如果馬桶壁有沾黏物，務必要用刷子刷洗乾淨，不然當下一個人如廁時，一定會忍不住咒罵你好半天的。

　　民宿既然是Ｂ＆Ｂ，代表的就是提供早餐和休息的床，所以基本上是不提供其他時段的餐點，如果你希望能提供午餐或晚餐，要事先詢問民宿主人，可否為你準備，如果可以，餐費也要計算在住宿費用當中。與主人一塊用餐時，雖然不像正式宴會，有許多繁複的禮儀要注意，但是基本的用餐禮儀一樣是要遵守的，如餐具的使用原則、用餐時的禮貌（吃東西時細嚼慢嚥、不發出聲響……）、用餐時的正確坐姿（不彎腰駝背、不將手肘置於桌上……）等，大原則把握住就沒錯了。

　　民宿的主人通常是會住在其他的房間，入住民宿其實就像與人借住一樣，雖然是付了住宿的費用，但是仍然必須尊重民宿主人的生活方式，比如主人已經關燈睡覺了，你也就該進房休息了。

三、住家的禮儀

(一)與家人相處的禮儀

　　一般人對於初次見面或不熟悉的人，總是帶著一種初次見面的禮貌與人應對，但是對於越熟悉的人，就好像不再那麼在乎禮節了。有人會說好朋友幹嘛如此陌生？但事實上越是如此，就越該為他們著想，如自己的家人，想一想，有沒有好久沒對照顧你的爸媽說：「爸、媽、謝謝您們。」對因意見不合而爭執的手足說：「對不起！」中國人一向不擅於向親近的人表達自己內心的情感，尤其是最至親的家人，常常因為距離太近，而忽略了彼此間該有的禮貌，因為大家都以為你是了解我的，我做什麼事，你都應該了解。這樣的想法其實是錯誤的，因為別人不是你肚子裡的蛔蟲，你不說明白，別人是不會了解的，所以在與家人朝夕相處的同時，別忘了也要注意應有的禮貌才是。

　　一早起床後，如廁盥洗是最先做的一件事，常常因為家中衛生間使用的先後順序，而與家人產生了不愉快。有時因為一個人的如廁習慣不佳（喜歡拿著書報進廁所，一蹲就是大半小時），占著廁所讓大家等你一個，此時不但浪費了大家的時間，也搞壞了一天開始的心情。有這樣習慣的人，最好是儘量改變一下自己的習慣，如果真的一時半刻改不過來，就提早個半小時到一個小時起床，提早解決，也不會因此影響其他家庭成員的使用時間。

　　早上起床時要和父母長輩道早安，出門前要告知父母，回到家時也要告訴爸、媽你回到家了。也許有人會質疑：「什麼年代了，誰還講究這個呢！」時代進步，不代表著道德要退步，時下年輕人喜歡看韓劇、日劇，他們的日常生活一定是外出、返家都會稟告父母，在哈韓、哈日的同時，也可以重新省思一下我們對家中長輩，是否盡到作晚輩應有的禮節。

　　我們對家人間，常缺少的是尊重彼此的隱私，西方人對於個人隱私是非常注重的，常聽到「privacy」這個字。對於他人個人隱私的部分是非常尊重的，在臺灣，家庭成員彼此會拆閱不是自己的信件（如有特殊狀況，得徵得當事人同意，方可為之），也許有些父母會不以為然，且言之鑿鑿的說：「不拆小孩子的信，

哪裡知道他在玩什麼把戲？」為人父母者在這樣說的時候，其實可以再想想，有沒有給孩子們適切的關心與了解？如果有，那就應不需要從拆閱孩子的信件去了解孩子了！

有時到朋友家作客，常見到家庭成員間，要求對方幫忙取物或做事的時候，都忘記說：「請你幫我……」，或「麻煩你幫我……」，事後也會忘記說聲：「謝謝你！」或「辛苦你！」之類感謝的話語，我認為這樣是很不好的，因為縱使你不說類似的話語，家人一樣會為你做，但是把感謝家人的話語常掛嘴上，一定會使家中的氣氛更為和諧。

有機會帶朋友至家中作客時，別忘了向父母或家人介紹你的朋友認識，不要帶著朋友就匆匆忙忙的躲進房間裡，不知道的人，會以為家中沒大人了！

在家中與家人用餐時，雖然氣氛宜愉快、輕鬆，但家人之間的用餐禮儀也是不可忽略的。比如要請別人替你傳遞什麼東西的時候，一定不要忘記說「請」或「謝謝」，用餐必須等待家人都到齊了，家中長輩先提箸，其他人才能動筷。由於現在的人生得少，小朋友都是在大人的呵護下長大，有些家長因溺愛而忽略了對孩子家庭教育的培養。出門與別人用餐時，筷子在盤中翻攪，儘挑自己愛吃的，也不顧同桌其他人的感受，讓人看了只覺得，這個小朋友的家庭教育是很失敗的。家庭教育與禮儀是息息相關的，小朋友從小學習良好的習慣，從對家人、長輩的尊敬，長大後自然而然，會用相待以禮的方式對待他人。

(二)與鄰居相處的禮儀

中國人常說「遠親不如近鄰」，在早期的農業社會，大家都秉持著這個原則敦親睦鄰。時序到了現在，雖然大樓櫛比鱗次，但是人與人之間的距離卻越來越遠了，常常是大樓同一層住戶，彼此都不知道住在隔壁的鄰居姓什麼，或是作什麼的？這樣自掃門前雪的居住心態，其實是不安全的。搭電梯時給彼此多一點的微笑，進電梯時為對方順手按住電梯門，倒垃圾時別忘了多聊兩句，相信很快，你就可以和你的鄰居建立起良好的關係了。

樓上的住戶在澆花弄草時，不要將水直接的往向下灑，記得你的樓下也許還

有人正在曬衣服呢！冷氣的冷凝水也要接至排水管處，不然滴滴答答的向下滴落，不但髒污環境，夜裡也擾人清夢呢！從 93 年起，冷氣亂滴水是要罰錢的呢！豈可不慎！

如果住在大樓公寓裡，是不宜養狗的，在鄰居進出之時，家裡貼心又通人性的狗狗會因為警戒的天性，不斷的向門口狂吠，有時會吵到讓人受不了的。

臺灣人普遍法治觀念並不成熟，在自家門前以物占地，做為自己私用的停車位，有更可惡的是直接畫上停車格，儼然一副劃地自用、占山為王的土匪模樣，這樣的惡鄰居是沒人能忍受的。

因著政府垃圾不落地的政策，一般收垃圾也都有固定的時間，如果趕不及，應該將垃圾封口放在家中，次日待垃圾車到時，再將其取出丟棄，不可就擺放在大門口，因為如果沒有封口，或被野貓野狗將袋子弄破，時令逢夏，想必是臭味四溢，蚊蟲滿天飛呢！既不衛生也不道德。

四、受邀住宿的禮儀

一般而言如非必要，最好不要主動要求在別人家中過夜，那樣會讓主人因為你而打亂了他們的作息。若是應邀到友人家中作客或住宿，進到別人家中時，你所表現的應對進退是否得當，行為舉止是否合宜，是讓人見到你的第一個印象。是否給人留下良好的印象，正確的禮貌行儀是絕對必要的。

見到朋友的父母或家人，一定要帶上稱謂向人問候，比如「伯父、伯母、您們好！」，或「陳伯伯、陳媽媽、您們好！」等招呼用語，是見到朋友長輩該說的話。

使用衛生間的時間不宜過長，不要把家中不好的習慣帶到別人家，盥洗完畢後，盥洗間應該保持你使用前的樣子，千萬別因為自己而紊亂了主人家中的秩序。

在西方通常是等女主人表示要休息了，在主人家留宿的客人才能起身準備就寢的。在女主人未表示前就離席就寢，是非常不禮貌的行為。如果真的是疲倦至極，必須先離座休息的話，也一定要要向主人及其他在場的陪客或家人說明原因及致歉後，方可離席。

　　在別人家中過夜，最好事先準備自己使用的盥洗用具，如牙刷、毛巾等，換洗衣物及睡衣也要備妥。也許主人會貼心的替你準備這些物品，但當你使用完畢後，就不會有人再使用了，用了一次就丟棄，也是一種資源的浪費。

　　早上起床時，就該整理床舖，盥洗完畢、穿著整齊等待主人的輕喚，出房門向主人問好。如果起得太早，但主人仍未起床時，最好留在房間，放低聲響，以免吵醒別人。也千萬別睡到主人叫你半天才起床，耽誤大家的時間等你一個人，這可是很失禮的喔！因為有可能主人已經準備好早餐，等你一起用餐呢！

　　在主人邀約的期間如有要事，必須改變行程先行離去，一定要明白告訴其原因，以求得諒解，因為別人也許為了你的停留，而做了不少準備，臨時沒有原因改變主意或先行離去，是很沒有禮貌的。

　　結束友人家中住宿的停留後，應該事後立刻親自打電話，或挑一張感謝卡寄給主人，除了為留宿期間對其家人所造成的不便致歉外，也要感謝他熱情的招待。我相信主人在收到你的來電，或寄來的卡片時，他會更肯定花時間心力招呼你，是一件讓他開心的事。

第七章

行的禮儀

　　農業社會的行多半仰賴馬車、牛車或步行，隨著社會腳步的演進，大眾運輸工具漸漸發展起來，相對人們使用公共運輸工具的機會也大大的提高了。公共汽車、火車、甚至捷運公車，也慢慢成為民眾每天的必需了。近來國與國之間的交流頻繁，出國洽公、旅遊、求學，無一不仰賴航空運輸工具：飛機。在有限的空間裡，與人共同搭乘的交通工具，勢必要有一些共同遵守的規範，才不至於因為私心而造成他人的不快，所以搭乘交通工具的禮儀，也是現代人所必須遵守的。

一、搭乘交通工具的禮儀

(一)搭乘飛機的禮儀

　　國人出國機會日益頻繁，往來於機場時，不需要在過年或假日期間，就可以看到熙來攘往的人群，旅遊、商務造就了繁忙的班機起降。隨著國人搭機旅遊的次數增加，但搭機時該遵守的禮儀卻不見相對提升，這裡我們就來說明一些搭機時應遵守的禮儀。

1. 機場櫃檯 check in 的禮儀

　　進入機場大廳後，首先你要依機場標示，找到你要搭乘班機所屬航空公司的櫃檯，在報到櫃檯（check in counter）辦理報到手續（check in）。如果你所搭乘航空公司的班機，沒有發現其航空公司的櫃檯，有可能是外國航空公司與本國航空公司聯合經營航線，你可以至機場服務臺詢問相關資訊。另一種狀況就是外國

的航空公司，委託本國與其簽約的航空公司，使用簽約的航空公司櫃檯，來辦理旅客的報到手續。

　　一般至櫃檯報到時，搭機旅客至少在三天前，就應該透過旅行社向航空公司預定機位了，千萬不要迷迷糊糊的要想在機場買票喔！因為那可是按照票面價收費，要比旅行社多個二成甚或三成呢！因為旅行社與航空公司的契約不同，票價折扣也有些許不同，如果是跟團旅遊，折扣是視淡、旺季做調整。有時因為當地國家促銷旅遊，住宿加機票便宜得不得了，所以購買機票前，貨比三家的動作不可少，機位確認後搭機沒煩惱。之後將你的護照及所入當地國家的有效簽證（單獨旅遊者應先確認要前往國家的簽證規定，有些國家基於互惠原則，會給予短期滯留的落地簽證，或是免簽證。但一些國家的簽證規定頗為嚴格，比如有效簽證不得少於幾個月的規定，在出境前都該清楚了解，免得到時因簽證的問題被原機遣返，掃了興不說，不知道的人還以為是通緝要犯被遣返了呢！）和機票。通常櫃檯人員會先檢查機票的班機號碼，與現在辦理報到的班機號碼是否相同，再來檢查護照及簽證的有效期限，護照與簽證一樣，都有期效的規定，中華民國國民所持的中華民國護照，有效期限是半年，如果少於這個時間，在報到櫃檯是會拒絕你辦理 check in 手續的。

　　證件機票確認完成後，櫃檯人員會替你劃位，如果你有特別座位的需求，可以在這時向櫃檯人員提出（或是在訂位時先行與旅行社的人員提出，至機場報到櫃檯時再行確認一次），通常早一點至櫃檯報到（一般按航空公司的作業，報到時間在飛機預定起飛的二小時之前，比如機票上所載的起飛時間是十四點三十分，那你的報到時間就是十二點三十分），你的劃位需求比較容易被滿足。之後櫃檯人員會問你有沒有 check in 的行李（通常指超過標準的大件行李）。如果有大件行李，必須先過磅，如果行李超重必須付超重費（正因如此，許多人不願付超重費，在登機門邊給攔下來，卻在機門邊跟航空公司的地勤人員，因行李超重爭得面紅耳赤，既難看也浪費其他旅客的時間）。如果 check in 行李中，有飛行中必須服用的藥品，像心臟病患者的藥物、施打胰島素的針劑，或是沖洗隱形眼鏡的

藥水，務必在行李下貨艙前取出，否則一旦病情發作，機上不見得有醫生能幫助你喔！一位空服人員告訴我一個笑話，一次至舊金山的飛行途中，一位婦女跟她說：「小姐，我的胃藥放在大箱子裡，但是我找不到我的箱子，麻煩你幫我找一下！」機上遍尋不到她的行李箱，最後才知道她的行李箱在登機前就下到貨倉去了。跟這位女士解釋後，她還是不了解，為什麼下了貨艙的行李現在拿不到，她還說：「開了門下去找不就得了。」讓我的朋友聽了，不知道要不要繼續和她解釋才好。領到 check in 行李的行李條後，應該與機票、護照、登機證一起收妥，等待入關登機。如果行李條遺失，一旦有行李遺失的狀況發生，對於後續向航空公失的求償是會有影響的。

2.通關應注意事項

　　報到手續完成，接著是海關證照的查驗，為避免爭議，自用電器用品，如相機、攝影機、電腦等相關產品，應先至海關關稅行李組，在你使用的電器產品上，貼上臺北海關的辨識條，在回程入關檢查時，就不會被質疑是否至國外帶回的水貨，而要被課扣進口貨物稅。至證照查驗櫃檯時，海關人員會再一次的檢查你的機票、簽證及護照。通過 X 光檢查行李前，標示不該放在手提行李的物品，一定要取出檢查，如果是規定之列的違禁品，是會被海關以安全理由沒收的，為了自身及其他人的搭機安全，不該帶的東西就不要帶才是。

　　搭機前如果要購買免稅的菸酒，或其他免稅商品，可以在免稅店購買，如果是要買菸、酒，必須先了解當地國免稅菸酒的限額，以免買得超過限額而被沒收。如果不清楚，可以詢問免稅菸酒的販售人員，或是上機後詢問空服人員，他們都可以告訴你免稅菸酒的相關規定。

　　在你忙著在免稅店殺進殺出的時候，可別忘了隨時注意登機的廣播喔！因為航空公司不可能掌握所有搭機旅客的行蹤，所以航班的相關及其異動的訊息，都是藉由機場廣播來提供搭機旅客的應注意訊息。班機有時會因機場作業的關係，改在其他的登機門登機，如果沒有聽到，待登機時間結束，機門一關，你的行程就可能改成中正機場一日遊啦！記得有一回搭機看見一位機場地勤人員，帶著兩

位穿著時髦的小姐，手提著大包小的免稅戰利品，一個勁兒沒命的往登機處跑去。其中一位蹬著馬靴的小姐，看她跑得氣喘吁吁，早上剛吹好的頭髮也亂了，出門前化好美美的妝也糊了，瞧她嘴也沒停著的在罵著航空公司地勤人員：「飛機要開了你也不早點通知，什麼爛航空公司嘛！」。我看到她這個樣子，覺得又好氣、又好笑，好氣的是沒有搭機應有的守時觀念，也沒有警覺心，還一味的將責任推給那陪她一起百米跑的可憐地勤。好笑的是她除了要忙著跑步外，嘴也不閒著，那狼狽的樣子煞是難看。而守時的觀念也是做任何事的準則，不守時的人嚴格說來，就是一個不懂禮貌的人。在這裡也提醒各位，逛免稅店或上洗手間時，務必注意自己的行李，以免在行李離開視線時，讓走私、販毒者有可乘之機，將毒品或走私物放在你的行李箱內，如果出關時被查獲，替死鬼就是你。在東南亞的新加坡、馬來西亞，走私毒品是會被判死刑的喔！不可不慎！

3.登機時的禮儀

登機時一進入登機門，迎接你的是面帶親切微笑的空服人員，空服人員會協助乘客尋找座位、安置行李，提供登機時的毛巾，及盡可能提供你所需要的報紙或雜誌。因此當你一上機，就是空服人員忙碌的開始，當你需要協助的時候，可以告知空服人員，他們雖然忙碌，但一定會非常樂意為你服務的，所以當他們對你微笑道早安、午安和晚安時，也別吝嗇給他們一個微笑喔！在登機時，航空公司會將報紙置於明顯處，讓旅客能自己取閱，因為報紙的裝載有限，不可能每一個人都能拿到。但常常發現臺灣的旅客，有時報紙一拿五、六份，完全沒有替後面的旅客著想，一種先拿先贏的自私心態，實在非常的要不得。

通常飛機關門準備起飛的時間，就是機票或登機證上所載明的時間，別以為那是登機時間，記得一次飛機關門起飛的時間已到，機門邊卻不見關門的動作，只聽到空服員和地勤人員不停在交換著什麼訊息，十分鐘後有一群人匆匆忙忙的跑進來。事後詢問空服員，原來這一團人以為登機證上所載的時間是登機時間，直到聽到航空公司廣播，才知道飛機就要起飛了，而在廣播找尋這些旅客時，地勤人員和空服員正在討論，如果乘客無法在預定的時間掌握，就必須將這些乘客

的託運行李（check in baggage），從飛機貨艙中找出來（基於安全規定，沒有上機的旅客行李，也是不可以上飛機的，因為有可能是危害飛行安全的物品），從貨艙中再找出已 check in 的行李是很浪費時間的，所以當你下次搭飛機的時候，務必記得起飛時間提早登機，因為你而延遲一分鐘，全機二百名乘客浪費的就是二百分鐘呢！千萬不要成為影響別人的害群之馬。

4.乘坐飛機的禮儀

在飛機準備起飛前，每個航空公司都會播放緊急逃生的影片，只要是搭載許多臺灣團的飛機，你會發現大家都很興奮的坐不住，一下站起來跟熟識的團員打招呼，一下招呼著親朋好友換位子，吵雜得跟個菜市場似的，好不熱鬧，常引起左、右外籍旅客的側目。這個時候就應該快點坐定位，注意安全示範的影片說明，沒有人希望發生緊急狀況，若一旦發生，這些提醒與注意是會救你一命的。這幾年有一限制使用行動電話的相關規定，就是在飛機只要關上門，或靠空橋開門前，行動電話就一定是在關機的狀態中。但有時候搭機回臺時，飛機一降落後，你大概就會聽到此起彼落的電話聲，有和弦鈴聲，有訊息傳送聲，間或雜著一些開機鈴聲，這些電話鈴聲代表著，手機不是起飛後就沒關，要不就是一降落大家就卯起來開機，由此可知臺灣人的守法觀念有待加強。有時飛機還在滑行，就有人大刺刺的接起電話聊了起來，如果不是空服人員的阻止，我看他大概會不停的講下去吧！看看這些乘客的行為，可是真真實實的在機上發生喔！不知該怪政府實施不夠徹底，或相關罰責不夠明確，還是國人的國民道德及禮儀有待加強。

將行李放置在座位上方的行李箱時，行李中最好不要放置易碎的物品，以免飛機在起降時，行李會發生碰撞而損壞。行李袋中如果有開栓的水或飲料，一定要確實扭緊蓋子後再放入，避免蓋子鬆脫，瓶中的液體流出，弄濕或弄髒別人或自己的行李。

在用餐時間，空服人員會發餐給每位乘客，但因機上空間有限，一定會有乘客吃不到想吃的餐，不訪以較體貼的心嚐嚐第二樣選擇，如果真的有因為宗教或身體的原因，有不能吃的食物，各航空公司也有特別餐的提供，但那必須在搭機

前三天，就要先與航空公司做確認，否則一些特別餐點，是無法在你上機後做準備的。有一家本國籍航空公司的空服員，在發餐給乘客時，有一名臺灣團的男性旅客因為吃不到想吃的餐，在大發雷霆之餘，還把餐盤往空服人員身上砸。這樣的行為看在其他外國旅客的眼裡，簡直是不可思議。因為吃不到要吃的食物，而做出這樣野蠻的行為，讓人不禁懷疑這位男性乘客知不知道風度和禮貌要怎麼寫。要不是這空服員不願與此沒有水準的人一般見識，如果相同情況，發生在其他國家的航空公司，這位野蠻先生早就吃不了兜著走了。

有過長途飛行經驗的人都知道，在小小的空間坐個十一、十二個小時，實在是很痛苦的一件事。如果不幸旁邊坐的客人，是一個不懂為別人著想、沒有禮貌的自私鬼，當天的飛機有空位還好，摸摸鼻子換個位子就好，但如當天的機位全滿，座無虛席，那你就得想想怎樣熬過這十一、十二小時了。在長途飛行時，航空公司會提供襪套或拖鞋，如果上機後你想放鬆的脫掉鞋子，最好跟空服員要一雙拖鞋或襪套，多多少少能阻隔一些腳臭味。如果你的腳味道真的很重，建議你做個體貼知禮的人，把鞋穿上吧！

機上的座位除了頭等艙以外，所有艙等坐在靠窗的乘客，要出入盥洗或活動，都會影響靠走道的乘客，所以務必在進出時，向坐在走道的客人打聲招呼，對不起、請和謝謝可是少不了的喔！有時因為鄰坐的彼此，都是懂得機上禮儀而且體貼別人的人，在同機鄰坐的緣分下變成好朋友，可是時有所聞的呢！但如果彼此都不懂體諒，相信一趟飛行下來，一定是非常不愉快的。如果你想要休息，在你傾斜椅背時，要禮貌性的向坐在你後面的旅客打聲招呼，以避免突然的動作，造成後方乘客的不快。如果是用餐時間，必須將椅背豎直，以方便後方的乘客用餐。或你後方有乘客要進出時，必須將椅背調整至可供對方出入的空間，不然後方客人勢必得練就一身輕功，否則是難過你椅背這關的。飛機上的空間有限，對於其他人多一點禮讓，對方也會不吝於釋出體貼相回應的。

在美國有一家以通勤為主的國內線航空公司，上機是不分艙等、不劃座位，先上飛機先挑位子。除了這種特殊的形式外，一般搭乘飛機時，會依票價分艙等，

買的是什麼艙等，就應該坐什麼樣的艙等。除非是因為客滿，航空公司所做的升等動作，否則上機後，除非是願意補付差額，不然是沒有理由向空服員提出升等的要求的。有時在機上看到有些乘客，會等所有旅客坐定後，自行換坐到高一艙等的位子就座，待空服員發現後，是會被要求返回自己的座位。比較講理的旅客會拿著自己行李坐回原位，但有些乘客卻經空服員一請再請後，仍然會賴在座位上不走，直到空服人員收起笑容說明，如果仍然堅持坐在這兒的話，下機後，地勤人員會按照規定來收取費用，這才知道不要跟錢開玩笑，在周遭乘客懷疑的注視下回座，實在是很狼狽。

在歐洲的航空公司，酒精性飲料是要另外付費的，但在亞洲國家，機上的飲料，包括酒精性飲料，都是免費提供給旅客的，但千萬別因為貪小便宜的心態，而卯起勁的喝酒。飛機上因高度壓力，與空氣含氧量的關係，機上飲酒是比在地面飲酒要來得容易醉喔！記得曾經有一位香港藝人，搭乘國內某家航空公司時，機上飲酒過量，空服人員因為要勸阻他，不要影響其他附近的乘客，而被他毆打。因為事件發生在美國的領空，這位藝人下機後，立刻被美國警察人員以影響飛行安全的罪名帶離偵訊。因為事後深表悔意，所以僅科以罰金，但在美國的海關紀錄上，卻留下了一個汙點，只因貪杯，事後付出的代價太大了！這裡順帶一提這個事件結束後的笑話，當時機長在得知狀況後，帶著手電筒出駕駛艙欲了解狀況（因為夜間飛行，旅客用完餐後，空服人員會將客艙的照明調暗，所以機長在出駕駛艙進入客艙時會帶著手電筒，以協助照明），因為要制止這位客人酒醉的行為，兩人拉扯間，機長手上的手電筒，意外的砸傷了這位酒醉的藝人，後來這位外國籍機長，就有了一個手電筒機長封號（captain flash）。

機上的駕駛艙是旅客禁止區，尤其在 911 事件發生之後，更是一個嚴密控管的空間，有些航空公司更加強了防護設施，所以如果你在機上要求要進駕駛艙參觀的話，航空公司一定會基於安全理由，拒絕你的要求。有些機型的廁所會設置在駕駛艙的附近，要使用洗手間不要敲錯門，因為駕駛艙的門上不會標示著「無人 vacant」或「使用中 occupy」的字樣，如果沒事不要在駕駛艙附近逗留、徘

徊，以免被當成恐怖分子，那問題就大了。

飛機囿於空間，廁所是不分男、女皆可使用的，在使用廁所時，務必遵守排隊的禮貌。飛機上的廁所門上，都有以中文（外國航空公司則無）、英文標示「使用中（occupy）」、「無人（empty）」，如果顯示無人的狀況，進廁所前還是要敲一下門，確定裡面無人回應後，再開門進入。因為常常有些旅客匆匆跑進廁所後卻忘了關門，如果又有一個冒失的客人不會敲門，廁所門一打開，如果是背對著門，未以真面目示人還好，如果是你正蹲坐著，四目相交，招呼打也不是，不打也不是，挺尷尬的呢！一般航空公司機上多採全面禁菸，有些癮君子在長途飛行時，會跑進廁所偷偷的抽個幾口，以解煙癮，但這樣的行為除了會觸動廁所的煙霧偵測器外，最嚴重的是煙蒂可能引起火災。想想，在幾萬英呎的高空發生火災，那後果會是多麼嚴重，機上的癮君子們務必自重。

如廁完畢應該有良好的習慣，順手將廁所清理乾淨，方便下一個使用者能夠好好方便。使用過後的衛生紙、棉，應丟置在垃圾桶（trash can），不要到處亂塞，更不可以丟入馬桶中，有可能因此將馬桶塞住而無法繼續使用。機上廁所本來就有限，如果因為旅客使用不當而關閉禁止使用，當使用廁所的高峰期，等廁所可是一件很痛苦的事。所以養成良好的如廁習慣，「方便」你，也「方便」他喔！

搭機前如果害怕暈機，在起飛前半小時先服用一顆暈機藥，比上機後再服用效果較好。如果真的因為暈機不舒服想吐，每一個乘客座位前都會放著一個嘔吐袋，以備不時之需，因為吐在座椅周圍，就算是清理後，仍然會有令人不快的味道，讓你周遭的人聞了也會想吐。如果想到廁所中處理，可以在廁所的抽屜裡拿到嘔吐袋，或是吐在馬桶中沖掉。千萬不可以吐在洗手槽中，因為嘔吐物萬一從水槽中流走，反而會堵住水槽，也苦了替你清理穢物的空服人員，可能清理完後會讓空服人員好一陣子不想吃東西呢！

一般旅行團在機上通常會非常興奮，用餐結束後通常會三五成群的站在走道上，高興的聊著天，或是拿著機上的撲克牌，席地而坐就賭開來了，真是不得不

讚嘆臺灣人愛熱鬧的個性，也讚嘆臺灣人賭性堅強，在什麼環境下都能賭。其實在飛機上並不是不能談天、玩牌，而是應該在不影響別人的狀況之下進行。雖然你買了機票，但不代表在飛機上，你能毫無顧忌的做你想做的事，因為飛機上是屬於公共的空間，所以過於喧嘩影響他人的安寧，或是占著走道阻礙他人行走，都是不適當的行為。

機上的設備應留在機上，不宜帶下機使用，比如機上毛毯、枕頭、廁所用的洗手皂、擦手乳液、古龍水，及餐盤上的刀、叉，都是有些旅客收集的標的，這樣的行為是不妥當的，如果真的有喜歡的機上物品，可以詢問空服員，因為有時候航空公司會提供機上的某些物品，讓喜歡的旅客選購，既不用偷偷摸摸的塞在包包裡，也可以獲致一個不是別人用過且全新的物品，何樂而不為？

因為飛機基本上是一個較封閉的空間，搭乘飛機時，如果有學齡前的小朋友隨行，一般這個年齡的小朋友是比較好奇、不易控制的。如果在飛行期間，尤其是長途飛行的時候，尤須注意小朋友行為的照管。雖然一般航空公司有提供一些玩具給機上的小朋友，但有時十幾個小時的飛行，實在是無法滿足小朋友的需求。帶著小朋友作長途飛行的家長們，在上機前，最好準備一些可以吸引小朋友注意力的玩具或讀物。小朋友在機上也要盡量避免激烈的跑跳，因為狹小的空間及堅硬的設備，一個不小心都會讓小朋友受傷的。小朋友在機上吵鬧，大人不應放任不管，應適時的安撫，以免打擾到附近其他想要休息的乘客。當然帶著小朋友搭機，也最好避免在小朋友身體狀況不佳的情況，因為飛機因起降壓力的關係，和飛機上的空氣較為乾燥，小朋友會因為無法調適身體不適的感覺而哭鬧，小朋友與家長都是很辛苦的。當然在不得不的情況下，帶著小朋友作長途飛行，小朋友如有不適而哭鬧，周圍附近的乘客也應該多些體諒才是。

機上如果有許多空位時，在沒人坐的情況下，是可以躺下來休息的，但是如果機上因為有病人需要躺下休息時，空服人員是有權力請你讓出不是你劃位以外的位子的，因為你所付的票價只有一個位子，如果遇到此類特殊狀況時，你是有義務要讓出你之前所占的位子。還有在長途飛行的機上，常會發現有人因為椅子

睡得不舒服，乾脆就躺在地板上睡了起來，在暗暗的客艙裡，容易因為你的腳超出走道，而將往來的人絆倒，或是因為無預期的亂流而碰傷，這樣都是很危險的，應該避免。

下機後入境他國前，需經過必要的海關證照檢查，及表格填寫的手續後，然後再至行李轉盤處提領行李，接受行李的檢查後出關。入境他國時，對於當地國的海關規定，菸、酒免稅的限額，及其他相關物品的限制入境法令，不但要了解，且務必遵守。比如入境美國、加拿大地區時，該要申報的物品一定要確實申報。如果不合規定，最多是沒收其物品；如果一旦被查到，有該申報的物品而沒有申報，除了有很重的罰款外，你不誠實的紀錄也會造成你日後出入的不便。

在紐西蘭、澳洲，對於所有農產品及食物的入境檢查是非常嚴格的。因為這兩個國家是以酪農業為主的輸出國，一旦帶有病菌的食物或水果未檢入境，有可能造成當地牛隻的感染，那樣的後果，可能不只是撲殺感染的動物就能解決的了！如果存有僥倖的心態，被查到不只是有巨額的罰款等著你，有可能讓你吃幾年的牢飯也說不定！千萬別以身試法才是。

如果到了中東的回教國家，你也不可以攜入一些有關猶太教、猶太人的一切物品。這樣的資訊也許對在臺灣的我們過於陌生，你可以在出發前，詢問旅行社相關事宜，如果上機前買了一罐可口可樂，下機前最好把它給喝了！千萬別覺得沒喝浪費，順手就帶下機了，被檢查到可是很嚴重的，因為可口可樂的老闆是猶太人（在中東地區除了以色列境內，你要喝可口可樂，抱歉！找遍了也沒有，只有百事可樂）。聽到這樣的理由，你會覺得非常不可思議，一罐可樂有這麼嚴重嗎？但當你深入去了解背後的歷史，其實是可以稍稍體會的。

如果在歐洲當地購物超過一定的金額，可以跟店家要求辦理退稅證明，搭機離境時，可以按照規定辦理退稅。海關辦理退稅時，務必帶著所購買的物品及退稅證明以供檢查。最好在完成退稅的動作後，再辦理行李託運的手續，如果要檢查的退稅物品收在 check in 行李中，當海關要檢查物品時無法提供，這樣海關是不會給你蓋章退稅的。如果你要辦理退稅手續的話，最好比平常提早三十到四十

分鐘前抵達機場，因為有時辦理退稅的人潮很多，所以估計排隊等待的時間是必要的。

飛機未停妥前，千萬不可忙著打開行李箱拿取行李，因為飛機在滑行途中有可能緊急剎車，如果這時隨意站立，是很容易受傷的。而且在飛機停穩後，還必須等待空橋靠橋的時間，這個時候你再拿取行李，時間上也是非常充裕的。臺灣旅客大概是公車搭習慣了，怕飛機跟公車一樣過站不停，所以得在飛機停妥前就要準備行李往前衝。知道飛機跟公車不一樣之後，下次搭飛機時，一定要等待飛機停穩後再拿行李或走動，這樣是比較安全的。

(二) 搭乘船舶的禮儀

搭乘大型的豪華郵輪旅遊，在臺灣雖然已經有類似的旅遊行程安排，但仍然不是很普遍的旅遊方式，在國外卻早已行之有年。而搭乘輪船時的禮儀，也該有大致的了解，郵輪跟飛機一樣，是按票價來分艙等的，比較不同的是，飛機因為機頭的部分是全飛機最安靜平穩的區域，所以頭等艙或商務艙都安排在這裡。但是輪船的頭等艙，卻是放在船身較高的地方，因為越高視野越好，既然是頭等艙，視野最好也是理所當然的啦！飛機所乘載的任務，是將旅客快速的送達另一地，旅遊的行程在下機後才正式展開。但是郵輪本身就有運輸及娛樂的功能，比如說航行在地中海、加勒比海的豪華郵輪，船上的設施，有時在地面上的豪華夜總會也不見得能與之匹敵。從甲地出發到乙地之間，有時幾天的航程都是在海上度過的。而船上的休閒設施也是一應俱全，所有飯店五星級的設施，你都可以在船上發現與使用。豪華的設備及享受，當然收費也不便宜，所以豪華郵輪的旅行為什麼說是有錢人的旅行，也就不難理解了。

搭乘輪船時，一樣要在開船前至少一小時抵達，因為這和飛機一樣，只要是出境到其他國家，也是要辦理海關通關手續和證照的查驗，如果證件不符，一樣是會被拒絕登船的。完成手續後，和搭機一樣持船票登船，按自己的艙等找到自己的房間。大型的郵輪如果沒有注意，隨便亂闖是會找不著路的，通常船上都有清楚的標示，但如果仍然有問題，船上的服務人員會很樂意為你做導引服務的。

開船後，船上的人員會做救生衣以及逃生設施的簡介，為了自身的安全，務必注意聆聽。船上設施的使用說明也要詳細閱讀，以免操作不當而損壞。船上定時提供三餐，用餐時要注意服裝不可過於隨便，用餐時的禮儀也應注意，以前章西餐禮儀中所載應注意事項為原則即可。

一般搭乘豪華郵輪，在行程中，船長會以主人的身分在船上舉辦類似歡迎旅客的宴會，稱之為船長之夜（the neight of the captain），參加的人都必須著正式的晚宴禮服，如果有機會參加這樣的旅遊，別忘了帶一套正式禮服，以免有這樣的場合時，沒有適當合宜的穿著。

在船上是可以經船長許可後參觀駕駛艙的，如有機會參觀駕駛艙，必須跟隨著解說人員，或是依著工作人員的指示，不可因好奇隨意碰觸艙內的機械，以免損壞重要的機械或設備。

(三)搭乘公車的禮儀

人們平日接觸的大眾交通工具有公共汽車、捷運、火車等，因為使用的人很多，而在搭乘這些交通工具時，每個人必須遵守一些規範和搭乘的禮貌，這些交通工具才能在被大家使用時，維持該有的秩序。這幾年來，因為私人交通工具增加，使用大眾交通工具的比例要比往年來得低，所以那種搭公車時爭先恐後，你推我擠的恐怖畫面已不多見，但是就公德心而言仍有待加強。

搭乘公車要排隊，是每個人都知道的常識，但有時明明是一直線的排列隊伍，在公車駛近站牌後，一列隊伍就瞬間採分列式，不按順序的待車門一開就往上衝，要不就是貼著緩緩靠站的公車車門，想來個開門衝第一，這樣不但危險，而且非常的沒禮貌。就像許多搭電梯的人，電梯裡頭的人還沒出來，電梯外的人就沒命的往裡頭擠，行為舉止不能說野蠻，但也不夠文明。

在每個人陸陸續續排隊上車的當兒，你卻從中冒出想插隊，這連小朋友都知道是不對的行為，為了不讓小朋友笑話，也提升一下自己的道德水準，搭車務必遵守秩序別插隊。上車前務必自備零錢或票卡，免得上車後因為找零錢或找票卡，而影響排在你後面的人。上車後，不要因為怕下車太麻煩，就站立在門邊，應該

是往裡頭有空間的地方站立，那樣才不會影響其他人上、下車喔！

　　從很小的時候，生活倫理課本就教導我們，乘車時要禮讓老人、殘障者與孕婦，但現在我們在車上仍然看到許多年輕人不曉得讓座，實在令人感嘆！

　　筆者曾經在奧地利搭乘過當地的公車，當地的公車買票之後，上車時幾乎是不驗票的，相信每個人都是有高道德水準，但是一旦查到是要被罰錢的。有一回卻發現一群從臺灣來此地自助旅行的年輕女孩，可能為了省錢，使用過期的車票搭車，查票時被發現，在眾目睽睽之下被罰錢，真的是很丟臉。所以各位到了當地，如果要搭乘公車，務必也表現臺灣人的高尚道德，不要因為貪小便宜，被人發現而遭處罰，最糟糕是丟了臺灣人的臉。

(四) 搭乘捷運的禮儀

　　搭過捷運的人都知道，尖峰時間人來人往，狹小的空間裡，擠滿了上班上課的人，如果這時有人不守搭乘的規定或禮儀，那實在是讓人的心情更為惡劣。

　　不論是多麼的擁擠，搭乘時的禮儀，一樣是待要下車的人下了車後再上車，搭乘捷運時也要遵守規定，不吃東西、不喝飲料、不嚼口香糖，不吃東西、不喝飲料是怕弄髒車內的環境，再者，一群人在狹小封閉的空間吃東西，食物的味道混雜在一起，其味道實在不大好聞。當前往新加坡的時候，要注意到現在新加坡境內，販賣口香糖的禁令仍未解除喔！在新加坡是買不到口香糖的。有一項例外，那就是如果牙齒或口腔，因為健康或衛生的需要，有牙醫師的處方籤，是可以在特定的藥局買到醫療用口香糖的。新加坡一向是重懲重罰，常有人說：「singapore is a fine country！」除了說她是個人民守法的好國家，新加坡也是一個罰款很高的國家。臺北捷運也有相關的規定，明文規定在捷運站內不能吃口香糖，但僅限於捷運站內，所以這點我們還是比新加坡人幸福喔！但切記，在我們享受咀嚼口香糖後，不要亂吐口香糖喔！請將口香糖吐在衛生紙中再行丟棄，以免到處沾黏不好處理，且有礙觀瞻。

　　搭乘捷運時，如果有手提長型物品一起上車（樂器如吉他、小提琴、胡琴、長笛等；運動用品如羽球拍、網球拍等），上車後最好是將行李直立擺放，不但

可以留出空間方便他人站立，也不會因為車體搖晃撞到別人，造成不必要的誤會。

在國外的地鐵中，常會有街頭音樂家上車來表演，有時表演者的音樂造詣可是不低的呢！如果你覺得演奏者的樂聲真能感動你，下車時別吝嗇給個銅板或紙幣。日本的地鐵利用率是世界出了名的高，早上上班上課的人潮湧入車站，有時你會看到車站有許多人手持長棍，以為是有人要械鬥了呢！事實上，這棍子的功用是在車門打開之後，橫持長棍將門邊的人全部推入車廂內，好讓大家都能順利上車。第一次看到這樣的情況，被這壯觀的景象懾住，半晌說不出話來呢！

捷運位子的安排，有時會兩兩相對，如果坐在內側的人想下車，可以跟坐在旁邊的人說：「對不起！麻煩借過一下！」而坐在鄰座的人，應該立刻體貼的挪出位子讓其通過，但靠內側要下車的人，千萬不要用跨越過別人的方式離座，這樣是很不禮貌的行為。而如果內側有空位想進入就座，也要先詢問一下旁座的人，空位是否有人坐，確定無人再行入座。如果對座有熟識者，彼此聊天談話的時候，音量務必降低，以雙方聽得到的音量為準。有時在捷運車廂內，會發現一群小男生或小女生，進入車廂中，仍然是旁若無人的大聲喧譁，看了直叫人搖頭不已。

(五) **搭乘火車的禮儀**

火車的車票有分對號入座及無須對號入座，對號入座就按照自己的位子就座，如果有同伴隨行，但車票上的位子號碼是被分開的，想與同伴同坐一處，可以先詢問鄰座，是否願意與你互換座位，在徵得對方的同意之後，再行換座。切不可吆喝同行者，直接的坐在別人的位子上，待位子的主人前來，才貿然的提出換位的要求，這樣會讓別人有不受尊重的感覺，也是一種不禮貌的行為。如果無須對號入座，當你選擇座位時，以方便下一個人就座為原則。比如走道及靠窗的位子，宜選擇窗邊的位子，可便於下一個人入座。如果是一整排的位子，應選擇靠兩端的位子入座，可以使有同伴的乘客，有同坐一處的機會。相信你細心的小動作，會讓別人因你的體貼有禮而感動的。

在行李架上放置個人行李時，務必將行李推至行李架的內側，避免行李因車體的晃動掉落，而砸到坐在下頭的人。如果因搭乘時間較長，必須在車廂中飲食，

必須在用完餐之後，將餐後的包裝及容器收拾清潔，丟入火車上的垃圾桶，或於下車後順手帶下車。讓下一個坐在同樣位子的人，入座後聞著你留下殘羹剩肴的味道，是很不舒服的。

在搭乘火車時，最好提早十五分到二十分到月臺等待，如火車有班次異動，或改變停靠月臺時，能有充分的時間作應變的反應。如果搭乘火車有又小孩一同隨行，不可任其在車廂中跑來跑去，不但危險也影響其他人的通行與進出。使用車廂間與車廂間的廁所時，也務必保持清潔，好讓下一個人也能有一個乾淨的方便空間。

在臺灣搭乘火車最多四、五個小時，如果有機會，到國外搭乘當地的長途火車，因路途有時長達十幾個小時，所以會加掛可供休息的臥舖車廂，有時可能與別人共用一個車廂的上下臥舖，如果因時差無法隨當地作息入眠，可以使用床邊的夜燈看看書助眠，不要開亮其他照明設備，或是弄出太大聲響，而讓與你同一間的室友無法安靜的休息。當與你同車廂的室友，是屬於肢體行動不便者，或是體型較高大、肥胖者，你可以體貼的提議說：「我比較喜歡睡上舖，不知道你願不願意與我換位子？」看對方是否願意，我相信對方一定會感受到你善意的體貼的。筆者曾經有搭乘國外臥舖火車的經驗，在晚間行駛時，該是大家休息的時候，但隔壁臥舖幾個同行的年輕人，可能因為睡不著，幾個人就喝起酒、打起牌來，而且旁若無人的喧鬧起來，讓旁邊的人無法好好休息，實在是缺乏基本的乘坐禮儀，不足效法。

在歐洲，長程的火車除設有臥舖外，也會加掛餐車，用餐時間會開放用餐。有時因搭乘人數較多，而加掛的餐車有限，所以最好提早前往排隊等候，以免人多就必須多花一些等待的時間。

歐洲長途列車有時會跨越國界，在邊界城市的站點，會有邊界的海關人員上車檢查證照，此時應該耐心等候檢查人員的查驗，此時若隨意走動，可能會被認為逃避查驗，而產生不必要的誤解，有時甚至惹上牢獄之災呢！

搭乘歐洲的子彈列車，和日本新幹線的經驗，發現他們班車的出發時間、到

站時間，有的時候幾乎是分秒不差。對於一些沒有時間觀念的臺灣人，時刻表上所載明的時間可不是僅供參考喔！出國到日本或歐、美國家，搭乘火車的時候，記得一定要提早到車站，因為班車都是準時出發的，養成守時的好習慣，不但不會誤事，也是一種美德。

歐洲、日本的長途列車為了安全，在每個車廂前，或兩節車廂間，會有一個專門放置行李的行李間，上車後可將較大件的行李放置在此，手提或較小的隨身行李，是可以帶進車廂中的。筆者前往日本旅遊，下機後要搭乘機場到新宿的快速列車（express），同機的臺灣旅客上車後，提著二箱大件行李，連拖帶提的拉到座位旁後，便自顧自的處理行李，完全無視被他阻擋在走道上的其他旅客。這樣自私的行為，會讓其他國家的人以為臺灣人都是這樣自私無禮的。

一般歐洲長途設有臥舖的火車，早晨盥洗時間可是使用洗手間的尖峰時刻，如果不想和大家一起擠在同一時刻使用盥洗室，你可以提早或延後個半小時，避開尖峰時段使用。在使用洗手間時，清洗使用完畢後就立刻出來，因為也許還有很多人，排在你的後面等待使用。千萬不要將在家裡蹲馬桶時，還要看書報雜誌的壞習慣，帶到公共的場合來。「己所不欲，勿施於人」，一個髒亂的環境，是人人所不欲，雖然是公共的盥洗空間，使用後務必要清潔乾淨才是。

(六)搭乘計程車的禮儀

除了火車、汽車和捷運外，搭計程車或自行開車的人也不少，也許你覺得搭計程車就是伸手一招，車停上車就好，自己開車引擎發動，油門一踩便行，事實上搭乘計程車、自己開車，仍有許多禮儀要注意的。

在臺灣搭計程車，除了下雨天的尖峰時刻，幾乎是一招手就有，但在伸手招車時，最好不要在公車站牌附近攔車，因為有可能在你攔車、上車時，已經影響到要靠站駛入的公車，讓車上、車下的乘客等你一人，我想應該會覺得不好意思吧！同樣的，告訴司機的下車地點，也盡量避開會影響公車停靠的周圍，或是供行人行走的斑馬線附近，一點禮貌與貼心，能讓交通更順暢。

搭乘計程車時，如果有同行的長輩或女性友人，應待車子停妥後，替長輩或

女士將後座車門打開，照看入座後，而自己最後上車。下車時，也必須先長輩一步下車後，服務同車的長輩或女性下車為是。在長輩坐進車內前，應以手護住其上方車頂的邊緣，以防頭部碰撞，下車前也必須做這樣的動作。

　　同行中如果只有你和穿著窄裙的女士友人搭乘，因著窄裙不易進出，可以不用拘於禮貌，非要女士先上車不可，這時是可以先行上車的。

　　汽車入座的方式，不應該頭部先進車身，那像是爬進去的感覺，不太雅觀。應該一腳先跨進車身，穩定中心後，身體再順勢的進入車內後坐定。如果是穿著窄裙的女士，應該先坐入門邊位子邊緣，坐定穩住重心後，雙腳、雙膝併攏，然後一起移動，優雅的坐入車內。

　　搭乘計程車時，車內的位子也有尊卑之分，一樣是採右尊左卑為原則，大約有幾種座位安排：

　　*1.*司機在左側，後座有二人時，右側的位子為尊、左側次之，而在司機旁邊的位子，則是排列在第三的位子：

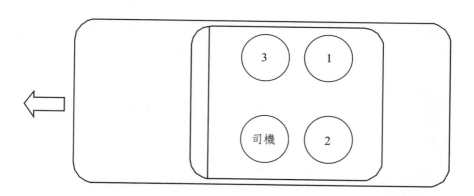

　　*2.*司機在左側，後座有三個位子，右側第一位為尊、左側第一為次、後座中央的位子為三，而司機旁邊的位子為最次：

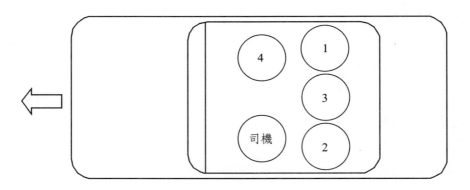

上述的狀況是以司機在左，靠右行駛的地區而言，如果在英國或日本等地，則是司機在右，靠左行駛，而座位的尊卑也就有些許的變化。以下是以司機座位在右側時的圖解說明：

1. 司機在右，司機後座有二個座位，司機後方左手邊的第一個位子為大，司機正後方右手邊的位子次之，而司機旁邊的位子仍為最次：

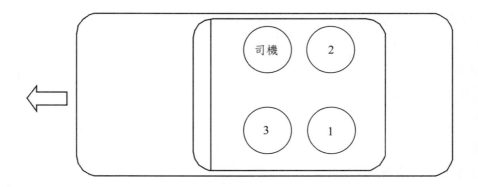

2. 司機在右側，而後座有三個人的狀況下，司機後方左側的第一個位子為大位，司機正後方右側的位子次之，後座中央的位子為第三位，司機旁邊的位置最次。如果途中有人下車，後座只剩一人時，坐在司機旁邊位子的人，應該下車離開前坐，移至後座陪伴：

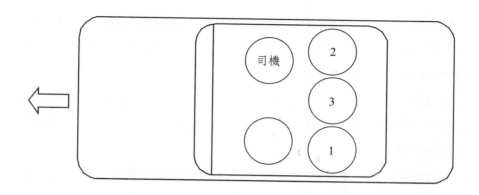

　　如果男士邀約女士，在約會結束後，男士有義務將女士送回家，但如果因故無法陪同搭車，可以替女士招攔計程車，為其記下計程車的車號，替女士先付車資後再行離去。在估計對方應抵達的時間後，應主動去電聯絡是否已安全抵達，這是做為一個紳士應有的禮節。在國外搭乘計程車，有時必須在特定的計程車招呼站，才能招得到計程車，可不像臺灣抬手一招，計程車就停在你的面前喔！有時在國外，除了必須在特定的招呼站，排隊搭乘計程車外，在歐洲一些國家，計程車的站牌是沒有計程車排班等待的。通常這樣的計程車招呼站，在旁邊會有一個可以聯絡計程車的電話亭，電話撥通後，告知對方你要搭車的人數後，會依你的需要派出較大、較小或二部以上的車子，到計程車招呼站搭載你到前往的目的地。還有一些地方在交通尖峰時間，為了控制車流量減少塞車的情況，計程車在某些特定的時段，只能載客出市中心（downtown），而如果沒有坐滿或空車，是不能在這些特定的時段入市區的。所以在你到了各個國家時，務必先了解當地搭乘計程車的一些相關規定。

　　有時在國外旅遊，如果不知道搭乘計程車的招呼站，可以告知飯店櫃檯你要前往的地點，請其代為預約。上車前，別忘了帶一張住宿飯店的名片，以免忘記飯店地址或名稱，而當地司機又無法與你溝通時，可以有一個能順利將你帶回飯店的重要訊息。

　　大部分城市的計程車按表計費，但也有些較落後的地區是事先講價的。這種

情況最好是在上車前,就將價錢談定後再上車,免得到了目的地,當一些不肖司機獅子大開口時,你也只能安慰自己是上了賊車,自認倒楣的花錢了事囉!

(七) 搭乘私人汽車的禮儀

私人汽車乘坐時的座位也有尊卑之分,如果私人汽車是有專用司機的狀況下,其座位的尊卑與搭乘計程車時座位尊卑的安排是一樣的。以下則是在主人自己開車的狀況時,座位尊卑的安排:

1.若是由主人自己開車,主人旁邊的座位是大位,如果後座的乘員有二人,主人後座右手邊的第一個位子為次,而主人後面左手邊的位子最次:

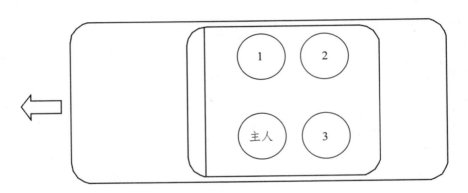

2.由主人自己駕車,主人旁邊的位子最尊,後座的乘員有三人,主人後座右手邊的第一個位子為次,主人後方的座位為三,而後座中央的位子最次:

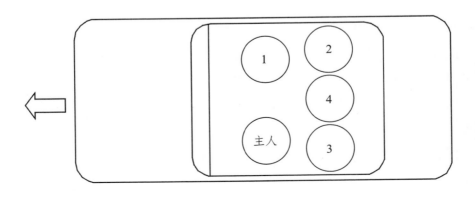

3.男主人自行駕車，車上的二名乘員是夫妻，或是男女情侶，坐時這對夫婦、情侶的先生或男士，必須坐在男主人旁邊的位子，方便與男主人交談：

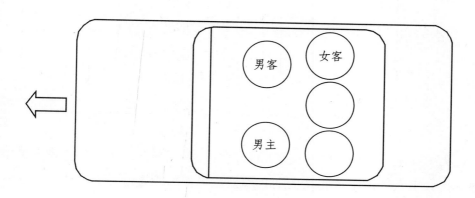

4.由主人駕車，有女主人陪同時，女主人的位子理所當然在男主人的旁邊。此時後座有二人時，仍然是右尊左卑的方式安排座位：

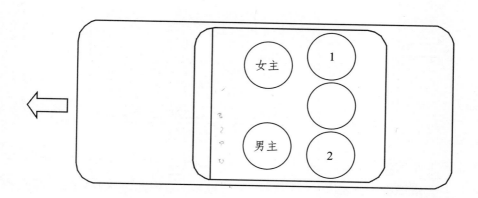

5.男主人開車，女主人坐在男主人的旁邊，後座有三名乘員，後座右手第一個位子為尊，左手邊的第一個位子為次，而中央的位子為最次：

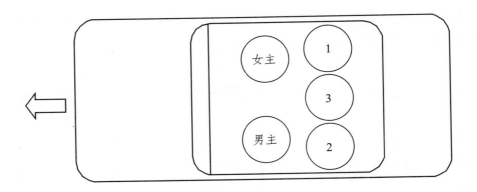

6.男、女主人在前座時，後座的乘員是夫婦或男女友人時，依國際禮儀，男士應坐在女主人的後座，而女士則必須坐在男主人的後座：

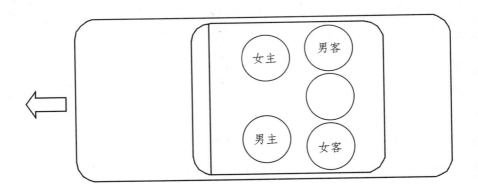

　　總之，如果是主人自己駕車，千萬不要都擠到後座，留下主人旁的位子，那樣是把主人當司機看，這樣的行為對主人可是相當不敬的喔！一般人都有和友人一起開車出遊的經驗，如路況不熟，坐在前座的人，有義務要為開車的人注意車況，或是為其翻找地圖，甚或是準備高速公路的零錢等。如果是長途的駕駛，前座的人千萬別倒頭就呼呼大睡，如果真覺得疲倦，可以先與後座的人交換位子，讓較清醒的人坐在前座，以免影響駕駛的精神，以確保駕車的安全。一個體貼的人，是會隨時製造輕鬆的話題，讓開車與坐車的人都能保持愉悅的心情。

　　不論是坐在前座或是後座的人，不要在途中不斷的問：「怎麼這麼久還沒到！」「我們還要坐多久啊！」「現在是在哪裡啊！」想想坐在後座的你都已感到不耐或疲累了，何況是手握方向盤的駕駛呢！通常開車的人是比較了解路況與行程的，當然為避免造成上述的狀況，開車的人可以在行前就告訴同車隨行者：「今天如果交通情況良好，車程大約多少小時。」或是在開車途中，可以讓大家知道：「現在已經到哪裡了！距離我們的目的地還有一半的行程。」如果可以的話，不妨為同車的人解說沿途看到的風景，不但可以使冗長的車程添加一些話題，也能清楚的讓同車的人知道置身何處，或是還剩下多少行程。開車的人與乘車的人都遵守該有的禮節，彼此體貼，會讓整個旅程更為舒適的。

　　私家車有司機負責開車時，到達目的地停車後，不要急急忙忙開了車門就自己下車，應該在車上等待司機下車後為你開門，才是合乎禮儀的標準。以上所提，都是汽車搭乘的禮儀及注意事項，但更該加強的是，臺灣汽車駕駛的公德心，以及道路使用人的禮貌。駕車行駛在高速公路上，常常可以看到許多車子在車陣中鑽來鑽去，要不就是猛按喇叭，或不停的閃人大燈，這種惡劣駕駛在道路上可是時有所見的。前不久的新聞，一個駕駛人因不滿別人超車，硬是趕上前去把對方攔下後，開槍把對方給殺害了。最令人生氣的是，嫌犯最後是攔錯了車，而被害人卻是無辜的枉送了性命，由此可知，臺灣駕駛人要重新加強的不是開車的技術，而是開車時的禮節。

(八)駕駛汽車時的禮節

　　駕駛一上駕駛座，安全帶是一定要扣上的，「喝酒不開車，開車不喝酒」也是一直不斷的被宣導，但是仍然有許多社會新聞報導酒駕肇事，輕者受傷，重者甚至死亡。也還是有不少人無視於法律的存在，更枉顧他人生命的安全，實在沒有道德心。在行車時，除了要遵守交通規則外，駕駛與駕駛人之間的禮讓，也是維持交通秩序的一個好方法。在路上常見到不禮讓行人、轉彎不打方向燈、並排停車，這樣的行為幾乎天天都見得到。常在國外旅遊，記得第一次到美國洛杉磯時，在一個沒有號誌的路口準備過馬路，看到有車駛近時，很自然的就又退回路

口，不料駕駛卻將車子停在路口，直到我快速且心虛的通過後，那位駕駛才又踩下油門駛去。因為在臺灣，車子是不會讓行人的，但在別的國家發現，大部分的駕駛都會禮讓行人先行，這點真的是值得我們的駕駛人來好好的學習。

　　一般的社區會有地下停車場，如果晚上要進出停車場，在停車場的入口處，若是有管理人員或警衛人員要趨前檢查通行證件時，可以先關閉車頭大燈，以免駛近檢查亭時，車頭大燈直射管理員，會讓人的眼睛不舒服，待駛出檢查範圍後，再開啟大燈。

　　在公共停車場停放車輛時，如果空間較狹窄，停放時留出可以供駕駛開門進出的空間後，盡可能的向左側停靠。因為這樣可以方便停靠在你右側的車輛駕駛，要開門進出時有較多的空間。好幾次在停車場，看到一車輛的駕駛人，因為左側車輛停靠時，為圖自己的方便，幾乎是貼著他車輛的右側停靠，所以讓他無法由左側駕駛座上車，必須從右側乘客座位上車後，連爬帶跨的移至駕駛座才能發動引擎。想想如果是一位穿了窄裙的女士，碰到這樣的狀況，該要等車主回來呢？還是得遮遮掩掩的爬到駕駛座呢？停車時給人留一些空間，小小的體貼，給人卻是大大的方便喔！

　　臺灣駕駛人的習慣如果帶到了美國、加拿大，那可是行不通的喔！在這裡，不管白天還是晚上，也不論是有人還是沒人，經過行人穿越道的時候，一定要在行人穿越道前暫停幾秒後，才能繼續前進。這在臺灣，就算行人穿越道上有人行走，只要沒有警察、沒有號誌，還是有人會毫不停留的呼嘯而過，對於行人的尊重與禮讓，臺灣駕駛人做得不好。在這些地區開車，如果被警察攔車臨檢，一定要乖乖的停車接受檢查。接受檢查時必須坐在駕駛座，雙手明顯的放在方向盤上，等待警察指示做動作。千萬不要想立刻下車解釋，警察會以為你有攻擊的意圖，搞不好先開你一槍呢！筆者的一位朋友在西雅圖開車被臨檢，停車後習慣下車向警察說明，被警察誤會想要襲警，警察用槍托就給他一腦袋，最後不但罰錢，還得自己花錢上醫院縫合傷口呢！

二、步行的禮儀

　　這裡講步行的禮儀，一般人以為行走在道路上，哪裡需要什麼禮儀！所謂的禮儀，並不是專指正式場合中，該注意行禮如儀便可，禮儀是存在於我們的生活，日常的一舉一動都關乎著禮。對禮儀最簡單的理解就是，與人接觸、互動、應對、進退時，以不造成對方的困擾，做為行事的標準。所以想當然爾，步行之時，也是有該要注意的禮儀。行走於路上時，一定要抬頭挺胸，目視前方，動作自然、大方與自信。切不可駝背彎腰、動作畏縮、東張西望，行走時雙手不要插在衣服或褲子裡。

　　二人同行時，其中一位是長輩或是上司，因右尊左卑，所以長輩在右，晚輩應該在長輩的左側。不可以與長輩齊頭並行，應該是在長輩左側方，約後一步的距離隨行。但如果前方有門，必先趨前為長輩開門，待長輩進入之後，以同樣的距離及位置，繼續隨行在後。如果同行者有三人，中間位子最尊，右手邊者次之，左手邊的位子最次。

　　如果與女士同行，懂得禮儀的紳士會讓女士行走在右手邊，通常是走道的內側，而男士則靠女士的左側、行人走道的外側行走，這樣的方式，可以避免一些走道外側的干擾。而在過馬路，及必須跨越某些障礙時，男士可以輕托女士的手肘，或輕扶女士的腰際，來照護同行的女士。而女性也必須大方接受對方的體貼，千萬不要認為別人在吃你的豆腐，體貼與輕薄是可以區分的，女性朋友不要誤解對方的禮貌，那樣是失禮的。

　　下雨天行走在路上必須撐傘時，在撐起雨傘前，要確定旁邊有沒有太靠近的人。如果沒有，再將雨傘朝上撐起，不要往旁邊打傘（避免傘骨的頂端，在開傘時打到旁人，如果是自動傘力量是更大的），或是向下開傘（在你開傘後將傘向上抬起時，可能會不小心傷到旁邊的人）。與長輩同行，因下雨必須撐傘時，需一手為長輩打傘，而另一手必須輕扶著長輩，以避免路上濕滑，長輩不慎跌倒。

　　行走時如果同行者的步伐較小，或步履較為緩慢，應儘量放慢腳步，以配合同行者的速度。在行進間如果偶遇朋友，必須停下來打招呼或問候時，一定要移

到一旁靠邊的位子，以免擋到其他來往的行人。千萬不要就在道上停了下來，且旁若無人的攀談起來，成為一個人人討厭的路障。

行走時盡量靠右邊（如果所在的當地是靠左行的話，行走時則須儘量靠左），當前方有二人同行迎面走來，應該靠右錯身而過，絕對不要有從二人中間穿行而過的粗魯行為發生。走道較窄，相迎而來的人如果是長者、女士、孕婦或殘障者，一定要先讓出走道，待其順利通行後，再行通過，做一個不與人爭道的謙謙君子。

行進間如必須向人借道或錯身而過時，一定要先向對方說聲：「對不起！請借過！」如果在英語可通的國家，你就可以說聲：「excuse me！」在臺灣很多人惜口如金，借道通過時往往不發一語，便從人家的周圍擠身而過，這樣除不合禮儀外，還容易因此產生誤會而起爭執，是非常不可取的。

三、正確的姿態

(一)正確的站姿

行進時的儀態必須自信與大方，停止前進時，在等待公車、捷運、電梯，或站立與人交談時的姿勢，也不要失了禮儀。別人也許從你臉上讀不出任何表情，但從你的肢體語言中，就會不經意的透露出自己的情緒了。不要因為一個不恰當的姿勢，而影響別人對你的看法，所以養成一個良好的站姿是很必要的。

與人以站姿面對交談時，兩眼注視對方是必要的禮貌，不要東張西望，會讓對方以為你的交談是很不專心的。面部表情不宜太過嚴肅，男士抬頭挺胸，雙腳打開約與肩同寬，如果站立時間較久，可以將重心輪流擺放在左、右腳上，身體不要明顯的左右或前後晃動。雙手以自然的方式擺放，但不要將雙臂交疊在胸前，那樣的姿勢給人的感覺是很有敵意的。

女士與人採站姿與人交談時，不論著裙裝或褲裝，都應雙腳併攏，維持抬頭、挺胸、收小腹的姿勢站立。雙臂自然下垂，雙手可交疊置於前，不要不時的用手撥弄頭髮，以免讓人產生不適當的想法。如果著高跟鞋站立時間較長，可以採雙腳一前一後交疊的方式站立，將身體的重心輪流的放在左、右腳上。

　　站立等待公車、電梯時，不要彎腰、駝背、雙手插口袋，一副萎靡不振的樣子，也不要低頭用腳踢耍著石子或沙土。

(二)正確的坐姿

　　「站如松，坐如鐘」是以前的人用來形容行走、站立及坐姿該有的表現，雖然不必真正如松、如鐘一般的靜止聞風而絲毫未動，但也強調行進、走、坐之間，必須如這些象徵之物一般穩重。

　　採坐姿時，一般以椅子的三分之一到二分之一的深度為宜，不應坐滿整個椅子的空間。男性的坐姿應該是入座後，雙腳平穩著地，雙腿打開與肩同寬，雙手自然放於雙腿上。不應為採行較輕鬆的坐姿而彎腰駝背，雙腳不宜抖動、翹起或交疊，那樣會給人一種輕浮或懶散的感覺。

　　女士入座後的坐姿，也該是以坐入三分一或二分之一椅子的空間為宜，不應像懶骨頭般坐滿整張椅子，既不美觀也讓人有不夠莊重的感覺。坐姿的儀態，上身從腰部到頸部成自然挺直的姿勢，雙腳垂直著地、雙膝併攏，雙手自然下垂置於雙腿之上。如果著裙裝時，雙手置於併攏的雙腿上，也有避免走光的危險。

第八章

「育」

育，爾雅言：「育、養亦為長。」後來的學者認為，「育」就是養育、教育之意。而說文解字注中也說：「育養子使做善也。」也就是使不善者，經教育後能使其成為善者。以白話的解釋，就是說人被生下後，要經養育、教育之後，才能使這個人成為一個善者，也就是行為舉止合宜、處世不逾矩的人。而現代的社會少的就是古人所強調的善，善是要被教育的，也就是說，善從學習而來。我們今日所說的「育」，也就是學習善的一種方法，以現代人禮儀的觀點，「育」就是日常生活與人接觸時，該遵守的節儀。以下就是本章針對「育」的部分，討論在日常生活中，在什麼樣的場合，該有什麼樣合適的禮節及應對。

一、拜訪的禮儀

拜訪的情況有很多種，有至師長家中的拜訪、有朋友之間的拜訪，不論是何種性質的拜訪，應該要事前打電話通知對方，視對方允許的時間做安排。不要興致一來不通知對方，就直接跑到別人家門口按鈴拜訪，那跟沿街按鈴的推銷人員也沒什麼不同了。如果你要拜訪的對象正在洗澡，這時你的意外拜訪，只會讓人覺得你是一個不速之客。

拜訪他人時最好不要在用餐時間前往，如果因為你的到訪，而影響到友人及其家人的用餐，那樣是不恰當的。拜訪的對象如果是年紀較長的長輩，拜訪的時間不宜太晚，拜訪停留的時間也不宜過長，以免影響老人家的作息。

如非必要，訂在非假日的拜訪，拜訪時間不宜過久，以免影響友人第二日的正常作息。

二、探病的禮儀

在醫院的病人是需要安靜修養的，如非必要，儘量等待友人離院返家後，再行探望拜訪。前往醫院探病時，必須依照醫院指示時間內前往。在限制時間前往時，停留時間不宜過長，因為病人最需要的就是休息，過長時間的停留，會使病人無法得到充分的休息，而盡快痊癒與恢復。

如果自己有輕微的感冒，絕對不要前往醫院探病，因為對虛弱的病人而言，抵抗力通常較差，任何微小的病毒，都有可能危及病患的健康。探病時也儘量不要帶著幼小的孩童前往，醫院中其他病患的傳染疾病，也可能對抵抗力較弱的小朋友產生不良的影響。

有時病人因為開刀，身上會有傷口，到病房探病時，如果病人或家屬有特別招呼，拉一張椅子至病床邊稍坐是可行的。但一般而言，前往醫院探病，站立在病人的床邊是比較好的做法，第一：因為病人身體虛弱，不宜久留，以免耽誤病人的休息時間。第二：探訪者站立在病床旁，可以彎身傾聽病人的話語，不會因為病人要將就你，而費力大聲說話，或是因為怕你聽不到他所說的話，欲挪動身體而影響到動過手術的傷口，這樣都是不體貼的行為，一定要注意才是。有時一進入病房，病人的精神也許比較好，但也別一時不察，就一屁股的往病床上坐，病人的傷口會因為床的震動而導致疼痛或惡化，不可不慎。

探病時，除了可以帶一些鮮花、水果外，如果了解病情，可以買一些醫生許可的營養品。如果不清楚，不宜於攜帶食品前往，病人當時的身體狀況有可能因為食用，而產生不良的影響。病人如屬長期休養，可在探病時，帶一些不傷神、較輕鬆的書籍或雜誌，讓病人在休養時，可以藉著閱讀書籍、雜誌打發一些無聊的時間。

如果沒有時間在病人住院期間前往看望，那麼就不一定要親自到醫院探病。但是為了表達關懷之意，可以到花店中訂一束鮮花，再附上親筆書寫的小卡片，

表示你希望對方早日康復的心意，相信在病人收到友人鼓勵的卡片後，一定會快快好起來的。

　　醫院的病人大多是需要安靜休養的，在醫院行走，腳步切記輕踏，也不宜在此間喧譁、吵鬧、甚至談笑。探病時可與病人多談一些正面的事情，對於病人的病情的了解，點到為止即可，不要過度的詢問與深究。

三、送禮的禮儀

　　㈠中國人常說「禮多人不怪」，雖然送禮是一種禮貌，但送禮必須送得合宜，才不會失了送禮的意義。而送禮必須花一些心思去考量，什麼樣的禮物適合送給什麼樣的人，什麼樣的場合需要帶什麼樣的禮物。合宜的禮物送給相宜的人，適切的場合帶著相稱的禮物，正符合了一句：「送禮大方，受禮實惠。」常聽人說「禮輕情意重」、「千里送鵝毛」的一些話，其實禮物的價值不在花費金額的高低，而是表現送禮物時的祝福。但千萬別「打腫臉充胖子」，依自己的能力與預算做為送禮的依據，現在的人常以禮物的價錢，來衡量其價值的高低，其實禮物真正的價值是來自於送禮者的用心，所以在送禮物及接受禮物時，還是有些禮節必須注意的。

　　送禮時必須考慮對方的年齡、性別、喜好、身分、職業及送禮的事由。就年齡而言，年紀小的小朋友可以送玩具、故事書；青少年們自主性較高，可以選擇圖書或其他類型的禮券，讓他們可以依照自己的喜好選擇。選擇老人家的禮物，可以朝對他們生活起居有幫助的事物去著墨；以性別做區分的禮物，實在清楚容易不過的了，但了解對方的喜好，選擇適合他身分與職業的禮物，才是一份會讓人因為你的用心而珍惜的好禮物。

　　㈡依據各種場合、身分、職業、性別與年齡的不同，送禮時也有一些該注意的事項：

　　1.在不同的場合，隨身的伴手禮也有所不同。

　　2.如果參加私人午餐或晚餐的邀請，帶一束送給女主人的花，或是一瓶不錯的紅酒。

3.參加婚禮時，在中國人的習俗裡，通常是將禮金放在紅包中，禮金多寡當然沒有特別的限制，一樣是要量力而為。但中國人一向認為雙數是吉利的數字，如二、六、八，取其好事成雙之意，唯四與死諧音，故四這個數字是大部分中國人較忌諱的數字，所以禮金的數字都是以雙數為佳。

4.參加喪禮時，也多以禮金表達心意，不同於喜事的紅包，對於喪禮中所包的白包，禮金的數目最好以單數為宜。因為喜事要成雙，但令人悲傷的事就不希望再發生了。壽宴的舉行，通常壽星大多都超過六十以上，因為高壽所以值得慶祝。通常受邀的人多是壽星的至親好友，所以大部分並不收受禮金，如果參加這類的壽宴，對方不收禮金，可以在赴宴前，就你對壽星的了解與其喜好，為壽星挑選一個適合的生日禮物。如果要贈畫，而贈畫的對象是男性，畫中最好是以松樹、柏樹、椿樹、白鶴等做為主題，以象徵長壽之意。但如果壽星是一位女性，畫中的主題可以是萱草、蘭花、綠竹或蟠桃等主題。

5.遇有彌月之喜，國人的習慣是打個金鎖片、金戒子或是金鍊子送給滿月的寶寶，而一般國人的習俗，金飾的圖案大多是按寶寶的生肖來選購。如今西洋星座之說也在臺灣流行，依照寶寶的星座來選購金飾的圖案，也是一種不錯的選擇。但在西方人的習慣裡，並不像我們有包紅包或禮金之類的習慣，一般習慣是贈送新婚夫妻、新生兒或壽星禮物，而通常購買禮物前，也會徵詢受禮者的意見，確定對方真正的需要，以免買到對方不需要的東西，讓花了心思選購的禮物，淪為貯藏室無法處理的物品。

㈢就受禮者的身分與職業挑選禮物，也是一個不錯的參考，對方是你非常了解的人，選擇禮物的問題應該不大。如果對於送禮的對象沒有特別了解，依其職業的特點做依據，出錯的機率可謂不大。以下是依不同工作性質，送禮時禮物選擇的參考：

1.從事文職者，可以送一隻書寫流利的好筆，在包裝以前，也可以要求店家，在筆身鐫刻受禮人的名字，當對方收到禮物後，一定會對這枝刻著自己名字的筆格外珍惜的。

2.需要外出拜訪客戶的業務，名片夾是不錯的選擇。因工作的需求，遞上名片以增加客戶的印象，是很重要的一件事。挑選一個實用的名片夾，送給勤於拜訪客戶的受禮人，是一件很受用的禮物。

3.在學的學生，圖書禮券也很實惠。因為求學階段的學子們，因課業需要，購買參考用書是非常必要的。除此之外，書店發售的禮券，也可以購買其他書籍以外的各種文具，所以對於在學的學生而言，贈送禮券，不管書籍、文具都能依需要而得到滿足，可說是送禮大方，受禮實惠。

以職業特性來挑選禮物，會讓對方常常使用到你送的禮物，也會讓受禮者時時想起送禮者的心意。

㈣性別與年齡也是替人挑選禮物很好的依據，同年紀的人，男性與女性所選擇的禮物差異是很大的。而同一性別，但一位是正值雙十的青春少女，另一位是滿頭華髮的老奶奶，禮物的選擇也絕對有不同考慮的方向。依據不同的年齡與性別，禮物的選擇也是有小撇步的喔！其建議如下：

1.對於青少年男女禮物的選擇，如果你無法掌握時下年輕人所流行的事物，圖書禮卷、百貨公司禮卷，或是特定商店的禮卷，都是理想的禮物。因為青少年男女，此時有較強烈的自主意識，如果可以挑選自己想要的東西，當然好過收到一些「長輩」為其挑選，但自己不喜歡的禮物囉！

2.成年女性如果有化妝或保養的習慣，各個化妝品牌的化妝品和保養品，幾乎涵蓋了各年齡層的需要。對於保養品，當然各個年齡也有各種不同的需求，如果了解對方使用化妝保養品的習慣，可以依其習慣做選購的參考。如果不了解，可以考慮購買清淡的香水餽贈（過分濃郁或較特別的香水，並不是所有人都能接受的）。

3.但是對於男性的禮物，最好能大致了解一下其嗜好再做選擇，因為臺灣男性大多沒有擦拭香水的習慣，送一瓶「約翰走路」，絕對比一瓶「凱文克萊」要來得受歡迎。

㈤身分的不同，也代表著彼此關係的親疏，是父子、夫妻，抑或是兄弟姊

妹、男女戀人或普通朋友，不同的身分也代表著關係的遠近，更勢必影響購買禮物的預算。尤其是夫妻之間的餽贈，除了物品本身的價格較高外，禮物的挑選通常也是包含了特殊的意義。比如結婚週年，如果講究的話，從第一年到六十年每一年都有一個象徵的物件，以下是結婚一週年到六十年的象徵說法：

紙　　婚：一年

棉　　婚：二年

皮　　婚：三年

絲　　婚：四年

木　　婚：五年

象 牙 婚：六年

羊 毛 婚：七年

　　有些人也許穿羊毛衣過敏而不能適應，所以當穿上羊毛衣時會奇癢難當，就會不停的抓。因此當有人結婚七年後，對於已經沒有任何驚奇的婚姻生活，已漸感不適。以羊毛婚來形容七年之癢的婚姻狀況，雖然詼諧但也頗為寫實。

磁　　婚：八年

陶　　婚：九年

錫　　婚：十年

鋼　　婚：十一年

麻　　婚：十二年

蕾 絲 婚：十三年

象 牙 婚：十四年

水 晶 婚：十五年

瓷　　婚：二十年

銀　　婚：二十五年

珍 珠 婚：三十年

珊 瑚 婚：三十五年

紅寶石婚：四十年

藍寶石婚：四十五年

金　　婚：五十年

翡翠婚：五十五年

鑽石婚：六十年以上

表示如鑽石般堅貞與永恆。夫妻之間可以依彼此相守時間的長短，挑選一個最有代表意義的禮物。

通常禮物最好是親自贈送，如果有事或因為距離較遠，未能親自帶著禮物向對方祝福，你可以打電話向花店訂一束代表意義的花，附上卡片，請花店送到指定的地方，相信收到花的人，一定會為你的細心的祝福而感動的。如果你不是很了解每種花所代表的意義，可以詢問花店業者，就你送花的目的與意義，我相信專業的花店業者會給你一個很好的建議，千萬別搞不清楚而造成誤會。

㈠我們知道送禮有許多種原因，有生日、結婚、滿月、喬遷、升學、就業……等，原因很多。「弄璋」、「弄瓦」之喜，最好在滿月後再前往探望，因一般人有坐月子的習慣，嬰兒及在產褥期間的媽媽，抵抗力也較弱，所以在媽媽做完月子，恢復較正常的作息後，再登門探望是比較合宜的。而基本上，就算是在受訪者精神狀況不錯時，探望產婦的時間也不宜過長，以免影響媽媽哺乳的時間。

㈡選擇禮物時，除了要考慮上述的原則外，最重要的是要考量自己的經濟能力，不要「打腫臉充胖子」。如果超出自己能力負擔，就算是再好的禮物，對收到禮物的人都是一種負擔。平常就多一些觀察，以自己的能力，挑選一份最適合友人的禮物，讓送禮的人送的荷包輕鬆沒有負擔，收禮的人收的心情愉快沒有壓力。

㈢對於即將結為連理的新人，一般人通常是參加喜宴時，以禮金的方式表達對新人的祝賀，雖然方便不傷腦筋，但你的祝福似乎就跟所有來參加婚宴的人一樣，並不特別。如果和新人非常親密，可以直接詢問新人的需求，送一些實用且耐久的物品，像是品質較好的餐具組、家具、寢具、廚具等。如果價值較高，可

與新人和你共同熟識的朋友，商議一起出資送給新人，相信這對夫婦在多年後，每當看到你悉心為他們挑選的禮物時，都會感受到你的祝福。如果不是以禮金餽贈，挑選實用的物品，最好先詢問受禮者的需要，再做購買的動作。問收禮物的人需要什麼，感覺好像很失禮，但當你買了一件別人不需要，或是已經有了的東西送給人家，讓收禮的人不知該如何處理，造成他們的困擾，那才是失禮呢！

　　㈣生日雖然年年過，禮物的挑選，不必像挑選結婚禮物那樣大費周章，但仍然要讓受禮者清楚的感受到你的祝福，有時可以親手製作禮物，或親自烘焙一個生日蛋糕，雖然花費不高，但卻能讓壽星在收到禮物，或切下蛋糕的同時，更能感受到你不同於別人的用心呢！

　　㈤送禮物時，如果想要使禮物更為特別的話，可以在禮物上請人刻上受禮人的名字。但是要注意，在完成鐫刻的同時，千萬別忘記檢查一下鐫刻的內容，必須正確無誤，檢視完畢後，才能進行包裝。如果沒有檢查就直接將禮物送人，一旦發現文字有誤，那實在會令收禮人非常難堪，不但大大失禮，也把原有的良善美意都給抹煞了。

　　㈥一般送禮儘量不要送一些有諧音，或一般人忌諱的物品，比如送鐘（諧音送終）、送傘（表示大家拆夥「散了」）。如果是送花，也要了解每種花所代表的意義，千萬別亂送，以免造成彼此的誤會，那就划不來了。

　　㈦受禮的人，不論收到什麼樣的禮物，都應該欣然接受，並且要和送禮的人致謝，感謝別人對你的祝福。如果當面收到對方的禮物，除非送禮的人因為其他特殊原因要求暫時別拆封，一般在收到禮物徵得同意後，應該在送禮人的面前小心的打開禮物（有時禮物因材質較脆弱，動作過於粗魯會使禮物容易遭損壞），如果禮物是由他人轉送，收到禮物後，應該立即撥個電話，讓對方知道你已經收到他的禮物，或是寫張卡片給送禮人，表示你誠摯的謝意。

　　㈧送禮時要用誠摯的心意表達，常見有人逢年過節時，因為懶得去花心思買禮物，就將別人送來未拆的禮物，直接轉送給第三人，這樣是很不禮貌的行為，因為送你禮物的人，也許花了心思在禮物上，但如此轉送的行為，不但辜負了送

禮者的心意，對收到轉送禮物的第三人，也是很不尊重的。如果禮物中有送禮人附上的卡片，或禮物上有鐫刻著你的名字，想想收到轉送禮的第三人，心裡是什麼樣的滋味？

㈨如果送的禮物是食品類，購買時一定要注意食品所標示的製造日期、有效期限。不要糊裡糊塗，買了快過期的食品送人，當別人收到禮物時，以為你是將家中存貨出清，這時要解釋也很難解釋清楚了！食物禮品的餽贈，大多在年節時較受歡迎，所以應景的食物，在逢年過節時都是拜訪親友時不錯的伴手禮。

㈩收到的禮物如果是因為尺寸不合，或有破損的原因，可以在期限內（大約是一個禮拜的時間），去原來的店家要求換貨。但在做這個動作前，務必要先通知送你禮物的人，以取得送禮人的諒解，因有實際上的需要，並非不喜歡他所挑選的禮物。

四、寫信及回信的禮儀

中國人很早就使用書信來互通音訊和聯絡情感，在歷代的詩、詞及文章裡，都不乏有描寫書信魚雁往返的作品。杜甫〈飲馬長城窟行〉：「客從遠方來，遺我雙鯉魚，呼兒烹鯉魚，中有尺素書。」急急呼兒拆信的動作，展現了一種思故人的情懷，這可能是現代人不容易體會的心情。而書信歷來也有許多不同的稱呼：尺素、魚雁、雙鯉、雙魚、魚素、魚箋、玉音等，這些稱呼都非常雅致，可見古人對書信的造字遣詞是非常注重的。現代人因為電腦功能的輔助，及資訊化的普及，書信的往來早被鍵盤與手指給取代了，很少有人會再提筆寫信了，就算是書信的格式，仍然是以電腦打字代之，但收到信時，總是缺少了一份真誠，和收信時那種睹信思人的真實感。當然正式的請柬和邀請函，是不需要用手親自書寫，但與朋友、親戚如有書信上的往來，手寫的方式是最有誠意的方式。而書信有分中式與西式的兩種格式，書寫的方式與稱謂也都有其大致的格式。中式書信較需注意的是稱謂與自稱詞，所以在書寫時也必須注意稱呼是否正確。總之，看似八股的書信，多練多寫，不但能練字，還練習文筆，漸漸拾回日益退步的文字運用能力。近代知名的文學家羅家倫，雖然長相並不出色，卻因為他的文筆和一手好

字，而擄獲了當年北京大學校花的芳心，的確是當時文壇所津津樂道的。

(一) 中式書信

1. 中式書信中的稱謂

中式書信中，如果文中有提及到自己家人時，有一定的稱呼，而提及到他人的家中成員時，其稱呼與自己家人的稱呼是有些許不同的，尤其稱呼前的用詞必須要注意，比如稱自己的父母親為家父、家母，而稱他人的父母應為令伯父、令伯母。以下就是這是這些稱呼的舉例：

稱　　　　人	自　　　　稱	對他人稱	對他人自稱
祖　　　　父	孫	令　　　　祖	家祖父（母）
祖　　　　母	孫　　　　女	令　　　祖母	家大父（母）
伯（叔）　祖父	姪　　　　孫	令伯（叔）　祖父	家伯（叔）　　祖父
伯（叔）　祖母	姪　　　孫女	令伯（叔）　祖母	家伯（叔）　　祖母
父　　　　親	男　　（兒）	令尊　（令尊翁）	家父　　（家嚴）
母　　　　親	女　　（兒）	令堂　（令尊萱）	家母　　（家慈）
伯（叔）　父	姪	令伯（叔）	家伯（叔）　　父
伯（叔）　母	姪　　　　女	令伯（叔）　　母	家伯（叔）　　母
兄	弟	令　　　　兄	家　　　　兄
姊	妹	令　　　　姊	家　　　　姊
弟	兄	令　　　　弟	舍　　　　弟
妹	姊	令　　　　妹	舍　　　　妹

2. 書信中的提稱語

信文起始，對收信人依其對等關係的稱呼下，所承接的敬詞。如父親大人膝下，或是母親大人尊前：

對　　　　　　　　　象	語　　　　　　　　　　　　　　　　　　彙
對於祖父母或父母親	膝下。膝前。尊前。
對於長輩	尊前。尊右。鈞鑒。道鑒。賜鑒。
對於師長	尊前。尊鑒。道鑒。函丈。
對於同學	臺鑒。硯席。文席。
對於平輩	臺鑒。大鑒。雅鑒。閣下。足下。左右。
對於晚輩	如晤。如面。知悉。知之。收閱。收覽。
對於服務教育界者	道鑒。講席。著席。有道。
對於服務政界者	臺鑒。勛鑒。鈞鑒。閣下。左右。
對於服務軍界者	鈞鑒。麾下。

3. 結尾請安語

書信文完成後，寫信人向收信人依其關係，做結束的問安用語：

使用對象	語　　　　　　　　　　　　　　　　　　彙
用於對祖父母或父母	叩請○金安。恭請○福安。叩請○頤安。
用於對長輩時	恭請○崇安。敬請○鈞安。敬頌○崇祺。
用於對師長時	恭請○誨安。敬請○教安。祗請○道安。
用於對平輩時	敬啟○臺安。敬頌○大安。順頌○時祺。
用於對晚輩時	順問○近祺。順詢○近佳。即問○近好。
用於對教育學界時	敬請○道安。順頌○學安。順請○撰安。
用於對政界時	恭請○鈞安。敬請○勛安。敬叩○政安。
用於對軍界時	恭請○麾安。敬請○戎安。敬請○勳安。
用於對商界時	敬請○籌安。順候○財安。敬候○籌綏。

4. 結尾署名下的敬辭

書信結尾問安後，寫信人依其與收信人的關係，在最後名字或代詞下所接的敬辭。如：父字；兒××敬叩。

用途	語彙
祖父母或父母	敬叩。謹叩。叩稟。叩上。敬稟。拜稟。
長輩	謹啟。謹上。謹稟。謹上。拜上。叩上。肅上。敬肅。

用途	語彙
平輩	敬啟。謹啟。拜啟。手啟。謹上。鞠躬。
晚輩	手諭。手示。手字。手草。諭。示。字。草。
如有補述者	又啟。又啟者。再啟。再啟者。又陳。再陳。

5.中式書信的格式

(1)繕寫中式書信時，信封與信箋都應採中式格式書之，千萬不要一封中式信封，裡頭放的是印滿 HELLO KITTY 圖樣的信箋，或是趴趴熊的信封，裡頭的信箋卻是正式的十行信紙，那樣的感覺非常不倫不類。不過不論中式或是西式的信封信紙，都應該選擇顏色淡雅、大方，信封、信紙宜成套使用。卡通圖案的樣式儘量不要用在正式書信中，對長輩尤其不可。

(2)中式信封收信人的姓名，寫在信封長型格子的中間（信封的中路），收信人的住址書寫在信封長格的右側（信封的右路），寄信人的地址繕寫在信封長型格子的左側（信封的左路）。姓名、地址都必須繕寫清楚，字跡工整，中間姓名的字體，必須較大於兩側地址的書寫。（如圖）

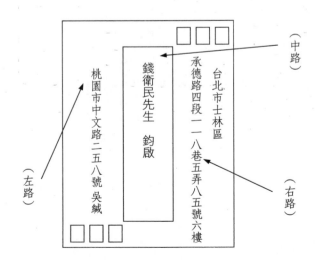

(3)信箋內容書寫的字體也必須工整，不宜潦草，不宜使用簡體字書寫，尤其

現在時下年輕人的電腦語言，更不宜出現在書信當中。較早時代的人會以毛筆書寫，但現代人用筆的機會已經很少了，更遑論要使用毛筆書寫了，所以用鋼筆、原子筆都是可以的，但不可以用鉛筆書寫。筆色以黑色、藍色為主，其他顏色不宜使用，尤其不可使用紅色的筆來書寫。

(4)信封中路收信人下方的用語，會因為對象的不同而有所變化，如 XXX 先生　大啟，或 XXX 小姐　惠啟，因為信件一般是封緘起來的，所以「啟」的意思是請對方開啟之意。啟字前面所加的敬語，依收信對象是否為長輩或晚輩；是長官或是部屬；是平輩或是朋友的不同，而表示恭敬的用語也不同。而信封左路上所寫的×緘，就是代表將書信封緘之人。

(5)如果遇到書寫對方名字的時候，該行只有一字的空格（除非對方的名字為單名），則必須要換行書寫以表示尊重。

(6)書信的起首寫的是收信人的稱謂，要從第一行的頂格書寫（所謂的頂格，就是在書寫時，必須貼著格子下方書寫，超出格子，或留太多空間書寫都是不適宜的）。

(7)書信中的「抬頭」是指書信中，寫到對方姓名及稱謂時必須換行書寫，是對收信人表示尊敬的一種方式，抬頭的形式有許多種，但一般有對長輩及平輩使用的平抬，和對晚輩使用的挪抬。所謂的平抬，是指信中稱呼對方之詞起始後，信文必須從下一行的開始書寫，這種方式是對收信人表示尊敬，所以用於長輩或平輩間的書信往來。而挪抬，就是在對方稱呼下，要書寫書信內容時，直接在稱謂的同一行接著行筆，這樣的方式適合用在長輩對晚輩之間。

【挪抬】　　　　　　　　　　　　　　　【平抬】

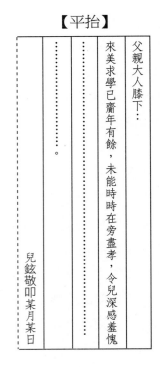

鉉兒知之：近日晨昏令人有些秋高氣爽的涼意，你獨自負笈他鄉……。

父示某月某日

父親大人膝下：

來美求學已齋年有餘，未能時時在旁盡孝，令兒深感羞愧……。

兒鉉敬叩某月某日

(8)書信中稱呼他人時，為表恭敬，應該在稱呼前加上適當的字，如稱人的父親、母親為「令尊」、「令堂」，稱人兄弟姊妹為「令兄」、「令姊」、「令弟」、「令妹」，稱人子女則為「令郎」、「令嬡」或「令千金」。

(9)信中如有對人自稱，或稱自己的父母、兄弟時，應該以謙遜的稱呼書之。如稱自己的父親、母親為「家嚴」、「家慈」或「家父」、「家母」，對自己的兄弟姊妹的稱呼該是「家兄」、「家姐」、「舍弟」、「舍妹」，對人稱呼自己的子女為「小兒」、「小女」。如有自稱之詞，為表恭敬，字體應向右偏書，字體也應略為縮小。

(10)中式信紙的書寫格式，是將十行紙直立，由上到下，從右至左繕寫，不要將中式信箋橫置，像西式書信的方式，由左到右來書寫，那樣就有點不中不西的感覺了。書寫時要注意每一行最好都能寫滿，除非是遇到抬頭（尤指平抬）必須

移置下一行起頭，一般是一行直書到底，看來整齊、美觀。如果正巧碰到書信中有許多抬頭者，都必須隔行書寫，就會形成有許多行寫不滿（一般稱作弔腳），使整篇形式看來空洞，不甚美觀，所以在下筆前宜作構思、安排，書信寫來才會整齊、飽滿。

6. 中式書信繕寫時應注意的禮貌及事項

(1)寫信時，收信人的姓名、地址絕對不可書寫錯誤，字體工整、不潦草，亦不書簡字。信件內容主題明確、段落分明、言簡意賅，使人看起信來，不會因字跡凌亂，而誤解信中的意思；也不會因書信內容天馬行空、毫無重點，讓人讀完信後，遍思而不得其意。

(2)信中通篇內容除了要通順易解外，筆墨的顏色務必順暢，不要用墨色怪異的顏色書寫，使用的筆不該斷水或漏水。以免繕寫未畢，就必須換成其他的筆來書寫，會讓信文的顏色不一，也會髒污信紙，讓整張信文看來不夠美觀與協調。

(3)信文的書寫雖不要求用字優美、引經據典，但最忌寫錯字或濫用成語，因為用錯同音不同義的字，有時結果是很不一樣的。像是「相敬如賓」、「相敬如冰」、「相敬如兵」，發音類似，但其義大不相同。所以在繕寫書信完畢封緘以前，務必再檢查有無錯別用字及錯誤用語，以免因此造成不必要的誤會。

(4)中式信封宜用長方形紅格，信箋宜用八行或十行者。但如果是弔喪的信件，信封改以素色的信封為宜，或是用黑筆將信封紅色的長型格塗成黑色。而信箋如用於弔喪，紅色八行或十行信紙就不可使用，應改以素色信箋為宜。信封、信紙最好能成套，就算不是成套的信封與信箋，也不可以隨手撕一張紙，就當作信箋來用，那樣是不夠誠懇的。

(5)信紙的摺疊方式不宜太過複雜，常有人將信箋以摺紙的方式為之，這樣是不適當的。信箋應先直式左右對折信文朝外，寬度約莫信封的寬度，再上下對折即可，簡單、大方且適宜，不應有太多的花樣或太過花俏，讓拆信的人還沒看到內容，就不小心將信紙給拆破也是有可能的。信箋最忌諱反摺（指信文朝內摺疊），因為反摺代表與人絕交或是報凶之意，所以千萬要注意，以免失禮及造成誤會。

7. 明信片之書寫方式

(1)明信片因為不像一般信件有緘封，所以在書寫明信片時，書寫內容應該簡短，不宜長篇大論，更不適合談論過於私人的事務。

(2)明信片正面的格式與一般信封的格式一樣，分中路、右路、左路，中路書寫受信人的姓名，右路書寫受信人的地址及郵遞區號，左路則是寄件人地址的繕寫。

(3)明信片中路收信人的下方用語，可以書 XXX 先生收，因為明信片和一般信件不一樣。一般信件是封緘的方式，而收件人在收到一般信件時，會有開啟封緘的動作，所以收件人姓名下，加書一個「啟」字。但是明信片是一個沒有封緘的郵件，當收信人收到明信片時，因為沒有開啟的動作，所以只要在收信人名字的下方，加書一個「收」字即可。

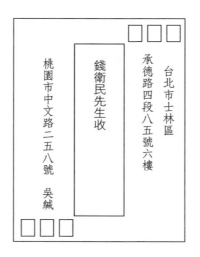

8. 請人轉送的信件的繕寫方式

(1)一般信件大多是經郵寄的方式送到收信者的手中，但是還有一種託他人轉交的方式，而此時信封中路、右路、左路繕寫的方式，就與一般郵寄信封的格式不大相同了。

(2)請託的信件，中路必須將受信人及受託人同書其上，收信人仍照一般封緘信封書寫的格式繕寫，但受託人必須書於收信人的右方貼線格部分書寫，字體大小應略小於收信人的字體。收信人下方敬語格式與封箋格式相同，因為是請受託人當面轉交，所以中路受託人下方則書以「面交」或「面呈」。因託人轉送，信封右路不必書寫收信人地址，而是寫上對受託人深感打擾之詞，如「敬煩」等辭。左路也不必寫上寄信人的地址，而是寫上寄件人，相對於受託人的稱謂與名字，名字下方加上「請託」、「敬託」懇請之辭，如妹 XX 敬託。

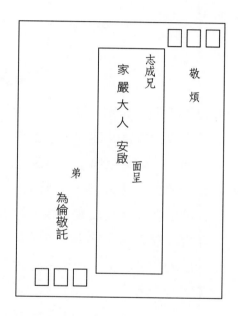

9.中式請柬的種類與書寫的方式：

大多數人都有收到柬帖的的經驗，中國使用柬帖的歷史已經很久遠了。柬字與竹簡的「簡」通，古代沒有發明紙張以前，繕寫文字時多書於竹簡上，而今日以柬字稱。帖字的解釋在《說文解字》裡為：「帖帛書署也。書署也……帛為之則謂之帖。」意思是在織物上書寫文字。與一般書信比較不同的是，古代書信多用於抒情發意，柬帖大多用於交際酬酢，內容也較為簡短。時至今日，柬帖的書

寫方式已有一定的格式與用詞，中式柬帖的種類，依照現在一般人所通用的，大約分為幾種：

(1)慶賀柬帖：

是一種慶賀用的柬帖。慶賀柬帖又因不同性質，如彌月、賀壽、喬遷、開張等，而有分為彌月柬帖、賀壽柬帖、喬遷柬帖和開張柬帖。

(2)彌月柬帖：

適用於家中有滿月之新生兒，為慶祝寶寶彌月而發出的柬帖。柬帖除了有一定的格式外，請柬的內容必須有：

＊設席與入席的時間。

＊設席地點。

＊小寶寶的名字。

＊設宴人的姓名，一般都是新生兒的父、母親。

最主要的是，必須在柬帖上載明寶寶的性別，如小兒、小女、弄璋（生男之謂，《詩經‧小雅》：「乃生男子，載弄之璋」，其意是希望所生之男娃兒長大之後能富且貴）與弄瓦（生女之謂，《詩經‧小雅》：「乃生女子，載弄之瓦」，瓦是指紡織的器具，也就是希望此女長大之後，能擅於紡織之事）。也許這樣充滿男性本位的解釋，在現今講究男女平權的時代早已不合潮流，但弄璋與弄瓦，事實上已成為一約定俗成的代名詞了。在柬帖上性別的提醒是少不了的，如此也方便受邀者做為選購禮物的參考。

国曆九月三十日
農曆八月初九 （星期二） 為小兒鉉祚彌月之期竭治湯餅 恭請

光臨

恕邀
地點：自 宅
時間：中午十二時

蘇立人
曾倩妮 謹 訂

(3)賀壽柬帖：

賀壽柬帖為慶賀生日所用的柬帖，而通常會發帖邀請，大約都是在六十歲以上。一般是由壽星的子女或親朋好友具名發出，也有登報啟事者，這樣的方式大多是由壽星的親友具名刊登，以啟事刊登賀壽柬帖，主角應該都是社會地位崇高者。柬帖內容因具名者的身分與壽星的關係不同，也有些許的變化。

A、具名者是壽星的子女，柬帖的內容有：

＊壽誕的日期。

＊對父親或母親的稱呼。

【如果是男壽，則可以家嚴稱之，如果是女壽，則以家慈或是吳母王太夫人（具名者本姓吳，其母姓王）稱之。】

＊壽星○○歲之誕辰。

＊具名者的姓名。

＊壽宴設席的地點或名稱。

＊壽宴入席時間。

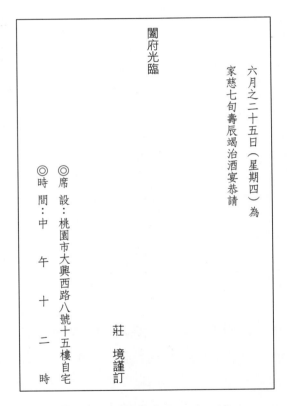

六月之二十五日（星期四）為

家慈七旬壽辰竭治酒宴恭請

闔府光臨

◎席　設：桃園市大興西路八號十五樓自宅

◎時　間：中　午　十　二　時

莊　境謹訂

B、如果具名者為壽星的親朋好友，柬帖的內容如下：

＊誕辰的日期。

＊壽星的姓名與○○歲之誕辰。

＊設宴地點與時間。

＊發起人的姓名。

八月三十一日（星期四）為
王　塵先生七十華誕謹訂於是日下午四時假中和市中正四街
懷恩堂簽名祝賀並備桃麵　恭候

光
臨

恕
邀　發起人　王蘭生　陳為新
　　　　　林聰明　張文宏
　　　　　　　　　　　謹訂

(4)喬遷柬帖：

　　喬遷柬帖的目的是為了通知親朋好友，因搬遷現址為使便於繼續聯絡，通常是為舉辦喬遷宴客而發，有分居家住宅遷移和公司行號遷移兩種柬帖。

　　A、如果是為居家遷移而發的遷移柬帖，其載述的內容如下：

　　＊已搬遷後的新址。

　　＊設宴日期、時間及地址。如果設宴處為自宅，僅書寫搬遷後新址籍地址即可，如果另於他處設宴，必須再加註宴客地點、名稱及地點。

　　＊設宴人的姓名。

　　B、公司行號遷移所發之柬帖，為的是要通知客戶或顧客，因為屬廣告宣傳之性質，較無特定的對象，一般多採報紙刊登的方式。如有遷移酒會的舉辦，就會有機會使用到遷移柬帖。其內容應如下：

＊公司行號遷移後的新址。

＊設宴的日期與時間。為使往來客戶和顧客較快熟悉營業的新地點，一般公司行號的喬遷酒會，多設於新營業處所中。

＊公司行號名稱與設宴人的職稱與姓名。一般多為公司行號之負責人，或是業務的執行人。

本公司經於七月十日遷至桃園市中平路二十五號新址謹訂於八月二日（星期二）下午六時三十分舉行慶祝酒會 敬請

光 臨 指 教

恕 邀

董事長 張文宏 謹訂

敝寓已遷至桃園市中平路二十五號八樓，謹擇於八月二日（星期二）下午六時三十分竭治菲酌 恭候

光 臨

陳為新
張文宏 謹訂

(5)開張柬帖：

一般是公司行號為招攬客戶，或是向消費大眾宣傳而發出的柬帖，多於報上刊登。柬帖所載內容如下：

＊公司行號開張日期。

＊設宴人公司行號的名稱、職稱及姓名。

＊為慶祝開幕所舉辦酒會或茶會的日期、時間、地點與聯絡電話。

本公司業籌備就緒謹訂於七月十日正式開張敬備茶點　恭候

光

臨

指

教

金華出版社　社長　姜玲玲　謹訂

時間：上午十時
地址：桃園市中平路二十五號八樓
電話：三五一二三四五

(6)結婚柬帖：

指男女娶嫁使用的柬帖。國人有婚、嫁之別，有男、女雙方合辦的結婚喜宴、也有由男、女兩方分別宴客者（就女方而言，也就是一般稱作回門，或是歸寧），所以柬帖的內容，也會因為方式的不同，而有些許的相異。

A、由男、女雙方一起宴請親友，柬帖的內容必須有：

＊婚禮舉行的日期。

＊結婚男、女雙方的姓名。

＊男、女雙方家長的姓名。

＊設宴的名稱及地點。

＊婚宴入席的時間。

以上是一般結婚柬帖必須載明的內容，當介紹人或證婚人是屬德高望重之士，柬帖上有時也會註明。

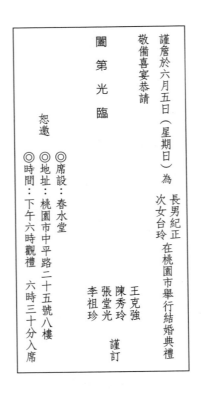

謹詹於六月五日（星期日）為

長男紀正
次女台玲 在桃園市舉行結婚典禮

敬備喜宴恭請

闔 第 光 臨

王克強
陳秀玲
張堂光　謹訂
李祖珍

恕邀

◎席設：春水堂
◎地址：桃園市中平路二十五號八樓
◎時間：下午六時觀禮　六時三十分入席

B、男、女雙方分開宴請賓客。在這個忙碌的時代，通常男、女雙方會分開宴請賓客，理由不外乎雙方家長居住的處所過於遙遠。比如一方落籍臺北，而另一方卻久居高雄，雙方的親友參加婚宴，如將就一方，必造成另一方的不便。另外一種情況是因為宗教信仰的不同，因為宗教的不同，也許所要求的結婚儀式也有所不同。對於不同宗教信仰的雙方，分別宴客，會是雙方都能接受的方式：

（A）如果柬帖是由男方家長具名邀請，請柬上該註明的事項如下：

＊婚禮舉行的日期。

＊結婚男方的名字。

＊女方及其家長，一般多為女方的父親的姓名。

＊男方家長姓名。

＊設席的名稱或地點。

＊入席的時間。

謹定於國曆五月五日（星期日）為長男齊家與曾光權先
生之女公子曾小玲小姐舉行婚禮敬備喜宴　恭請

闔第光臨

王克強
陳秀玲　謹訂

恕邀

席設：春水堂
地址：桃園市中平路二十五號八樓
時間：中午十二時觀禮十二時三分入席

（B）柬帖如果由設回門或歸寧宴的女方家長具名，柬帖註明的內容如下：

＊婚禮結婚的日期。

＊結婚女方的名字。

＊男方與其家長的姓名。

＊女方父、母親的姓名。

＊設宴的地點與名稱。

＊設宴日期與入席時間。

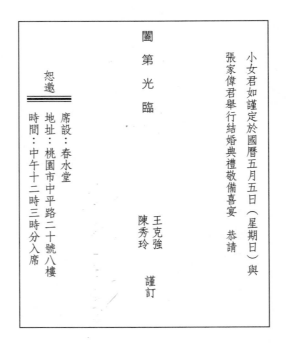

（7）喪葬柬帖：

家中有喪，喪家為通知親友的柬帖，也就是我們熟悉的訃聞。有時喪家不以寄發的方式通知，而是用登報的方式告知。如果亡者是社會賢達者，通常兩種方式同時採用。而一般喪葬柬帖的內容大致如下：

＊亡者的姓名與字號。

＊亡者之卒年、月、日、時。

＊亡者生年、月、日。

＊亡者享年或享壽○○歲。

＊開弔的時間與地點。

＊安葬地點。

＊主喪者具名。如亡者為社會賢達者，一般主喪者會是治喪委員會，如屬一般身分，主喪者多為亡者的家屬及其親友。

＊治喪委員會或喪宅的聯絡地址與電話，則視需要登載。

除了以上略述柬帖的形式外，還有一些以社交目的發出的柬帖，和隨禮物附上的送禮帖，及收到對方來禮的謝帖等不一而足。因現今使用正式書牘往來者，已經不似以往普遍，除上述較為普遍使用的柬帖外，其他形式柬帖於此不再贅述。

顯祖考張公諱曲昭字觀峰太府君慟於中華民國九十年一月五日下午八時壽終正寢距生於民國九年二月三日享壽八十有一歲不孝晨希隨侍在側親視含斂遵禮成服謹擇於一月十二日（星期五）上午八時設奠家祭十時三十分大斂隨即發引安葬於觀音福安墓園　乔屬

聞

世鄉
寅友　誼哀此
學戚

聞

恕訃未周
鼎惠懇辭

哀孤子　晨希　晨興
哀孤女　君瑋
孝媳　陳嬋玲
孝孫　中強　中邦
孝孫女　蔓娟
族繁不及備載
喪居：桃園市中平路八十號五樓
電話：（○三）三二○○○○○○

(二)西式書信的種類

依目的不同，也有不同的種類，如與朋友之間魚雁往返的個人信件、生意往來的商業書信、舉辦宴會或會議的邀請函、安慰痛失親友的弔唁信、表示感激與謝意的感謝函、替人保薦推舉的推薦信、因己之失而使人不快而為表歉意的道歉函、感受不平及憤怒的抱怨信等，而不同的節日也有不同性質的卡片。

1. 西式信箋的繕寫方式

西式的信箋有一種像卡片對摺式的信箋，私人信件的使用頗為普遍，對摺後

共有四頁。信的內容如果比較短的話，書寫第一頁及第三頁，這樣讀信的人只要做一個翻頁的動作，便能繼續閱讀下一頁。因為第一頁與第三頁的視線位置相同，所以打開第三頁之後，視線不必向上移動（如果書於第二頁），便能輕易抓取到信件的內容。雖然沒有制式規定，短箋一定要寫於一、三頁，但這樣體貼的用意，相信任何人都樂於採用這樣的方式來做繕寫的。

信箋內容如果較長，可以使用第一、第二、第三、甚至背面的第四頁。如果是卡片式信箋，以直立橫式書寫的方式處理，第一頁到第四頁最好都以同樣格式書寫，便於收信者閱讀。以橫置橫式書寫的方式，第二頁和第三頁的書寫是連貫下去的，讓收信人能從上至下一氣呵成，第四頁的書寫方式，則必從摺線處的另一端開始書寫。也就是當收信人讀完第三頁後，只要按順序的將第四頁翻起的一個動作，無須將卡片顛倒或翻轉，就能讀到第四頁的內容。

信件內容結束會有寄件人的署名，會寫在信件內容結束後的右下方，隔一行的距離加註寫信的日期。日期的書寫格式，其順序是月、日、年，日、年是以阿拉伯數字表示，月份的書寫方法通常以英文字母表示。比如二○○四年一月十五日，可寫成 January.15.2004.，或是 JAN.15.2004。還有一種以星期來代替，其格式的順序是星期、月、日。比如星期四、一月十五日，就是用 Thursday.January.15，但這樣的方式適合用在私人信件當中，因為一般商業書信或正式的信件，有按日期歸檔保存的需要，所以用第一種方式月、日、年表示比較適合。

信封與信箋不要用太鮮豔的顏色，宜使用淡雅素面的顏色，如白色、淡藍色、淡灰色等。信封大小格式以長、寬各為三又二分之一英寸、五英寸的尺寸為佳。信箋通常是對摺後，對摺線的部分向下放入信封的底部，以開口向上朝封口放置，然後再將信封封口後寄出。

在西式書信中，男性與女性書寫時，使用的信箋是有一些區分的。比如男性使用的信箋顏色以白色為主，信箋的長、寬為十英寸及七英寸。女性書寫書信時所使用的信箋，在正式書信往來時，顏色以白色、米色、灰色、淡藍或淡綠色為佳，私人書信往來時則沒有太多的限制，只要是不太誇張的顏色即可。而信箋的

尺寸則較小於男性所使用者，長、寬約為六又二分之一英寸、五又二分之一英寸。

女性在書寫正式信函時，署名應該冠以先生的姓，如果原來的姓名是 Helen Brown，先生的姓名是 Michael Carson 那在書信最後的署名簽上 Mrs. Michael Carson 比簽上 Mrs. Helen Carson 要來的適當。但用在私人的信件中，妳的署名可以是 Mrs. Helen Carson，也可以是 Mrs. Michael Carson。如果是已婚職場女性，在使用商業文書時，Helen Author 的署名也較 Mrs. Michael Author 為適當。

西式書信的稱謂，不像中式的書信有比較嚴格的對等稱呼，比如收信人與寄信人若是老師與學生的關係，在信箋起首稱人的部分應寫 XX 吾師，而結束後的自稱應為學生 XXX 謹上，收信人與寄信人的關係與階級稱呼，在起首及結尾就能一目了然。但西式書信中，收信人與寄信人的關係與稱謂，除了是父母、子女外，並沒有明顯的對等稱呼。一般的書寫方式為 Dear Mrs. Brown，這樣的稱呼用在比較正式的書信；Dear Mary，直接稱呼其名的方式，適用在比較私人，或是收信人與寄信人之間關係較親密的書信中使用。什麼樣的情況書寫什麼樣的信件，是不可馬虎隨便的。

2. 西式書信的格式

西式信封與中式信封不同，西式信封以橫式書寫，收件人的地址書寫在信封中間的部分，而寄件人的姓名和地址，通常會印在專用信箋的右上方，如果沒有這樣的信箋，則書寫在信封的左上角。收信人的姓名地址則書寫在信封中間的位置，一般講究的人，會設計一些代表自己的縮寫字母、圖案或圖騰，以銅印或類似浮雕等精美的印刷方式，印在信封的左上角。這時寄件人的地址，就會被印製在信封背面的封口蓋上。

書寫收件人姓名、地址的方式，必須稱呼先於姓名置於第一行，門牌號碼與街道名在次，城市名、州名及五碼的郵遞區號置於最後一行。如：

```
Jay Su
250 Dar-Shing W Rd.
Taipei City Taiwan
R.O.C.
                    Mr. John Cox
                    2100 Carson Street
                    Orange County
                    C.A.23456-1234
                    U.S.A
```

　　書寫地址時，字體必須非常清晰、工整，讓人一看就懂，如果自覺寫得不夠好看或清楚，那這樣就用打字的方式處理，以免郵差無法辨別你的字，有誤投或退回的可能。收件人姓名、地址如果以打字方式處理，那右上角寄件人的地址，務必也以同樣打字的方式為之，這樣看起來是比較有整體感且美觀的。西式書信依繕寫方式，有手寫和打字兩種，需要以手寫方式的信函大約有四種：

　　(1)正式的邀請函。

　　(2)正式的回函。

　　(3)感謝信函。

　　(4)弔唁信函。

　　以手寫的方式以表慎重，除非是無法以手寫方式繕寫，基本上這幾種信函是要用手寫的方式為之。

　　3.西式書信及卡片的種類

　　西式書信有因性質及功能的不同，也有許多不同種類的信函。學習適當的使用各種不同的信函，對個人的人際關係經營是有很大的助益的，以下是各種信函的種類、用途，及使用時之應注意事項。例如：

　　(1)推薦函：

　　推薦函大約適用在替人舉薦某個職務及頭銜，或是申請一般學校時，為申請人向申請的學校保舉，何以該生之特質正適合就讀該校原因之推薦信函。所以基

本上，推薦信函大都是以讚美的敘述，對被推薦人做正面的描述，而讓接受推薦的單位或個人，依據推薦函的內容，做出最後的決定。所以在接受替人撰寫推薦函前，一定要謹慎評估，對於被推薦人的了解是否足以勝任此項任務，如果答案是否定的，是可以委婉拒絕的，千萬別因為人情的壓力，而隨意寫下推薦函，因為那樣的推薦函，往往與實際是有差距的，是缺乏了發自內心的誠意，不宜為之。如果對於被推薦者十分了解，在寫推薦函時，應就對方的優點及特質加以著墨，但基本上所述之內容應為事實，不能為了要讓推薦人有更優勢的競爭條件，而敘述一些不實的內容，如此不但無法使被推薦人達到加分的作用，還有可能賠上自己的信譽喔！

(2)邀請函：

邀請函一般多使用在舉行各種宴會，欲邀請親朋好友參加的信函。除此之外，還有以特定主題舉辦的，商業產品發表會或慈善的募款活動等。前者由個人所舉辦的正式宴會會，因為邀請的人士多半是舉辦人的至親好友，或是在主人心目中占有重要地位的人，所以類似這樣的邀請函應該以手寫的方式為之，以表示對受邀者的重視與尊敬。而如果由機關單位舉辦的宴會或活動，因為主辦者非個人，且一般發出的邀請函是較大量的，所以邀請函是可以採用印刷的方式。而西式的邀請函在出席該場合時，務必記得隨身攜帶，因為通常參加西式正式宴會，是要確認有無邀請函的，如果沒有邀請函式是會被阻擋在外，不得其門而入的。如果因為沒有帶著邀請函，而與確認的人員發生不快，或是因此勞動主人前來解決，是很失禮的。

(3)賀函：

賀函使用的範圍很廣泛，如賀人金榜題名、就職升遷、結婚生子、新居落成、選舉順利當選等。中國人的習慣大多是贈以匾額的方式，而喜將匾額掛於家中明顯處，藉以彰顯自己的成就。但西式的祝賀信函多以書信的方式，來表達對收信人的祝賀，為表示寫信者誠摯的祝賀，及對收到賀函人的尊重，一般的賀函應以手寫為佳。

(4)弔慰信函：

弔慰函是一種在人遭受失親之痛時，向對方表達哀傷，同時安慰對方的一種信函。國人一般不大習慣使用書信來表達同感哀傷之意，大多直接前往喪家致意，這原也是一番好意，但通常在那個當時，亡者的家屬是悲傷的，如果去到喪家而幫不上什麼忙的話，還不如一封誠摯的弔慰函來得妥當。因為如果幫不上忙，你的前往只會讓家屬花更多的氣力來招呼你，對此時哀傷家屬是沒有幫助的。待家屬經過一段心情的修復後，再前往探望是比較合適的。

(5)抱怨信函：

一般所熟知的抱怨函，大多出現在提供服務的服務業裡，抱怨者是因為不滿提供服務者的態度，或針對其他未臻滿意之處，向投訴單位所發出的抱怨信函。抱怨信函在書寫時，必須就所發生的事實來書寫，且為表慎重及負責任的態度，繕寫抱怨信函時必須要具名，清楚的記載事情發生的時間、地點。如果是服務人員與你之間發生的不快，也必須將其姓名或確切的特徵書寫清楚，不然接受投訴的單位是不容易處理的。而如果投訴單位，因你錯誤或不明確的訊息，而處罰了無辜的人，那樣就不好了。書寫抱怨信函記得用字須中肯，造字遣詞不應過於情緒化，以免流於人身攻擊，或成為不道德、挾怨報復的工具。完成之後，不要急著封口寄出，再好好的從頭至尾的詳讀一遍，也許經過一段時間冷靜，可能發現字裡行間盡是情緒化或謾罵的字眼，一個有風度、有修養的人是不太會做這樣的事。藉著重新閱讀一遍的機會，修改沒有意義的情緒發洩字眼，多著墨於對該公司或單位及個人的建議事項，那才是書寫抱怨函比較正面的方法。

(6)道歉函：

道歉信函一般是因個人的行為疏失，而造成他人的不快時，向對方表示歉意所書寫的信函。常有人因一時的情緒，而與對方產生口角，有時一句不適當的言語，是會傷人許久的。有一句話說得好：「好話一句，三冬暖；惡語一言，六月寒。」在與人發生不愉快後，應該有風度的立即認錯道歉，事後就應該立即提筆寫信道歉，而道歉信函也必須在最短時間內，送到對方的手中。對方也許因長時

間的不快，如果信件過了許久才送達至對方的手中，就算你的信文表達了再大的歡意，對方也會因為曠時日久，而感受不到你的誠意呢！還有一種公開的道歉信函，像是公司或單位，因決策疏失而對普羅大眾造成了傷害，除了做該有的賠償外，應立即在平面媒體或其他公告區，張貼公開向大眾致歉信函屬之。當然道歉信函並不是寫了一定會有效果，但一封誠心為自己的疏失致歉的信函，收到信函的對方，就算未必完全原諒你，也一定好過什麼都不願彌補的狀況的！對於一些公眾人物，面對錯誤而無絲毫歉意，還厚顏無恥自圓其說，對下一代做出極差的示範，這樣的行為我們不認同，勇於向人承認錯誤並致歉是一種美德。

(7)感謝函：

感謝函的用途也非常廣泛，在受到別幫忙或招待後，感於對方的好意，書寫對其善意深感謝意的一種信函。有包括接受邀請參加宴會後，對主人費心的計畫和親切的招待，倍感謝意的感謝函；有請人書寫推薦函後（不論推薦的事務成功與否），對推薦人撥冗為你撰寫的辛勞，表達謝意的感謝函；也有接受主人邀請，在主人家中留宿過夜，於返家後對住宿期間的叨擾，和主人的熱情招待表示感激的感謝信。還有在收到禮物後，向贈禮之人為你悉心選擇禮物的誠心，表示你謝意的感謝函；更有接到來自友人真摯的弔慰信函後，發自內心感激的道謝函。撰寫感謝函雖然不必長篇大論，但必須用心書寫，讓收到信的人能真正的感受到你的誠意。

除上述的幾種信函方式，這裡還有一種大部分的人都會使用到的求職用信函，一般稱為履歷表（Resume）。中式的求職履歷，一般如果沒有特殊的要求，均採用標準格式書寫。但是如果是外商公司或是國外求職，履歷書寫的好壞，也關係著你被錄取的機率。一般履歷的內容應包括：

(1)應徵者的姓名。

(2)教育背景，也就是應徵者的學歷。如果應徵的是與所學的工作相關，可以在此強調。

(3)應徵該項工作之相關經驗。如果之前的工作是與應徵該項工作相關的工

作，這一部分可稍加著墨。

(4)應徵者的聯絡地址、電話，如果有傳真機或是E-mail信箱，也別忘了把號碼和信箱地址都書於其上，盡可能的不要漏失掉任何一個可以面試的機會。

一封好的履歷信函，是很容易引起別人的注意的，進而讓對方給你面試的機會，有面試的機會，就有被錄取的可能。但是書寫履歷信函時，也必須注意某些不應出現的行為：

(1)將你的學歷背景清楚載明，如果是與應徵工作有關的科系，可於此詳加介紹。但是千萬別因為要取得這份工作，而有捏造不實學歷的行為發生，說謊可能讓你暫時獲得一份工作，但是說謊也會讓你永遠失去別人對你的信任。

(2)對於自己的所長，不要害怕或吝嗇表達，讓雇主了解你的優點，也可以增加你被錄取的機會。當然也不要為了增加自己的競爭能力，而在履歷表上誇大你的工作能力，因為到最後都有可能被對方發現，而讓自己也失去工作機會。

(3)在以往的工作經驗中，如果有特別的成就或是表現，也可以在履歷當中略做說明，讓雇主在見到你以前，就對你有加分的印象，也有較高的機會能得到該項工作機會。

(4)應徵任何一個工作，你的應徵函都應該書寫工整，如果字跡潦草，會讓收到應徵函的人，看不懂或誤解其中的意思，也許就被擱置一旁，因此而失去面試的機會。如果自認字跡不夠工整，也可以用打字的方式書寫，這也是一種方式。

(5)用來書寫應徵函的紙張，並沒有嚴格的限制使用哪一種格式的用紙，但是最好是使用簡單大方的書信用紙，不要自以為新潮，使用一些標新立異形式，或顏色太過鮮豔的信紙。

(6)如果不知道如何書寫一封合適且得體的應徵函，可以詢問有類似經驗，或是至坊間查詢一些相關的工具書，不要在沒有腹稿或準備的情況下，天馬行空的胡寫一通，除了不會有機會得到工作外，拙劣的文筆說不一定還會被人私下訕笑呢！

(7)記得履歷要寄出以前，先確實檢查內文是否有錯別字，整篇信函看來應整

齊、乾淨，沒有太多修改的痕跡。最後要檢查應徵公司所要求應附的文件（如畢業證書、身分證影本等文件），檢視完畢後，再整齊的摺好封寄。要知道好的開始是成功的一半，我想任何一個正派經營的公司，看到你用心的準備，不給你面試的機會都很難，不是嗎！

(三)如何寫回信

信件有來就有往，收到任何人的來信，都應該要依據收到信件的內容，在短時間內給來信的對方覆函。如果是朋友或家人互道近況的信函，可以是天南地北的說，可以是紙短情長，或是書不盡懷，但不要是一些過於瑣碎的生活雜事；可以是言簡意賅，但不要是毫無意義的事。中式書信注重正確的稱謂，所以如果階級或輩分不同，信中的用語也應謹守分際。但西式書信往來的雙方，如果是朋友關係但有輩分的差異，信中的稱謂卻不必像中式書信一樣嚴謹。因為中、英文的文法不同，所以在書寫英文書信時，一定要注意文法使用正確與否，以免因不了解誤用而產生誤會。

五、參加會議的禮儀

在職場工作的人，幾乎都有參加會議的經驗，小型會議大約是部門內部的工作檢討、工作進度報告，或是工作心得與意見之交換。大型會議通常是跨部門、公司，甚或是跨國的大型國際會議。但不管會議的大小，或討論的主題為何，參加會議都有其必須遵守的原則與禮儀。因為有時參加會議，代表的並不只是個人，有可能代表公司，甚至可能代表國家出席會議，而你的行為表現，也就影響了別人對你所代表的公司、國家的看法，也可能因此得到生意往來的機會。當然參加會議的禮儀，並不是別人決定合作對象的最重要因素，但它也是別人認識你，及你所代表的公司、國家的第一印象，所以了解參加會議的禮儀，是每個與會的分子事前都該做的功課。

所有開會的場合，不論會議大小，或討論的議題為何，都應是嚴肅的。在事前就應該對會議討論的主題及內容做通盤的了解，以便做好事前的準備工作。如果有必須讓別人了解的資料，事前就該先影印好，以供所有與會人員參考。但所

有資料完成影印前，務必先做一個資料檢查的動作，以免資料送到別人手中發生了錯誤，是很不謹慎的行為。當如果錯誤發生在數字上時，有可能因此造成自己或對方的損失，那可能就不是道歉可以彌補得了的。

　　參加任何會議，守時是第一要務，不守時的人，對於講求效率的現代社會，是會漸漸被淘汰的。但如果真的不小心遲到，也不要一副急急忙忙、慌慌張張的進入會場，那時你造成的聲響，不但會打斷會議的進行，也剛好讓人停下來注視你，因趕時間的狼狽樣，會讓你在其他與會者的心中，還未看到你的表現就先打了一個折扣。此時應先在門外停下腳步，整理一下自己的儀容，再詢問會議的服務人員可否此時進入會場。如果可以，進入會場後以不影響他人為原則，找一個最近的位子坐下，待中間休息時，再行換至正確且適當的位子。

　　參加會議時的服裝，以上班時的標準穿著為宜，男士穿西裝打領帶，女士著合宜的套裝出席會議，是比較適當的穿著。但如果有些會議是與度假或休閒做結合時，那穿著就按照主辦單位的要求穿著即可。

　　若是在開會預定時間以前到達會場，如果還未入場，可以先和其他已經到場的與會人員做自我介紹，彼此認識後，可以就會議的主題或內容，向其他人請益或討論。在就座前，也必須向坐在你附近的人行握手禮，或點頭致意。

　　會議中如果有需要錄音或攝影的時候，一定要先詢問主辦單位，經過允許後才能進行。如果需要架設攝影器材，一定要在會議進行前就架設完成，避免延宕會議開始的時間。架設完成後必須先做幾次測試，確定設備器材功能穩定，以免因為器材中途故障而必須臨時修檢，影響了會議的進行。

　　參加會議時，該準備的東西是一樣都不要少。如：

(一)筆、紙、資料夾

　　未帶筆、紙就參加會議，實在是非常不妥當。因為會議中，也許有必須紀錄的重點或資訊，此時沒筆、沒紙，勢必要打擾鄰座的人，借枝筆或借張紙什麼的，這除了影響別人，也讓人對你的專業及態度不以為然。

(二)計算機

使用在商業會議，對於成本、費用、利潤，或是匯率的計算，都是很方便且必要的工具。也許你可以手算方式為之，但對於較大及較複雜的數字，手算方式所花費的時間及錯誤率，也許多過於電子計算機。所以開會時帶著一個小型的計算機，對你而言會是一個好幫手。

(三)行事曆

如果會議中有討論未來時間或日期的計畫，帶著行事曆就可以立刻附註其上，以便於提醒自己不要忘記。或是避免與人訂定一個日期或時間，是自己已與別人約定的時間，事後發現再提出更改，是一件不禮貌的行為。所以帶著個人的行事曆，可以幫助你做好時間規劃與安排。

(四)手提電腦

與會如有攜帶個人電腦的需要時，在這之前必須將電腦充電完全，如果會議時間較長，建議多帶一個已充電完成的備用電池。如果需要使用到電腦 power point 的功能，必須在會議前就要先熟悉操作的功能，避免因為不熟悉，而浪費不少大家等待的時間。而 power point 的解說及順序安排，也要和交到其他與會者手中資料的順序是一致的，才不至於因手中資料與電腦秀出的順序不一，造成與會者資料翻閱的混亂與不便。電腦的資料盡可能準備兩份以上的備份，如果第一份資料有問題時，此時備份的資料就能幫你解決這樣的問題了。

會議進行中，如果臺上正有人發言或報告時，要仔細聆聽，給予他人該有的尊重，不宜與鄰座交頭接耳、竊竊私語，或是私下傳小紙條。也不可以因為對內容不感興趣，而露出不耐或厭煩的表情，甚至坐姿歪斜，全身靠躺在椅背上的姿勢，都是一種不禮貌的行為。更有些人的習慣是不斷的轉動手上的筆，或是用筆不斷的敲擊桌面。這也許都是一些習慣且不自知的行為，但是你手中的筆所製造的聲響，絕對會影響你周遭，或是正在發言的人。

通常會議進行時，會有舉手提問或輪流發言的時間，在主席或主席臺上發言的人，還沒有停下來等待提問時，不要隨便舉手發問。當別人的發言還未結束時，

不要中途打斷發言，這樣對別人是很不尊重的行為。有人發表的意見是你不同意的時候，你可以靜待對方發言完畢，再提出自己不同的見解或看法。不要別人還沒有說完，你就急忙的打斷別人，想說出自己不同的看法。或是沒有輪到你發言的時候，就搶先在別人之前發言，這樣別人看到的不是紳士的風範，而是一個極度沒有風度的表現。

如果會中有必須要上臺發言的時候，最好對於所要發言的內容，事前要反覆的多做練習。內容要求通順，因為內容通順，連帶的你的表達就會比較流暢，讓臺下的人也能比較容易了解你想表達的訊息。所以事前這樣的準備工作是不可少的，而事前的練習與充分的準備，可以讓臨場的表現更有自信。

進入任何會議場合，一定要先將手機、呼叫器關機，這是一種基本的禮節。不管你是否不經意或是忘記，當會議正進行時鈴聲突然響起，在你急忙想要關上機子時，所有的人都已經看到你狼狽的樣子，也知道你是一個不懂禮貌的人。

開會時如果你擔任主席，對於會議的議程及內容必須熟悉，以免弄錯順序，讓會議無法順利進行。與會來賓或貴賓的基本資料，也都應該做到一定程度的了解，免得介紹來賓時張冠李戴，這樣不但彼此尷尬，對被介紹人也是很失禮的。

主席有維持會議秩序的義務，當有人破壞議場秩序時，一定要站出來主持公理。在臺灣，你常常可以在電視上看到一些素質不高、自以為是、不懂禮貌、不尊重他人的議員或委員，動輒在會議進行中擾亂秩序，而動手打人的畫面也是屢見不鮮，讓人見識到這些人，不是從小生活教育沒學會尊重他人，就是長大了也沒學會基本的禮貌。由此我們可以建議，臺灣各地方議會或立法院，開會前必須讓這些所謂的「人民代表」，好好上一堂參加會議的禮節，好讓他們知道尊重別人是一種基本禮貌。他們如此的作為也嚴重的影響我們下一代子女的道德認知，實在令人憂心！

開會前儘量不要太疲勞，以免不小心在冗長的會議中，因為疲憊而不經意的睡著了，讓臺上的人看到你打瞌睡的模樣，既不好看也很失禮，也會因此漏掉許多重點或應注意事項。

六、使用電話及手機的禮儀

　　現代人與人溝通聯絡，使用電話占了很大的比例，所以相對的，電話禮儀在現今人與人交流頻繁的社會中，也是必須要注意的禮節。不論是接聽電話或撥打電話，都有該注意的事項及禮貌。

　　一般公司企業都會要求員工，不論是接到來自外線或內線的電話，都必須表明自己的部門或姓氏，如「華泰，您好！敝姓王。」接到電話時先報上自己公司的名稱，如果對方打錯電話就會立刻知道。接著向來電者致意，最後是表明自己的姓氏，方便對方稱呼，以及再次來電時便於聯絡。接到來電後要詢問對方來電的目的，如果對方要找人，而要找的人正在其他位子上，可以請來電者稍候，將電話轉接到其所在位置的分機處即可。如果來電對方所要找的人，恰好不在位子上，你就必須告訴來電者其欲通話的對象目前不在，看是否需要留話。在電話結束後，別忘記將來電者的留言告知對方。當來電者是需要業務上的協助或諮商時，如果屬於自己的業務範圍，或有能力為來電對方解決時，就必須以清晰的語句，及親切的口吻來表達，讓彼此能在和諧的氣氛下，藉著電話交談順利的將事情處理好。

　　接聽電話時，與對方交談的語氣要親切，讓對方聽到的是溫暖的話語，而不是冷冰冰像刀子一樣的語氣。「喂！您好，請問找哪位？」和「喂！找誰！」我相信聽到後者的回答，沒嚇得立刻掛掉電話算是很勇敢的了！聲調要和緩，不宜過於尖銳，音量、速度要適中，因為聽筒是貼近耳朵的，音量太大或聲調太高或無變化，接聽的時間較長會產生不適感。接電話與打電話的雙方，看不到彼此臉上的表情，所以說話的聲音表情就變得很重要。當你打一通電話時，如果接電話的對方，聲音聽起來冷冷的，語氣聽來沒有起伏，我想任何人感覺都是不舒服的。

　　當電話鈴響起，儘量在三到五聲之內接起，如果家中坪數較大，則可以裝設分機，除了避免接電話之際，因匆忙或不慎而造成傷害之外，也可以減少對方等待的時間。家中電話旁邊要準備筆和紙，一旦有需要抄寫電話號碼，或是對方欲留下的資料時，不會因為要臨時找筆，而讓對方拿著電話等你許久。如果有需要

暫時擱下話筒，必須將話筒輕放，以免話筒敲擊桌面時，讓對方貼近聽筒的耳朵會很不舒服。但如果對方家中有行動較緩慢的老人家，只要不是深夜，電話鈴是可以響得久一點的，以方便老人家。而老人家如果有重聽的狀況，音量可以提高到老人家聽得到的音量，但電話內容儘量簡短，也不要留言讓老人家轉告，而造成老人家的困擾。

想打電話找人談心事時，不管他是不是你至親的家人，或是許久未聯絡的老友，你都要在對方拿起電話後，得先問問他方不方便這時候講電話，如果答案是肯定的，再開啟你的話題。如果對方給你的答案是否定的，那你就最好另擇他日再行聯絡。因為如果對方這時夫妻正在吵架，或是他家正好有訪客，我想此時的他（她）是無法專心聆聽你的心事的，貼心的為對方著想，也是電話禮儀很重要的事項喔！

講電話時切勿同時吃東西，因為你咀嚼食物的聲音，會透過話筒清晰的傳到對方的耳裡，那樣是很不禮貌的。想想你在和別人通電話時，對方一面和你講話，一面吃著洋芋片，那樣的電話講起來感覺是很差的。如果接電話時，家中正撥放著音響，或電視正開著，接電話前應先關閉或調低音量，以免聲量太大影響通話品質，「己所不欲，勿施於人」，希望別人不這麼對你，也別這麼對別人囉！

如果進入別人的辦公室或是友人家中，當對方電話響起時，你可以向對方先示意，需不需要先到外頭等待，如果對方不介意，就可以留在位子上，翻看一些書報。如果對方接到的電話正是不希望有人在場時，你知禮的行為，會化解朋友不知如何開口的尷尬。待對方結束通話，得到友人的示意後再行進入。

在辦公室時，如非必要，儘量不要使用辦公室的電話談論私事，因為對公司而言，你是利用辦公時間處理私事，縱使你的工作能力有多好，你的上司或老闆都會因此影響對你的觀感，而且當你長時間拿著電話，口沫橫飛的談論著私事，坐在你旁邊的同事也會因此對你心生不悅的。最重要的是也許你長時間的佔線，不但讓別人打不進來，也有可能影響公司慣常運作之程序。

雖然現在的通訊科技已日新月異，經由衛星直撥的技術已不是問題，但撥接

國際電話時，有時會因為線路或其他的原因，讓對方的聲音傳達的速度較慢，所以在你開口說話前，一定要稍微耐心的等到對方說完，以免因為你插入的對話而打斷對方的說話，這樣是不禮貌的。

　　打電話時，必須先確定電話號碼是否正確，避免有撥錯電話的情況。當對方告訴你打錯電話時，你可以委婉詢問：「對不起！請問是 3533-8888 嗎？」除了可以表示你的歉意外，還可以提醒你注意，下次別再犯同樣的錯誤。千萬別說：「你這裡是哪裡啊？」或「你的電話是幾號？」縱使你沒有撥錯電話號碼，但這支號碼也許更改過，也許你與接電話的人素昧平生，但無論如何一定要向接電話的人致歉，這是使用電話的基本禮貌。如果是接到打錯的電話，也該委婉告知對方：「對不起！您可能撥錯電話號碼了！」而打錯電話的人也應該立刻道歉才是。有時接到對方打來的電話，對方知道打錯電話後，二話不說就把電話掛了，這種行為實在不可取。

　　如果打電話至朋友家中，要找的人不在家，而接電話的人是你所熟悉朋友的家人，電話那頭的聲音也是你可辨認的聲音，如果接電話的是長輩，那你就可以說：「陳伯母您好！我是張 XX，請問淑芬在家嗎？」接電話的如果是對方的晚輩或手足，你可以說：「小玲，我是張叔叔，麻煩請爸爸聽電話好嗎？」如果對方此時不在家，可以請家人代為轉告欲傳達之事項。如果要對方確實收到你的訊息，可以留話請其回電，你可以親自與對方在電話中聯絡。

　　不論你撥的是多熟悉的電話號碼，或是要找的是多熟識的親密友人，在對方接起電話還未開口前，千萬別自以為親密的叫喚著對方的小名或暱稱。如果你撥錯電話，或是接電話的不是你要找的人，話一出口是很難再收得回的，為了避免造成自己與對方的尷尬，還是完成基本的電話禮貌，再和對的人表達適切的情緒，才是比較適當的。

　　與人在電話中交談時，如果同時電話一旁有人有事相告，可以示意請他稍待，應該先與電話另一端的通話者結束交談。如果事情較為急切，必須和電話通話者說明原因，暫時結束通話，當事情處理完畢後，在短時間內會再致電。避免

在與人交談外，同時在電話線上與人通話，如此電話線上的通話者，會搞不清楚你在和他說些什麼，那樣是很不禮貌的。

電話交談不論是撥出或接聽，時間均不宜過長，清楚的傳達或收到彼此的訊息，與對方稍作問候及了解近況後，便可以結束彼此的交談。有許多人會拿著電話聊天，這樣不僅浪費對方的時間，也會佔線讓別人無法順利的打進來，尤其當有緊急必須立即連絡的事情時，長時間的佔用電話，既不禮貌也是會誤事的。

在這通訊發達的時代，幾乎人人都有自己的行動電話，以往對方付費的電話使用率也普遍降低。但如果遇到必須用公共電話撥接指定電話，而手邊也沒有零錢或電話卡時，必須告知電話公司的接線總機你的信用卡號碼，來支付這通電話的通話費用，或是將你家中的電話號碼告訴電話接線總機，將這通電話的費用直接計入你電話號碼的費用中，千萬不可要求由對方付費，這樣的行為既不禮貌也不夠體貼，不可為之。

一般人都有在別人家中作客的經驗，而在別人家中作客時，如非必要，儘量不要隨意使用別人家中的電話，使用電話時也有該注意的禮節。

作客友人家中時，如果有私人電話聯絡之必要時，最好使用自己私人的行動電話。如果沒有行動電話，而又務必在當時使用電話，一定要先徵得主人的同意後，方可使用別人家中的電話，使用電話時也務必要長話短說。

在作客期間，如非必要，盡量避免頻繁的使用電話，這樣對主人是很失禮的。如果沒有特別的需要，不宜將主人的電話號碼，留給其他的人。如果必須要在主人家中以電話聯絡的話，一定要徵得主人的同意，才能將電話留給他人，私自將電話留給非主人熟識的人，既失禮數也會造成主人的困擾。

有些人不在家時，會將家中安裝的答錄機打開，避免漏接一些電話，在收到答錄訊息後可以與其聯絡。打電話至對方的號碼，如果對方的話機將你的來電，轉至電話答錄機上時，就必須有一些正確的回應。對方如果不在而必須使用電話留言時，要在答錄機的嗶聲訊號響起後，再留下簡短扼要的訊息。訊息留言之所以要簡短扼要，是因為答錄機每一段的錄音時間有限，如果太過冗長，話沒講完

就已停止錄音了。而收到你電話留言的人，也可能不清楚你留言的重點，而無法作正確的回應。

許多經驗是當有電話留言訊號顯示時，打開留言對方卻未留下隻字片語，聽到的只是掛電話的聲音，讓收到留言的人開始傷神猜測。很多人的解釋是不習慣與機器說話，但是對方既然使用答錄機，就是希望不要漏失任何的訊息。所以當聽到答錄訊息時，務必留下簡短扼要的留言，以方便對方做適當的回應。留言的內容可以依自己的需要做些許的變化，但一定要清楚簡潔，不宜過於冗長。因為也許對方當時使用的是公用電話，在聽完你的留言後，也許也沒有足夠的零錢可供對方留言了呢！而留言的內容並不一定要留下姓名，如：「你好！這裡是237-XXXX，訊息後請留下你的姓名、電話，我會盡快與你聯絡。謝謝！」但留下自己的姓名，可使來電者確切知道所打的電話是否正確。

當收到別人的留言時，必須先確認哪些電話必須立即回電，哪些電話是有時間限制的。比如說求職公司留言，通常會告訴你在什麼時候覆電較好，所以就應考慮在其他的時間回電是否適宜。如果收到答錄的時間已晚，除非是緊急事件，否則這時回電是會打擾到別人的作息的。

通常電話留言時，必須注意在有限的時間，留下簡明扼要的訊息，以提供收到訊息的人能在收到訊息後，做適當的處理。留話的時間、是誰留話，都應該在答錄機中說明清楚。比如：「你好！我是XXX，今天是X月X號，……聽到留言後請與我聯絡，謝謝！」有些答錄機是沒有訊息日期顯示的功能，所以讓對方知道你是何時打來的電話是很重要的，因為也許有些留言是有時效性的，所以留下確切的時間是有必要的。

電話留言中說話的速度不宜太快，咬字也必須清楚，尤其當留言中有電話號碼或其他數字的訊息時，必須發音清楚和放慢速度，或是重複數字的部分，讓收到留言的人能掌握正確的資訊，而給予適當的回應。留下資訊的內容，應該至少包括了姓名、電話及留言的時間才是比較適當的。

有些電話會有免持聽筒的功能，按下麥克風的擴音按鍵，對方的聲音就會被

放大，也就是不用拿起聽筒，便可與其直接交談，這樣的功能雖然方便，但也有須注意的細節，當你不方便拿著話筒與人通話時，可以使用免持聽筒的功能，但當你要使用這項功能時，必須詢問對方是否介意？如果對方要談的事務屬於較私人的話題，不願意將談話的內容讓太多人聽見，可以請他在你方便的時間回電。事先詢問對方讓對方知道，你要使用免持聽筒的功能，對方在電話中就會避免談及私人事務。如果未先告知，而對方在電話中談論了一些私事，因為擴音系統的關係，讓其他人有意或無意的聽到，對對方而言是很失禮且不尊重的行為。

打電話有時會遇到對方正在通話中，對方可能會請你稍作等待不要掛掉，而電話中的等待也是電話禮儀中要注意的：

*1.*當對方要求你不要掛斷電話，稍作等待的時候，基本上是對方自忖，在短時間內可以結束通話的情況下的請求，所以當允諾對方可以等待後，就請靜靜的等待電話那頭的回應，不要分心與其他人交談。如果雙手正無暇拿著電話，可以暫時使用免持聽筒的功能，一旦對方有了回應，務必立即切換掉擴音的功能為宜。

*2.*如果有人打電話來的時候，你正與另外一個人在通話中，必須先約略估計，正在通話中的電話是否能在短時間內結束。如果可以，就請第二通的來電者，不要掛掉電話稍微等候一下，但就必須迅速結束正在通話的電話，儘快回應等待中的電話。但是如果短時間不能結束第一通電話，就必須婉轉告知第二通的來電者，因為正在其他線上與人通話，待結束後會立即回電，以免來電者在線上久候。

*3.*在辦公室的場合中，常常有替人代接電話的經驗，當對方要找的人外出不在時，代接電話時可以請對方留下姓名、電話，留下的資訊盡可能的詳細。如果是商務上的電話往來，也必須詢問對方的公司名，因為相同的業務也許由許多人負責，只留下姓名、電話可能讓收到訊息的人，以為只是不重要的人而忽略，因而造成不必要的困擾。

行動電話在近幾年的快速發展，不僅外形是比酷比炫，其功能比一般電話更有過之而無不及。人手一支手機不稀奇，有時一個人兩三支手機也不少見。由此可見手機使用率之普遍，相對的手機使用的禮儀也漸漸形成，所以在享受科技產

品的同時，也別忘記該注意的手機使用禮節：

　　1.一般觀賞表演節目，如音樂會、舞臺劇等類似的表演，進入觀眾席前就必須將手機關掉，避免表演者於全心表演之際，忽然被響起的手機鈴聲所打擾，試想，那是多尷尬的的情況。對臺上的表演者及其他的觀賞者，都是非常不尊重的行為，也是非常失禮的丟臉行為喔！也許有人會轉為震動的功能，但當電話開始振動，你忙於檢查來電者的同時，也影響了周圍觀眾的情緒，這也是相當失禮的。如果因為有重要電話不能耽誤，就不該參加此類活動，不能專心觀賞表演者的表演，對臺上的演出者也是很不尊重的喔！

　　2.搭飛機時，飛機關門後準備起飛，和飛機降落後開門前，這一段時間內按目前的民航法規，手機一律要在關機的狀態。因為這樣的規定是關乎飛航的安全，所以是每個搭機者必須遵守的。但在搭機時，總是會看到一些乘客，飛機門已經關閉了，還拿著電話滔滔不絕的講著。或是飛機才落地，電話鈴聲就響起，當有空服人員前往制止時，還面無慚色的與空服人員爭執，這樣粗魯沒有禮貌的行為，實在讓人不敢苟同。曾經發生一女性乘客在搭乘國內航線的班機時，因在不符合規定的狀況下，撥打行動電話而被空服員制止後，仍不依照安全規定關機，還與空服人員發生爭執，最後遭送警法辦的例子。遵守行動電話的規定，不只是安全的考量而已，也是尊重別人與自己的良好道德表現。

　　3.在行進當中，如果行動電話響起，必須找一個角落的空間接聽電話，以免停下腳步接聽電話時，會阻擋到其他行人在道上的通行。千萬別在道路上行走時，邊走路邊講電話，不僅不好看，也會因為專注於交談，而忽略了馬路上其他人車的狀況，因而受傷也是有可能的喔！

　　4.搭乘公共交通工具，如公共汽車、捷運、火車等，儘量不要使用行動電話。如果一定要接聽或撥打行動電話時，也請長話短說。因為通常移動的交通工具，讓手機有時會因為建築物的干擾，而產生收訊不良的狀況。這時你就會看到有人一手掩著耳朵，同時拉高嗓門大聲對著手機說：「我聽不清楚你耶！你聽得到我嗎？」這時我看只有對方聽不到他，全車廂都已經聽到了。當你用手機與對

方聊得盡興，或是道長說短的當兒，我想你談話的內容，坐在你周圍的人要裝作沒聽到也很難。有時在工作場合看到一些年輕人，常常是不分場合、地點，講起手機來如入無人之境，絲毫不顧及旁人的感受，手機使用的禮儀實在有待加強。

5.通常在一些特殊的場合，如醫院、表演場合等都會禁止使用行動電話，表演場合禁止使用行動電話，無非是為了避免影響表演的進行。在醫院中也要儘量避免使用，因為病人都需要一個安靜的休息環境，一聲聲尖銳的電話聲響起，病人是沒有辦法好好休息的。尤其是開刀房外的家屬等候室，更應按照指示將手機關機，因為手術室中許多精密的儀器，難保不會因為手機的干擾，使機器發生不正常的運作，甚而影響手術臺上的病人，是不可輕忽的喔！

6.行動電話雖然是屬於比較個人的物品，但因為行動電話可隨身攜帶，方便性極高，所以在公共場合接聽行動電話時，也會因為手機的個人化、方便性，而忘記該注意的手機禮儀了。當接到來電時，如果身處在人群眾多的場合，可以就近尋一處較安靜的角落接聽，一方面不會因周遭喧擾，不經意提高嗓門而影響旁邊的人，也避免在公共場合談論公事或私事。但如果一時找不到較安靜的處所，也必須跟對方解釋原因，待找到合適的地點後，立即回電。

7.現在的手機功能繁多，如果在不方便接聽電話的場合時，可以將手機設定在靜音或是振動的功能，以免電話的鈴聲不時打斷與你交談者的發言。如不能立即接聽的對方來電，也必須事後立即回電，對於無法接聽的原因，也必須委婉解釋。

8.手機基本上，其功能與一般電話並無二致，而使用一般電話的禮貌，強調長話短說，不宜做為長時間聊天的工具。撥打行動電話，也該遵守這樣的基本禮儀。因為長時間的閒聊不但消耗電量，也會讓欲通話的第三者久候，或是耽誤到某些重要事務的聯絡。

9.當行動電話電池電量已耗盡時，如果沒有備用電池，又無法就近尋找到可供使用的公共電話，而必須向周圍的友人暫借行動電話使用時，應該儘量的長話短說。若是通話時間無法簡短，在徵得手機主人的同意後，請對方撥打到借用的

手機號碼來，以免增加手機主人過多的手機通話費。當然如果是必須由自己撥出的電話（尤其是撥接國際電話時），可將自己的手機 sim card 放入借用的手機中，通話費用直接由自己支付，但重要的是仍必須長話短說。

10.如果正在駕車時，上車前就必須將耳機安裝妥當，或是開啟免持聽筒的裝置。在車子行進當中，如果此時手機鈴聲響起，才不會忙著接聽，分神翻找，而影響行車安全。如果因此發生交通事故，對自己或是他人都不是件好事。手機或是車中若沒有類似的耳機或是免持聽筒裝置，如果不是在高速公路，而是在一般道路行駛的當中，當手機響起，可以在不影響其他車輛安全行使的情形下，將車子慢慢向路邊停靠後，再接聽電話為宜。

11.騎乘摩托車時，如非必要，最好不要使用行動電話（包含耳機裝置）。摩托車在行進間，路上車輛的聲音非常吵雜，駕駛人如果戴上耳機及安全帽之後，對於周遭車輛喇叭的示警聲響，是不容易注意到的。有時開車時，常會看到一些年輕朋友，一手抓著摩托車的把手，另一隻手卻拿著手機邊騎邊講，真是藝高人膽大，讓旁邊的我實在為他大無畏的精神，著實的捏了一把冷汗。所以基於自己與他人的安全理由，騎乘摩托車時，是不宜使用行動電話的。

12.撥打他人手機，如果對方不能立即接聽，當轉入語音留言時，最好能留下一些訊息，告知對方你要轉達的事項。如果不習慣留言，可以使用手機最普遍且快速的「簡訊」功能。留下你的訊息讓對方了解，而不致讓對方因為接到沒有電話顯示的號碼而猜測。

第九章

樂

　　在食、衣、住、行之外，人的日常生活還包括了一些靜態或動態的休閒活動，而這些休閒的活動就包含在「樂」的範圍中。雖然這些是著重休憩，講求放鬆心情來從事的活動，但是並非是毫無章法，仍然有一些行為是要被規範的，這當然就是我們強調的禮儀規範了！不論畫廊、藝廊的參觀；或是歌劇、交響樂之聆賞，及靜態藝文的瀏覽；或是動態戶外活動的參與，都有一些禮儀是該遵守的。創造一個舉止適宜的環境，在從事不同的休閒活動時，才能盡情享受休閒活動所帶來的樂趣。

一、觀賞表演的禮儀

　　由於近年來休閒活動的不斷被強調，人們也在忙於工作之餘，開始重視精神休閒的生活，因此對於藝文活動欣賞的機會也漸漸頻繁了起來。雖然是讓自己放鬆的藝文活動，但在欣賞表演者演出的時候，也有一些欣賞表演時應注意的事項，是必須要遵守的。

　　一般動態表演的欣賞，除了是針對幼兒或小朋友所編排演出的兒童劇外，一般動態藝術活動的觀賞，是會有年齡限制的。也就是說，如果想欣賞音樂會、歌劇等，是不能帶著小朋友參觀的，因為一般小朋友是無法安坐在位置上達一、二小時，在這期間如果小朋友哭鬧，不但嚴重影響表演者，也同時侵害了其他欣賞者安心聆賞及不被打擾的權利。

　　表演的場合中不能進食，是一種基本常識與禮貌，吸煙也是絕對禁止。觀看表演時，縱使你有意見想要發表，也不宜在表演進行當中與人交頭接耳的談論。應該在中場休息時間，或是表演活動結束後再討論，這樣的時間是比較適合的。進入戲院、歌劇院或音樂廳時，如果男士攜女伴參加，因為場地多階梯，且照明並不十分明亮，如果場中有帶位人員，可以請求協助。如果沒有帶位服務，此時男士必須為女士，做前導帶位的服務。

　　不論是前往觀賞音樂會、舞臺劇，或其他種類的舞臺表演，首先要注意的便是參觀表演時的穿著。也許以往參觀表演活動的風氣未開，對於觀賞表演的穿著並不是那樣的講究。但是在西方國家參觀類似的活動時，男士大多是穿著燕尾服，女士則穿著晚禮服，其穿著之正式等同於其他的正式場合或宴會。當然在臺灣，這樣的穿著習慣並未普遍的被接受，而我們也未必一定要按照西方人的方式來穿著。但男士應該要著西裝，女士雖然不必是穿著晚禮服，但也必須是要著小禮服，或是套裝一類的裙裝。切勿穿著運動衣等服裝進場，而更甚者，有些男士穿著短褲和涼鞋就入座的了，如果到了西方國家，參加任何表演時，如果穿著這樣的服裝，一定會讓人擋在門外，被拒絕入場觀賞的。

　　參加所有的表演活動，最重要的事情是一定要準時千萬不要遲到，如果真的遲到了，就必須稍作等待到中場休息開放後才能進場囉！因為如果你遲到，在匆忙入場之際，不僅坐定位的觀賞者會被你打擾，也許臺上的表演者也會因此受到驚擾，而打亂了表演的情緒，這樣是很不禮貌的。所以遲到是不佳的行為，而遲到中途入場更是不該的舉動。下次如果參加表演活動不慎遲到，一定要等待中場結束後再行入場，以避免自己失禮的行為打擾到別人才是。

　　通常好的表演團體有節目演出時，票房大都叫好又叫座，所以必須在有演出消息後，就要預先向相關售票單位訂票或訂位，以免向隅。如果買的不是預售票，而是表演當天購票入場的話，就必須在節目開演前提早到場購票。在歐、美地區，有時如果票房未滿，會在開演的前半小時，將未賣出的票開放，以較便宜的票價售出。如果這時買票是有可能買到位置好，且價錢便宜的票喔！但是如果想買便

宜的票，這樣的方法並不適用在叫好又叫座的節目。有一種可以省錢又可以觀賞高水準表演的方法，曾經到音樂之都維也納遊玩時，正逢當地有歌劇魅影的演出，如果錯失這次演出的機會，下次不知何時才有機會再碰到這樣水準以上的歌劇或音樂劇的演出，但因當時預算有限且票價不低，如果花掉這突然的預算，可能導致阮囊羞澀，而影響到接下來行程的規劃。所幸有一當地華僑告訴我，如果你不想錯過這樣難得的機會，又要顧及荷包的考量，你可以在開演前排隊購買「站票」（是一種沒有對號座位的票，通常是在座位最後一排，設置有扶手的鐵欄杆，讓沒有座位的參觀著支撐著觀賞表演），這樣的方式是克難了些，但不失為一種既省錢，又能欣賞表演的的好方法喔！這不是所有的地方都有的，不過有機會到國外參觀類似表演時，可以事先詢問一下喔！

　　進場坐定後，記得先將手機、呼叫器關機，以免表演進行到一半突然鈴聲大作，打擾表演者的情緒，如此失禮的行為應該要避免發生才是。當然也許有些人會將手機轉為靜音或震動，但當你以為神不知鬼不覺的接起了電話，且悄聲的拿起電話與對方竊竊私語時，你以為這樣的方式應該不至於影響他人，事實上不管是將手機切換至靜音或震動，當你有接電話的動作時，你就已經影響到你周圍觀賞者的情緒了。如果真有重要到非接不可的電話，那我還是建議你，下次當沒有重要事務在身時，再帶著一顆放鬆與愉悅的心情，來觀賞或聆聽藝文的表演活動。不但能真正用心去體會表演的精髓，也是尊重他人的表現。

　　所有的表演基本上未經表演單位許可，是不可以在表演中攝影、拍照或錄音的。因為所有節目演出的內容，都是表演者的心血結晶，有一句話說「臺上一分鐘，臺下十年功」，短短的一、兩個小時順暢的表演，背後的努力可能是我們所無法想像的，所有的藝術創作均涉及智慧財產的範圍，不要認為只是拍照、攝影、錄音這麼簡單，國人應該提升對他人智慧財產權尊重的素養，而臺灣盜版風氣興盛，便是不尊重他人智慧財產權的最壞示範。

　　通常在表演進行中是不宜隨意鼓掌的，尤其是音樂表演之類的節目，在指揮及首席或獨奏者進場時，可以鼓掌表示歡迎。當指揮就定位舉起指揮棒時，鼓掌

的動作就必須立刻停止。如果是樂曲當中小節與小節中的停頓是不宜鼓掌的，這時你如果拍手鼓掌是會影響表演的進行的。通常是在樂章與樂章結束中間，或是當指揮向後轉身面向觀眾席，及樂團中的首席起立向觀眾致意時，這就是一個拍手鼓掌的好時機。如果你不知道何時是鼓掌的最佳時機，最好且最保險的方法，就是待大家鼓掌時，你也跟著拍手表示你對表演者的激賞，那樣就不會出錯了。當然這樣的方法也許保險，但並不是一個絕佳的做法。你可以在入場前先領取一份節目表，在節目開演以前先行閱讀，除了對表演者有更深入的認識外，對於表演的曲目也會有大致的了解，也比較不容易發生樂曲還未結束就拍手鼓掌的窘境。通常在表演結束後，如果演出者的表現實在讓人佩服、激賞，常常熱情的觀眾會起立鼓掌，表示對表演者的演出非常滿意，這時你也可以大方的起立鼓掌，表示你對臺上演出者的讚賞。如果表演者看到觀眾如此的熱情回應，說不定還有即興安可曲的演出，那可就是所有觀眾之福喔！

　　參觀表演之前如果不慎感冒，最好評估一下前往參觀的必要，如果有咳嗽或流鼻水，仍未痊癒的症狀，最好是取消參加，因為在演奏或表演當中，不斷因咳嗽、擤鼻涕，間或有打噴嚏的聲音，也許你熱情的參與，但卻不斷的影響表演者與其他觀賞者，實非美事一件。

　　除了一般熱門的音樂演唱會，表演者有時為炒熱表演場合的氣氛，會邀請臺下的觀眾一同吟唱，但是一般的音樂或戲劇表演，表演者通常是非常專心於演出的。所以這時候，不管你對其中的音樂或詞句有多麼的熟悉，千萬別忘情的跟著又哼又唱的，那樣不僅破壞你周圍觀賞者的心情，也有可能影響表演者的心情呢！

　　在戲院裡觀賞電影，是許多人的日常消遣活動之一，戲院裡的規範相對劇院或音樂廳而言，算是很少的了。戲院裡可以飲食，可以隨著劇情哭泣或大笑，也可以隨著劇中的音樂一起哼唱。但儘管如此，前往電影院觀賞電影時，還是有一些規範的事項要注意喔！千萬別因為一己之私，而影響其他人的權益才是。入座購票前，應該將你的座位需求告知售票員，讓其為你安排一個令你滿意的位置。而不應該是入場之後，不按照自己的座位隨便找一個位子就座，待原位子的主人

前來後，還得等你起身才能入座，這種行為會造成他人的不便，不宜為之。

　　戲院裡可以攜帶規定的飲食，一邊看電影，一邊吃著爆米花配可樂，是一件非常令人滿足的事。但別忘了，滿足了口腹之慾，電影結束後，將食盡飲罄的垃圾順手帶出，丟進垃圾桶當中。不要將紙屑塞入椅縫中，也不可因為沒有衛生紙，而將咀嚼後的口香糖黏在椅墊下，這些行為既損人也不利己。

二、參觀靜態展覽的禮儀

　　靜態展覽的觀賞，大多是藝術作品的展示，像是博物館、藝廊等，大至古代文物的陳列觀賞，小至個人藝術創作的展出。我們比較熟悉的是故宮博物院、歷史博物館等參觀展覽的場所，當然表演有動態表演觀賞的禮節，靜態藝術品展覽的欣賞，也是有要注意的事情喔！

　　一般靜態的展覽，雖然不像音樂會或其他表演一樣，必須要絕對安靜的聆賞，但是在進入展覽場合時，也是不能高談闊論的。一般的藝術品觀賞應該是靜靜的欣賞為佳，如果真的需要討論，也是低聲交談比較好。不論在欣賞任何文物展覽，或是藝術創作時，都不該大聲批評作品的好壞與否，因為藝術作品的創作通常是非常主觀的表現，對於欣賞者而言，作品的好與不好，也是非常主觀的認定。喜不喜歡是個人價值判斷，心領神會作品帶來的啟發，不要因為自己不認同該作品，便自以為是的批評起來，那樣只會顯示出你的自大與膚淺。

　　參觀藝術文物的展覽，可以在入場前先索取一份導覽資料。這會讓你大致了解所展出物品的歷史背景與輪廓，就不至於有如入寶山空手回的遺憾。

　　一般博物館長期展示的物件，大多是非常有歷史價值的文物，像是故宮博物院裡的展覽文物，就是夏商以來到清朝的文物遺跡，幾乎件件是國寶，想當然爾，展覽所做的保護也是一點也不馬虎的。常常在展示文物的周邊，會註明請勿觸摸等警語，無非就是要保護這樣的文化資產永續完整，讓以後的人都有機會能欣賞前人令人驚歎的作品。所以參觀歷史文物的欣賞時，謹記「只遠觀、不褻玩」的原則，不隨意觸摸展覽文物，不拍打文物外罩的防護玻璃，相信那樣也是可以達到與古人共遊的境界喔！

　　參觀展覽如果有小孩同行，務必牽好小朋友的手，避免小朋友追跑，而不慎將展覽的物品撞倒，甚至毀損，到時可能會發生有錢也無法彌補的憾事發生。這也難怪為什麼有些博物館或藝文展覽館，會有參觀者的年齡的限制了。

　　一般文物的展覽，尤其是有歷史性質的文物，通常展示排列的方式都會按照時序的前後做安排。所以當參觀此類展覽時，最好是能按照館方或主辦單位所規劃的行進方向及順序參觀。因為一般導覽手冊也是會以參觀的順序做排版印刷，循其所規劃的路徑觀賞，除了較有一慣性外，也不會因為你的反向參觀，會不時的與迎面而來的參觀者交錯，也許會因為要隨時注意對方來人，打斷自己的注意力，也會直接影響到其他參觀者的情緒。

　　有一些知名的博物館，如法國巴黎的羅浮宮、美國紐約的大都會博物館、英國倫敦的大英博物館，因館藏豐富，通常會按展出文物的性質加以分類，而各類的展出文物也有不同的規定。像古埃及文物區，如果你有細心注意，展覽空間的燈光通常是比較昏暗的，原因是像木乃伊這類的收藏，是會擔心受到強光的破壞，所以一般這樣的館藏，都會標示著禁止使用照相機一類的器材。為了避免成為破壞古文物的幫兇，不論到任何國家，或任何地方的博物館，一定要遵守館方的規定，不然成為不受歡迎的觀光客外事小，破壞國人的名譽可是茲事體大。

三、風景遊樂區參觀遊賞的禮儀

　　遊樂區一般是適合全家大小遊憩的地方，近年來國內觀光遊憩的風氣正盛，假日國人常常攜家帶眷的，前往國內各個知名的遊樂區參觀遊覽。像臺北市知名的木柵動物園、八里的八仙水上樂園、新竹的六福村樂園等，都是適合全家大小一同遊賞的好去處。既然是有人群前往的場所，那一定是有相關的規定，是大家需要遵守的。

　　所有遊樂園中的設施，都要遵守排隊的原則，從小我們就知道排隊是一種禮貌，但有時在公共的遊樂場合中，還是會看到有人不遵守規則，會插隊或就自成一排，常常發現插隊的人都是成人，而不是不懂事的小朋友。如果要讓小朋友從小就學習良好的國民道德，大人們的身教是很重要的喔！

　　在遊樂園要遵守設施使用的規定，該要排隊的時候就一定要好好排隊。如果是在風景區觀賞，在一定點休憩用餐或飲食後，一定要將垃圾收拾妥當，再分類置於垃圾桶中，讓漂亮的風景在你離去後，仍然保有原來優美的景致。記得前行政院長俞國華夫人，曾經在某年的中秋節前夕，為提升民眾注重清潔的觀念，和不隨手丟棄垃圾的好習慣，當年喊出了一個口號「不要讓嫦娥笑我們髒！」時至今日，從街道、市容及風景區的環境看來，我們愛護環境的精神還是有進步的空間。在風景區除了注意保持環境整潔外，更要注意的是，不要隨意破壞大自然的景觀。像是在樹上或牆上留下某某人到此一遊，或是畫上一個心型符號，寫著阿雄愛阿花的字句，人們並不會因此祝福阿雄和阿花，是否真能永浴愛河。看到這樣的行為，別人只會覺得阿雄與阿花是一對會破壞自然環境，不懂事的情侶罷了！還有更甚的是，在野柳風景區有一處著名的風化石「女王頭」，因經年累月受海風的吹蝕，女王頭脖子的部分漸漸被磨蝕，有愈來愈細的現象。大家為了保護這個稀有自然景觀，想了許多方法，無非就是要保護這難得的大自然傑作。竟然有人用工具在女王頭的頸部切割，致女王頭的頸部有無法修補的痕跡，實在很難理解這些破壞自然的人，他們的國民道德都學到哪裡去了。

　　許多自然的風景區在參觀的時候，務必要遵守風景管理區的規則。曾經參觀過澳洲藍山的螢火蟲洞，洞中因為長年陰暗的關係，而造就出一些洞中的生物及礦石，習慣陰暗無光線的環境，而演化成適應這個環境的特殊生態。所以有些區域會立有告示標語，禁止拍照的警語，為的是怕照相機的閃光燈，會破壞這個區域的自然生態。但是就是有我們的臺灣同胞，無視於標語的指示，硬是要站在前方留下到此一遊的畫面，其結果就是被當地的解說員喝斥一頓，再一次丟人丟到國外去外，而且那裡的自然環境可能會被你的無知舉動而破壞也說不一定呢！

　　在國內的動物園你會看到來自各個不同生態環境的野生動物，比較受人歡迎的動物有來自澳洲的無尾熊、南極的嬌客國王企鵝等。而在參觀這些動物時，園方也會有一些為保護這些嬌客，而訂定的一些觀賞的細則。比如經過無尾熊館，照相時不可使用閃光燈，以免因為閃光燈的強烈光線，影響到無尾熊的作息。也

禁止拍打外罩的玻璃，以免驚嚇影響帷幕內的動物。但仍然會發現有人站定位置之後，便快快照、快快閃，或是有小朋友為吸引小動物的注意，而不斷的拍打玻璃。下次人們帶著小朋友參觀動物園的時候，一定要提醒小朋友這些愛護小動物的事項，讓小朋友從小就開始培養良好的道德。

在國外或國內參加野生動物園參觀的時候，一定要遵守園方的安全規定，以確保自身的安全。而遊客因為不遵守規定，私自離開觀賞車，下車尋找相機或是攝影機下的獵物，反而成了獅群的獵物，這樣令人遺憾的事件時有所聞，如此不守規定所造成的結果，不是下次改進就能挽回的了！

四、運動時的禮節

一般人的印象裡，運動是激烈的，儘管有許多運動是必須要粗魯、適時要衝撞的，但那只是過程中一部分的必須。事實上，所有的運動都強調著「運動家的精神」，也就是不論比賽的過程有多麼的激烈，都得要遵守運動規則，結果是輸、是贏，都要心悅誠服的接受結果，勝不驕、敗不餒。孔子也曾說過：「君子無所爭，必也射乎！揖讓而升，下而飲，其爭也君子。」所以當你不管從事何種運動比賽，都是一種文明的君子之爭。現代人工作繁忙，工作之餘從事運動休閒者，實在是少之又少，一週內能夠運動的時間更是屈指可數。唯一一種運動是既可鍛鍊身體，又能藉此機會發展人際關係的，那就是大家非常熟悉的「高爾夫」，也正因為高爾夫球運動合乎現代人的需求，所以高爾夫的運動也是許多人國人喜好的運動之一。高爾夫球一般人較熟悉的是裝備與穿著，但事實上高爾夫這項運動，也是有著必須遵守的球場規範與禮節。對於擊球者和觀看者而言必須注意的事項如下：

一般高爾夫球裝並無特別的規定，但因為高爾夫球運動在臺灣還算盛行，所以只要到高爾夫球運動的專賣店，基本上都可以找到適當的服裝。只要是通風、吸汗的運動型上著，褲裝則是男士、女士皆可穿著，女士也可以選擇褲裙的形式，並無特別的規定。唯鞋子的部分有些許的限制，因為一般鞋類會因走動頻繁，無形之中會破壞高爾夫球場地的草皮。所以從事這項運動時，必須穿著高爾夫球的

專用釘鞋，以維持草皮與球場的完整。

任何運動賽事，都可以看到運動員穿著該運動特有的運動服裝或配備，最主要的原因是為了保護運動的安全。當然，高爾夫球也是有為安全而做出的一些規範。擊球者試桿、擊球之前，必須確認你揮桿的區域範圍內，沒有其他人行走或站立，以免球桿揮出擊傷他人。在揮桿前也別忘記，將擊球範圍內的小石塊或其他異物撿拾，以免揮桿後不慎帶起傷及周遭的人員。球在重力加速度的墜落時，對人是有傷害的，如果要揮桿前，也必須確認沒有人員在擊球後落點的範圍內行走或站立，方可擊球。

擊球者如果要在一旁做揮桿練習時，千萬別在有人站立或行走的附近做這樣的動作，因為也許揮桿時所帶起的草屑，或是一些細小的石子、灰塵，可能會進入附近人員的眼中，造成傷害或不適。

高爾夫球的步調看起來似乎較慢，因為球場幅員較廣，所以基本上完成一場高爾夫球賽，是需要耗費較長的時間。儘管如此，打者還是要注意時間與速度的控制，以免讓同一組其他的球員，因你而花了許多等待的時間。基本上只做一次在擊球前的試桿動作，也許一次的試桿只有二十到三十秒的時間，但一場球賽打下來，可能因為你而延遲許多的時間。如果必須要練習揮桿，可以在別人準備擊球時練習，不要待你上場擊球時，才在做這樣的練習動作。同樣的，為了讓球賽的進行更有效率，在上場擊球前，就應該思考如何做下一次擊球的準備，而不是上場擊球時，才開始考慮戰術。

因為高爾夫球球場幅員遼闊，每一洞每一洞之間，或前一個發球區與落點的間隔都是有一些距離的，所以在高爾夫球場上，都會看到一種小型的電動車供球場所需。有時這樣的電動車會有人駕駛，但當由你自己駕駛時，也是有一些駕駛的規則與禮貌要遵守的。駕車前必須熟悉車輛的使用須知，以適當的速度行駛，在行進當中也必須隨時注意其他人的安全。當高爾夫球車行駛至球區時，必須將高爾夫球車停在車輛專用的道路上，不要駛進球區。因為高爾夫球車在行駛時，車輪轉動與車身的重量，對球場的草皮都是有傷害的。如果並不清楚所有的禁行

區，基本上只要遵守各個球場的規則，與球場上的標示，就不會有太大的問題了。

　　高爾夫球場上，常是一組一組的接著使用場地。但當前一組的組員，還未離開你擊球的落點範圍時，千萬別急著擊球，以免當球落下時擊傷他人。當該洞結束後，必須立刻離開果嶺，以免影響到下一組人員的使用。

　　一組的球員有二人、三人或四人，因為人數越多，所需時間也相對較長，所以原則上二人一組的球賽是優先於三人一組的。依此類推，三人一組也優於四人一組的球賽。但當前一組的速度較慢，且落後下一組一個洞以上的速度時，前一組的球員就必須禮讓下一組的球員先行使用。而後一組的組員，在徵得上一組組員的同意後，方可超越。

　　如果在場中有人正要開球、推桿，或是在球道中準備擊球時，千萬不要在旁邊發出吵雜的聲響，或是在發球區中奔跑走動。因為這時候擊球者是需要專心一致的，如果你在球場上做了一些影響打者情緒的行為，是會讓人感到不愉快的。

　　所有的事物有開始就會有結束，當一場球賽結束後，一些隨手可做的善後工作就無須假手他人。比如說借用的用具是否歸至原處？球道上的草皮如果因為揮桿而被掀起，是否在離開前可以將其鋪平、押實。雖然說球場的維護是經營者的責任，但是對一個好的使用者而言，這些美好的行為舉止，都是該具備的常識。

第十章

其　他

一、各國宗教生活習俗及禁忌

　　世界上各個民族都有其信奉的宗教，而較多人信奉的宗教則有佛教、回教、基督教、天主教、猶太教等等。每個宗教之所以在當地被接受，進而發展成為其主要的精神信仰，一定與當地的風俗習慣是緊密結合的。同樣是佛教，在泰國、在日本、在韓國和在臺灣，有吃素的和尚，也有不吃素的和尚；一樣信奉阿拉，有婦女出們不需遮面，而有些地區的婦女從頭到尾則是包得密不透風，皆因為該地區或國家的習慣而有所出入。所以不管前往任何國家或地區，一定要事先了解當地的風俗，如果是宗教氣氛濃厚的國家，也要探聽一下該宗教的禁忌，以免無心的行為，卻引起別人極大的反感。

(一) 韓　國

　　韓國人受中國儒家思想影響很深，直到現在仍謹守著長幼有序的觀念，而且實行的比中國人還要徹底。用餐時，一定要等待長輩先動筷，晚輩才能提箸開動。席中就算有貴賓或重要的客人，也是要等待長輩提箸後，招呼大家說：「大家請用。」才能跟進，這和西餐主人先開動的習慣是有點不一樣的。如果席間有要傳遞物品的時候，必須要以右手來做傳遞的動作，才是合乎禮貌的。中國人一向被教育吃飯時必須端著碗吃飯，但在韓國，吃飯端著碗是很沒禮貌的。在席間有長者同桌時，就算你已經吃飽了，也必須等待長輩離席才能下桌的。餐中如果有飲

酒，也是要由晚輩先替長輩斟酒，而倒酒的方式是以右手執酒器，用左手托著右手的手肘為對方斟滿酒杯。同桌除非有長輩勸酒，晚輩在席間是不可以自己給自己倒酒喝的，由此可知大韓民族真的是一非常敬老的民族。韓國人的飲食傳統是席地而坐，正確的姿勢是挺直腰部盤腿單腳豎起的方式，是韓國傳統標準坐姿。席間有長輩時，這是晚輩的應有坐姿，如果長輩說：「別太拘束，放輕鬆。」這時可以採雙腿盤坐，較輕鬆的坐姿。

（二）日本

　　日本人給人的印象是非常多禮的，在許多場合都不難看到相對站立的雙方，不斷的向彼此鞠躬，表達對對方的感激或謝意。而日本人的表達方式，通常是很不直接且拐彎抹角的。同樣是「いいです」卻代表了好與不好的涵義，沒有看到對方的表情與手勢，或是當時的情境，是很難猜出其真正的意思，所以與日本人接觸或相處時，是要注意這一點的。日本人傳統起居多採和式，以席地而坐的方式，所以進入日本料理店及日本人的家中，進門後第一件事就是要拖鞋，所以切忌穿著破洞或不乾淨或有異味的襪子，讓人看到你穿著破洞的襪子，或是聞到你襪子散發出的異味是很失禮的。

　　吃飯的時候日本人喜歡喝酒，尤其是啤酒，幾乎不論男女都愛喝，但與日本人同桌吃飯時，必須互相替對方倒酒，直到對方不要再喝時，才可以自己替自己倒酒。對方為你斟酒時，必須雙手端起你的杯子，表示接受對方的好意，也是一種禮貌的表現。

　　日本人傳統的坐姿是採跪坐的姿勢，將上身挺直，彎曲雙膝跪著，臀部坐在雙腳上，這是標準的正坐姿勢，席間有長輩在場，日本人多採此姿勢以表示尊重。但近年來因為西方生活方式及習慣的影響，和日本人為防止因長期跪坐，而造成O型腿的發生，所以除非是傳統或正式的場合，日本人已漸漸的改成椅凳的坐姿了。

　　吃飯的時候，一般日本男人是盤腿而坐，女人則採跪坐的姿勢。中國人用自己的筷子夾菜給別人，是一種關心的表示，但是在日本或與日本人一起吃飯時，

這樣的舉動恐怕就是日本人非常不能接受的了。因為在日本葬禮中，火化後撿骨的方式，就是以筷子傳遞的方式為之，所以以筷子替人夾取食物的動作在日本是不適合的。吃飯的時候筷子是不可以插在飯上的，在日本這樣的方式，是在祭拜亡者的時候的擺法，這種行為也要避免。

在臺灣，有時會看到有人食用重口味的早餐，如蘿蔔糕加蒜蓉醬、蚵仔麵線等，都是吃了會使口氣不佳的食物。日本人對於這個部分是很注意的，對於用後口氣不佳的食物，除非假日在家中，一般日本人是比較不會在上班前食用的，因為那樣會讓與之交談或接觸的對方感到不快，這對日本人而言是失禮的行為。像一般燒烤店或居酒屋，一般日本人是下了班後才會去消費的店，因為燒烤店濃重的煙味，在結束後就直接回家，也比較不會影響到其他人。

荷花的圖繪對我們來說是一種很雅致的圖案，但在日本，通常有人家舉喪時，荷花的意義是追悼亡者，義同於中國人以菊花做為祭祀亡者的花束一般。所以在日本送禮，記得避免送一些有荷花圖示的禮物給當地人，那樣的感覺，應該像是別人送了一束菊花給你，心裡總是會有一點不舒服是一樣的道理。

中國人向來喜歡成雙成對的數字，二、六、八（四因為與死諧音，故不喜數字四），但日本人卻喜歡單數，如一、三、五、七（因九與日文苦的發音相近，所以亦不喜數字九），所以在日本如果友人有喜事需包禮金時，最好以基數做為禮金數字的參考。日本人一向行事作風低調，對於送禮，一向是私下送禮的較多，而且送禮後，不應該要求受禮的人，一定要在大家的面前將禮物拆開。同樣的，如果收到日本友人送給你禮物時，只要表示謝意即可，不需要在日本人的面前拆禮物，以免讓他們有局促不安的感覺。

(三)菲律賓

因受西班牙殖民多年，菲律賓的宗教信仰，是異於鄰近以佛教或回教為主要信仰的亞洲諸國。菲律賓境內大部分的人是信奉天主教，只有南部民答那峨省是信奉回教。一般而言，菲律賓人都是非常好客與熱情的，與人應對時也是很注重禮貌的。菲律賓人一般與人談話時是輕聲細語的，如果在這裡與人大聲說話，是

沒有禮貌且粗魯的。菲律賓人與人打招呼是行握手禮，如果遇到熟人，是會有一個小小挑眉的動作喔！這在我們認為輕浮的舉動，菲律賓人可是會覺得很親切的。

我們的習慣是與人交談時，要雙眼注視他人以表示尊重。但在菲律賓，雙眼直視他人的眼睛時，是會被認為侵犯他人的一種表現，也是向對方性暗示的一種舉動。所以當你入境這個國家與人交談時，不要太在意對方沒有直視你的雙眼。

在菲律賓一般人的習慣，如果至別人家中作客時，帶的伴手禮通常是食物，那是一種善意及友好的表示。所以有機會到菲律賓友人家作客時，以食物做為禮物是會很理想的。

㈣泰　國

泰國是一個非常典型的佛教國家，從到處林立的佛寺，和為數眾多的僧侶可以窺見。進入泰國的寺廟中時，一定要脫去鞋子，一般年輕的男子，在到了一定的年紀後（二十歲），會剃度為僧一段日子（大約三個月左右），到佛寺中修佛，那樣是可以與佛接近，為雙親祈福，必須要完成這樣的程序，才算是成年，也才可以談論婚姻之事，像是臺灣男子當兵是一樣的必要。而如果女性在街上遇到沿街托缽的僧人，一定要避開他們繞道而行，如果有供品的奉獻，可以請其他男性代為奉獻。或是在寺廟中供獻，可以置於供桌上，千萬要避免與其有肢體的碰觸，那樣是不敬的。

泰國人認為頭是一個人身體中最重要的一部分，因為頭部是與神接觸的地方，所以頭部是非常神聖的。而在泰國，不論開玩笑與否，絕對不要用手去觸摸別人的頭部，那樣的行為在泰國是絕對禁止的。相對於頭部的神聖，腳部位於身體的最低下處，所以腳也被視為低下之意。所以絕對不可以將腳朝向他人，那樣是會被認為粗魯，且非常沒有禮貌的行為。所以當坐著的時候要避免兩腿交疊的坐姿，以免腳趾上揚而朝向別人。如果真要採這樣的坐姿時，也要將腳趾的部分盡量下壓，使腳趾的方向是朝向地面，才不會讓人感到不舒服。

在泰國，一般人見面打招呼是不行握手禮的，傳統打招呼的方式是雙手合十，如膜拜的手勢，是一種稱為WAI的手勢。手的高度舉得越高，代表打招呼的

對方年齡較長、社會地位較崇高，或是階級較高者。如果你不了解對方的年齡、社會地位高低，你只要雙手合十，無須強調手舉得高低與否，簡單的作出 WAI 的動作，就能清楚表達你的善意了。相信對於和善的泰國人而言，縱使你的姿勢做得不甚標準，他們也會很樂於跟你合十回禮的。

在臺灣或其他西方國家，看到兩個成年男子手牽著手，是很難讓人不聯想到兩人的性取向。但你在泰國看到這樣的狀況，就不需要大驚小怪了，因為在泰國男子之間這樣的舉動，純粹是表示彼此之間的友好與友誼，如果是一男一女當街手牽手，在泰國的傳統而言反而是比較不允許的。一樣的情境在不同的國度，不一樣的文化及傳統，其結果與被接受度是截然不同的。所以下次前往泰國時，不要忘記一些該遵守的禮貌，也許對於不了解該國風俗的外國人，他們並不會對你的失禮多加苛責，但如果你做到應有的禮貌，相信你會是一個較受歡迎的觀光客。

(五) 越南

越南長期受中國文化的影響，一般的習慣與信仰與中國人差別不大。但是二次大戰期間受法國殖民統治，其生活習慣多多少少也受到移民統治者的影響，而有些許的改變。例如中文的名字，是先寫姓氏再書名字，但越南人受到法國人的影響，姓氏是放在名字後書的。而對於人的稱呼，通常不連名帶姓的直接稱呼，在越南這是不禮貌的行為。如果是稱呼一位年紀較長的女士，通常稱呼其阿姨或伯母。而這位伯母姓黃，名字喚作芳草，那稱呼這位伯母時，就應該是稱謂前加上她名字中的最後一個字，就該是「草伯母」。但因為越南人的名字稱呼已同於西式叫法，所以應該寫作「伯母草」，這點中西合璧的習慣，對我們來說是既熟悉又新奇。

因為越南受中國影響甚深，相同的宗教信仰也受中國佛教南傳的影響，與中南半島諸國一樣，是以信奉佛教為主。越南的佛教與中南半島其他國家相同，均以大乘佛教為信仰的基礎，僅少部分的人信奉小乘佛教。

越南人打招呼的方式同於一般國家，行握手禮或是相互鞠躬或點頭。但是有一種女性特有的打招呼方式，就是當有長輩在場時，女性會將兩手交叉於胸前，

兩手的手掌各托著另外一隻手的手肘，以表示對長輩的尊敬。

　　因為越南人喜抽一種三個數字相同的香菸，到越南人家中作客，如果帶著一、兩條「此牌」香菸當伴手禮，可說是送者大方，受者實惠喔！聽說國內飛往越南班機的免稅「此牌」香菸，總是會賣到一條不剩，而向隅者仍眾。

(六)馬來西亞

　　馬來西亞是一個大部分信奉回教的國家，如一般對回教國家的認識一樣，清真寺林立。回教大多是一夫多妻制，馬來西亞的婦女身穿傳統服飾，頭戴著頭巾，但是臉部並不需要以頭巾遮住，這與較保守中東回教國家的婦女比起來，顯然要開放民主多了。而回教徒不食豬肉，也是馬來西亞的特殊飲食習慣之一。進入回教清真寺禮拜時必須脫鞋，同樣的，進入到馬來西亞人家中的房間時，為了表示禮貌，也是必須要脫鞋的。而在回教徒禱告的期間要儘量避免打擾，在馬來西亞以食指指人是非常不禮貌的，一般人多以拇指代替食指指人或指物，對於習慣以食指指人或物的我們，到了馬來西亞時一定要注意囉！

　　馬來西亞人與人行握手禮，行禮後會將手收至胸前，輕輕的碰觸胸部一下，以表示為對方祝福之意。當有長者或地位崇高的人自前方走過時，這時當地人的習慣是讓雙手自然下垂，輕輕的貼著雙腿兩側，待長者錯身而過時，微微側身以表尊敬。

(七)汶萊

　　汶萊是位於馬來西亞加里曼丹島的一個小國家，由於地理位置與馬來西亞接近，所以汶萊人民族組成的分子，大部分以馬來族人較多。而這個國家的宗教信仰也同於馬來亞，以回教為主要的宗教信仰，自然許多的風俗習慣，也與馬來西亞人有許多相似之處。因回教是以右手取食、左手洗身，所以左手是一向被認為不潔的，故在此接物授受，一定要使用右手，千萬別伸出左手，以免犯了當地人的大忌。

　　進入清真寺前記得要脫鞋，進入寺中時也要千萬小心，不可以從正在禱告的人面前經過，那樣是很失禮的。因回教戒律的影響，一般回教徒是不和異性行握

手禮的，除非對方主動伸出手來，不然在這樣的回教國家，是不宜主動要求對方與你握手的。在這裡也和一般回教國家一樣，是不可以用手去摸別人的頭，這樣是被視為非常不敬的舉動。在許多場合裡，翹著我們所謂的二郎腿是很沒禮貌的，有這樣習慣的人來到此地得更加注意了。

(八) 新加坡

　　新加坡是一個融合多種族的國家，由印度裔、馬來裔及華裔等民族融合而成。但基本上，華裔的比例在所有的族裔中是占最高的，所以生活習慣也與我們所了解的華人大同小異。但最重要的是，新加坡以嚴刑重罰治國，所以新加坡人是非常守法的，在公共場合絕不可亂丟垃圾，不能嚼口香糖（直到目前，你到新加坡的商店是買不到口香糖的。除非你有牙醫的處方箋，證明你必須以咀嚼口香糖，來治療某些牙齒的疾病，而這些由醫生開立處方箋的口嚼錠，也都是有醫療功能的），不能破壞公物，甚至使用公廁後不沖水，都是會被罰錢的。罰款項目不但多，且罰款還不低呢，所以有人戲稱新加坡是一個守法、有秩序的好國家（fine country），也是一個罰款很多的國家（fine 的另外一個意思就是罰款）。而且警察執法是絕對嚴格的，在好幾年前有一瑞典籍少年，因在新加坡破壞公物而被處以鞭刑，事情發生後連瑞典國王出面求情，都不能免除其刑，所以在新加坡絕對不要觸法，而且千萬不要有僥倖的心態。

(九) 印尼

　　印尼是亞洲信奉回教人口最多的國家，所以想當然爾，回教的教義也深深的影響這個國家人民的生活習慣。但印尼回教的教義與鄰近的馬來西亞一樣，並不像中東地區的戒律較為嚴格。人民在一般的社交場合是可以飲酒的，女性也可以不必戴面紗，是比較開放的。回教國家是以手取食，吃飯用右手抓取食物進食，以左手如廁後洗身。所以到了任何回教國家，絕對不可以用左手與人接物或握手，就算你是一個慣用左手的左撇子，也不可以使用左手做洗身以外的動作。

　　洗身盆基本上是回教國家特有風俗的產物，因為一般人如廁後會使用紙類擦拭。但在回教教徒的觀念中，紙是回教的先知先覺們，拿來記載回教的微言大意，

以傳於後世教導世人的工具。因而紙張與這些聖人一樣，有著崇高的地位，所以不使用紙張做如廁後擦拭的用品，所以會有洗身盆這類的用具出現。在非洲，物質文明較不發達，且信奉伊斯蘭教的國家，有許多人如廁後是使用左手取樹葉、竹片或是石頭，代替我們所習慣的衛生紙來使用的。

在印尼受邀做客時，也同一般西式禮儀一樣，主人沒有開動，其他人是不能先用的。印尼雖然較其他阿拉伯回教國家來得開放，但是女士在此的穿著，也儘量不宜暴露，或穿過於突顯身材的緊身衣物較適當，長裙也較長褲為佳，因為長褲也是會容易突顯身型的。

進入當地的清真寺，不可以穿著露出大腿或手臂的衣物，因為那樣的穿著是褻瀆神明的一種行為。另外在進入清真寺以前，要做回教裡所謂「大淨」、「小淨」與脫鞋的動作。所謂的「大淨」就是從頭到腳必須以清水洗淨，而「小淨」則是以清水洗臉和洗手。以往印尼因為排華，所以前往印尼時，是不可以攜帶任何華文的書刊，現在這樣的政策已經沒有這樣的嚴格了。

回教國家對於每日五次的禱告是不會少的，每天太陽初昇的黎明時（晨拜）、日正當中的正午時分（晌拜）、下午三點（晡拜）、日落時分（昏拜）及天黑日暮時刻（宵拜）。而不管這時身在何處，都要以朝向麥加的方向禱告膜拜，所以這個時候許多活動是停止的。

在印尼這樣的回教國家，豬肉是禁食的，所以在這裡是吃不到豬肉的，當然進入這樣的回教國家，是不能將豬肉製品帶進去的。

印尼境內有一些少數民族，認為照相時的閃光燈，是會將人的靈魂懾走的不祥物，所以在拍照前為尊重他人，務必徵得他人的同意再為之，是一種比較妥當且禮貌的行為。

(十)印度

印度是世界上古老的國家之一，雖然佛教的發源地是印度，但是印度人大多信奉印度教，也是當今世界上最古老的宗教。在印度教中，黃牛是印度教主要神祇「濕婆神」的化身，牛隻的身上充滿了神的靈氣，所以印度教是不吃黃牛肉的。

在印度的街頭，你可以看到人車均禮讓漫步街頭的黃牛，也不要覺得奇怪了。在印度是絕對不能有任何傷害黃牛的動作，那是對神明大不敬的舉動。進入印度也儘量不要攜帶牛革製品。試想，別人視如神祇的聖牛，被扒了皮製成皮件，心裡的感覺一定是不好的。這裡強調印度教徒不吃牛肉，指的是黃牛的肉，但對於水牛卻是不加以限制的，因為水牛是惡神的化身，且境內信奉回教的人也不在少數，吃水牛肉是被允許的。要不然世界知名的漢堡店「麥當勞」，哪裡敢跑到不吃牛肉的國家大賣牛肉漢堡，那簡直是茅房裡點燈——「找死！」

　　進入任何的印度寺廟時是要先脫鞋的，而在所有的寺廟中，如果要攝影或照相，一定要先取得廟方或主事人員的同意，才能進行拍攝的動作，不然是會引起不快的。如果要拍攝印度人所謂的聖牛時，也是要儘量避免的喔！

　　在印度有一種稱做（namaste）的手勢，將雙手交叉，是一種表示歡迎及祝福的手勢。在印度與人見面時可以做這樣的手勢，是會讓對方感到友善的。握手禮在印度是表示特別友善的一種禮貌，但一般印度的女性是不行握手禮的。印度的女性對於來訪的對方，多半以頷首合掌的方式回禮。所以在印度與女性打招呼時，千萬別貿然的伸手要行握手禮，這樣不但會讓對方為難，也會讓氣氛變得很尷尬的。

　　常會見到印度女性額頭中間，會有一顆紅色的硃砂痣，這顆痣在某些族裔中所代表的意義就是已婚與未婚的分別。一位印度婦女會在新婚之日點上這顆硃砂痣，但如果丈夫過世守寡，就必須抹掉這顆硃砂痣，同時換上白色素衣。

　　印度自古就有種姓階級制度的劃分，而且這個階級是世襲的，直到現在，種姓制度在印度仍然是被嚴格的遵行著。低階級的人對高階級的的人來說是污穢的，所以這四種階級的人，幾乎生活是分開、避免接觸，而詢問他人的階級在印度是非常不禮貌的。如果要吃的食物或水，被階層較低的人碰觸，是會被認為不潔的。停滯的水是不潔的，流動的水是可以洗淨任何不潔的東西，印度的恆河，河上雖然漂流著許多穢物，但在印度教徒的心目中，卻是不折不扣的「聖河」呢！

　　印度人肯定的回答方式是跟我們不一樣的，通常你在詢問當地人時，如果他

是搖著頭或是將頭歪向一邊，其代表的意思是肯定和同意，千萬別以為他的答案是否定的，或者以為他聽不懂你說的話。

女性在印度的穿著宜保守，最好不要穿著露出手臂、胸部、背部及大、小腿的服裝。對一般人而言，吹口哨和眨眨眼，是一種心情愉快與捉狹的表示，但在印度這都是很無禮的舉動。尤其是跟對方眨眼，是有性暗示的含意，所以千萬別隨便做這樣的舉動，以免遭人誤會。

雙腳的印象在印度人的心中是被認為不潔的，除了腳不可以朝向別人外，如果你的腳或是你的鞋，不小心踩到或是碰到別人，一定要立刻道歉，讓印度人原諒你無心粗魯之過。

一般受邀至主人家中作客，用完餐之後，也許為了感謝主人，你會說一句：「謝謝你的晚餐！」但在印度，當主人邀你至家中用餐，餐畢千萬別對主人說謝謝喔！因為在當地只有付錢吃飯，在用完餐之後要說謝謝。如果吃完飯對主人表示感謝而說了聲謝謝，對主人可是很不禮貌的喔！登門拜訪時的伴手禮，印度人是會等送禮的人離開後，才會打開禮物的。

(土)**孟加拉**

孟加拉是一個以回教為主的回教國家，和一般回教國家一樣不食任何的豬肉製品。這裡的回教教義要比東南亞諸回教國嚴格，在這裡是不可以喝酒的。而這裡的女性出門是要戴著面紗的，除了自己的丈夫，是不可讓先生以外的男人看到自己的長相。相對的，女性遊客到此，穿著服裝一律保守為佳，觀光客要拍攝當地女性時，除非你經過同意，否則你做樣的舉動不僅會被拒絕，還會造成別人的不快。

因回教國家有所謂的齋戒月，是按伊斯蘭年曆的九月為齋戒月，在孟加拉也是一樣，齋戒月時，從日出後到日落以前都是不准進食的，包含了水也是不准喝的，直到日落以後，才能吃一日中的唯一一餐。當你要到信奉回教的國家旅遊，得注意是否正值當地齋戒月，因為在齋戒月中，日落以後才能進食，所以對於期間用餐會造成許多不便，若在這段時間去旅遊，要有一定的心理準備才是。抽煙

在此地也是被禁止的，如果你是癮君子，到了這兒就得入境隨俗，盡可能的不要抽菸囉！雖然你是個外來客，縱使做了一些當地人在乎的行為或舉動，別人也許不會多加苛責，但是學著尊重別人的習慣與文化，別人也才會尊重你喔！

㈤尼泊爾

尼泊爾基本上也是一個多種族融合的國家，境內大小民族約三十種以上，因為地理的因素，以尼泊爾人、西藏人、印度人為人口的大宗。以印度教為國境內主要的信仰，但對於其他宗教則採兼容並蓄的精神，使得你在這個國家觸目所及，不只是膜拜印度教神祇的印度廟林立，其他宗教的廟宇、佛寺、清真寺，也都隨處可見。而在這個國家，印度教、佛教、回教、喇嘛教，各個宗教的神祇都被膜拜著，神祇的名稱可能多得數不完。正因如此，尼泊爾有萬神之國的稱呼，所以在這個國家，充滿了你不能了解的宗教習俗及禁忌，也是不足為奇的了。受了印度教教義的影響，種性制度在尼泊爾也是被嚴格遵守的。

在尼泊爾進入當地人家時，記得一定要先脫鞋，吃飯時也是以右手取食，而左手則是用來洗身的，所以在接物授受時絕對不要使用左手。廚房與用餐處在尼泊爾人的觀念中，是有神靈的地方，一般尼泊爾人家，這二處是屬於神聖的區域。到尼泊爾人家拜訪時，千萬不可以私自的闖入這些區域，這會讓人不舒服的。

尼泊爾人吃飯是沒有餐桌的，往往是在地上鋪著一塊布，大夥圍成一圈席地而坐進餐。在這裡，腳所代表的意義是低下之意，所以當別人席地用餐時，千萬別站在別人的前方，那樣你的雙腳就正好對著人家的餐盤，是非常不禮貌的舉動。如果一定要在這時與人交談，最好是蹲下身來，或是坐到他的身邊，絕對不要站在席地而坐的人們面前，而引起當地人的反感。

尼泊爾境內大小寺廟林立，所以在參觀這些廟宇和佛寺時，對於一旁的石碑、石頭或布帆，都不可以因為喜歡而把玩、移動或帶走。因為這些物品都是有宗教意義的，所以你的不經意行為，在當地人的觀念是褻瀆神明的舉動，不可為之。

尼泊爾人全身素縞，代表此人家中有喪，這樣的習慣與中國人類似。但不同

的是，對於服喪的人，你可以眼神或表情，表達你的哀淒之意，千萬不要因為想安慰而接觸到他們身上的任何部分，那是極為不敬的。

尼泊爾人打招呼時不行握手禮，而是採一拱手姿勢，向人說道 na.ma.stay，是一種非常友善的打招呼的方式，來到這裡可以用這樣的方式與人打招呼，應該會贏得當地人的友誼與善意回應的喔！

(三)中東地區回教國家

這個區域的國家大致包含了伊朗、伊拉克、埃及、沙烏地阿拉伯、阿拉伯聯合大公國、安曼、葉門、敘利亞、巴林、科威特、約旦、黎巴嫩等，這些國家因為都是以回教為主要的宗教信仰，所以一般生活的傳統、飲食習慣，因為遵循著伊斯蘭教，基本上差異性不大。唯一些國家因為其本身歷史背景的不同，所以對伊斯蘭教義中，一些規範以及戒律也會有比較不一樣的標準。比如同樣是回教國家，有絕對禁止飲酒的伊拉克，和不禁酒的巴林；其他回教國家認為豬肉不潔，除了不吃豬肉，在這些地區也是買不到豬肉製品的。但在巴林，不但禁酒不嚴格，在巴林也是可以買得到豬肉製品的。雖然如此，還是建議前往回教國家時，以遵守當地較嚴格的規定為宜，以免因為弄不清該國戒律嚴謹的程度，而造成別人的不快與自己的困擾。以下是前往回教各國應注意的事項和禮節：

在大部分的回教國家，對來訪的客人都是非常熱誠的招待，這對他們而言都是一種基本的禮貌。如果受到邀請前往拜訪，要儘量配合主人，對於主人用心與熱誠的招待最好不要拒絕，因為來客婉拒對主人來說，是一種不禮貌，且近於侮辱的一種表示。前往拜訪時所帶的禮物，主人一定是會當著大家的面，打開你帶來的禮物與在場所有的人分享。所以在這些國家送禮時，一定要考慮送什麼樣的禮物才適合，以免造成不必要的誤會或尷尬。

因為回教國家大多以手取食，用餐前一定要洗手，以右手的大拇指、食指、中指來取食。每吃一口都必須將手指儘量的舔乾淨，沒有吃完不可以就不吃了，這樣的舉止會被認為是浪費食物，而且不禮貌的行為。

為避免不必要的麻煩，在回教國家要送禮時，儘量不要帶含有酒精的飲料做

為禮物送人。前面提到菲律賓人喜歡以食物做為禮物，但在沙烏地阿拉伯當地送禮，最好不要以食物當伴手禮，那樣是會被誤以為作客的人認為主人待客不周呢！在阿拉伯有一句俗諺：「寧願自己餓著肚子，也要讓客人吃得滿足。」

顏色在各個國家都會有其特殊代表的意義，中國人喜歡紅色，任何喜慶的場合都少不了紅色的點綴。在臺灣，喪家多用白色，在伊朗黃色是代表死亡，所以在這裡送禮禮物的顏色，儘量避免黃色或是黃色的包裝，對當地人而言代表的是死亡，收到這種顏色的禮物是不祥的象徵。

對泰國人而言，腳是不潔的，所以絕對不可用腳對著人，那樣是大大不敬的。而在沙烏地阿拉伯，腳代表的意義也是不潔之意，而腳下鞋子鞋底的部分更是不潔，故在此地如果腳底下沾了些什麼東西，是不可以將腳抬起檢視腳底的部分。因為對於阿拉伯人來說，以腳底示人真的是很粗魯的行為，所以關於這點，到了當地也要隨時提醒自己才是。

一般人看到可愛的小朋友，都會情不自禁的捏捏他的小臉，或是拍拍他的頭，這在我們看來絕對是一種善意的表達。而在回教興盛的地區與國家，拍小孩頭是一個非常大的禁忌。所以就算你看到再可愛的小朋友，也不要隨意的去碰觸他們身體的任何部分，尤其是頭部要絕對避免。

我們知道回教徒在禱告的期間是要避免打擾的，不可以從正在禱告者的前面走過，也不可以在這時候照相，那都是會影響到禱告者禱告時的思緒，對阿拉是一種不敬的表現。因為正在禱告的人，背誦的經文是要一氣呵成不可以中斷的，唯一必須中斷禱告的理由，就是經文背誦有誤，必須從新開始的時候。就連禱告期間發生緊急事件時，也是不能中斷禱告的程序，必須要將所有的經文背誦完畢後，才能想著下一步如何逃生。這在我們看來是匪夷所思的行為，但在回教徒所表現堅貞信仰的理念，認為阿拉真主是會保佑他們的。

在保守的回教國家，男性應該避免在公共場合與女子攀談或聊天。縱使你是外國人，在這些地區男女走在路上時不要勾肩搭背、手牽著手，或狀似親密的擁抱摟腰的動作，也宜儘量避免。

　　在中東國家送禮，應該要注意其宗教上的禁忌，一般中東回教國家大多禁酒，就算不禁酒，飲酒量也必須要有節制，所以在中東回教國家不宜以酒當禮物。而回教國家的女性地位一向低落，所以有女性圖樣的物品，在此則不宜當作禮物來送人。一向受歐美人士喜愛的中國仕女圖，在這裡可就沒人會喜歡囉！在這些地區及國家，也是不能隨便送禮給當地女性的。

㈤以色列

　　我們知道以色列是信奉猶太教的國家，雖然建國在一個小小的西奈半島，與阿拉伯半島相接壤，但它可是在這個地區唯一不以回教為主要信仰的國家。也正因為這個長久以來的宗教原因，和建國後領土的紛爭，造成以色列長期與鄰近回教國家，處於紛擾與戰火頻仍的局勢。而猶太人因為在建國前遭納粹有計畫的屠殺，導致幾乎滅種，加上建國之路的坎坷與不易，以至於養成猶太人吃苦、耐勞的精神，所以在自然資源不充沛，與猶太教義強調惜物的原則下，一般猶太人是非常勤儉的。以往有一種形容人家小氣的形容詞叫做「猶太」，其實是一種比較偏狹的見解。

　　因為猶太人曾遭納粹的大屠殺，所以基本上有關納粹的所有事、物，是不會在這個國家出現的。我們都知道音樂無國界這個道理，但在這也不宜播放與納粹有關的音樂。曾經有一知名樂團世界巡迴演奏至以色列，其中的曲目安排了德國知名音樂家華格納的作品，因為華格納在當時是反猶太人的，所以猶太人對華格那是排斥的。雖然華格納是反猶太的，但是華格納的音樂還是令人欣賞的。我們沒有承受過像猶太人一樣的歷史，不管音樂的本身有沒有反猶太的色彩，還是建議到這個國家不要公開欣賞，對這個國家而言，沒有敏感色彩背景作曲家的作品比較好。

　　猶太人的傳統飲食是不使用刀叉，以手抓食的方式用餐，所以用餐前一定要洗手。而洗手的時候也是由別人使用一種長嘴的水壺，將水倒在你的手上沖洗，而流下的水也集中在下頭接著的容器中。

(吉)土耳其

　　土耳其位於亞洲與歐洲的接壤，故有歐亞橋梁的稱呼。正因地理位置特殊的關係，所以也以信奉回教為主的土耳其，其生活習慣較受西方歐洲社會的影響，境內不禁酒，作息也相當的自由。而所有回教國家可以娶四個妻子的風俗，在土耳其是不被奉行的。雖然土耳其的民風較其他伊斯蘭教的國家更為開放，但是它仍是一個回教國家，所以進入這個國家時，還是要注意不可以帶一些豬肉製品入境。

　　土耳其人生性好客，不管你是熟識的朋友，或是初來乍到的觀光客，在土耳其要想拜訪當地人家，都是會受到熱情的招待。基於此，土耳其人也有隨手不忘帶件小禮物拜訪別人的習慣。所以如果來土耳其遊玩，如有機會成為當地人的家中客時，別忘了帶個小禮物當伴手禮，對於增進彼此情誼是有畫龍點睛之效的。

(大)埃及

　　這裡是我們所熟知古老埃及文化的發祥地，所以境內有許多非常有名的金字塔、古老的神廟。前去埃及時，不要因為被許多令人驚歎的古老建築與文明所震懾，而忘了欣賞這些古文化時該注意的事項與禮儀。

　　埃及所有世界著名的景點，會依需要的不同，而豎立起禁止拍攝的標誌。像是古老的神廟、古埃及帝王的陵墓，或是一些軍事地區。這些古建築經過與多人的參訪，牆上的壁畫及許多古文物因為濕氣的變化，使得這些珍貴的物品的表面開始剝落。如果再加上照相及攝影器材，在強烈燈光的照射下，會使脆弱的古物受損情況更為嚴重，如果不加以控制，只怕以後的人會無緣看到些令人讚嘆的古代文明了。為了一己之私而破壞幾千年的古物，這樣的行為不但自私，也是不能令人原諒的。所以在這裡務必遵守當地政府的規定，因為埃及政府也為了保護他們的文化遺產，限制標示的執行工作是很徹底的，凡是破壞古蹟的行為與舉動，不但將被制止還會被罰款呢！

　　除了上述拍照及拍攝的行為，會因此破壞古物而遭到制止與處罰外，如果動手觸摸或以身體的部分接觸到，也是會讓這些古文明遭到輕重不一的破壞，甚至

是攀爬古建築物，這更是會直接造成建築物不可彌補的傷害。以上的這些行為，在參觀古埃及文物時，是要絕對避免的，免得失禮而且會遭到重罰。

在埃及，不管當地人已經有多習慣觀光客的來訪，在你拍照時，如果希望當地人入鏡，也必須徵得他人的同意後再行拍攝。如果對方不願意，也不應該私自拍攝，要做到起碼的相互尊重。也有當地人願意被拍攝入鏡，但你必須付出對方所開出的價錢做為回報。我想這樣的方法如果彼此都能接受，也是一種兩全其美的好方法。

埃及是一個回教國家，女性遊客到此，穿著也不宜過於暴露。雖然在這裡飲酒是被允許的，但是飲酒仍不宜過量，尤其酒後開車，一旦被查到，處罰是很重的。一定要提醒自己，在他鄉作客務必遵守當地主人的規定，以表示基本的尊重，相信別人一定會回以相對的善意才是。

(七)希臘

神話與史詩、浪漫的愛情海文化，是我們一直以來對希臘的印象。但事實上，希臘是信奉希臘正教，是屬於較保守的宗教，所以在這裡的穿著也是較保守的。女性的穿著最好是長裙或長褲，上衣的穿著不宜露肩、露臂。進入教堂時的穿著，男性著長褲，女性必須著有袖的上衣，下著長褲或長裙。如果不符標準，進入教堂前的服務處，是有提供適當的服飾，可以借來使用。

世界上大部分國家，大多以點頭代表「是」或「肯定」的意思，但是在希臘表示否定的意思，並不是我們習慣的搖頭，而是將頭向上揚，或是將眉毛往上挑，這樣的意思在希臘是表示否定。在這裡還有一種手勢是千萬不能比的，就是將手掌的部分對著別人，尤其是別人的臉，這樣的手勢希臘人認為是非常低級的，所以在希臘要注意不要做這樣的手勢。但是有一種手勢是非常受用的，就是面帶微笑，將右手撫著心，這是表示非常感謝的意思。所以到了希臘，就算你與對方溝通並不是非常清楚，最後做一個這樣的手勢，不但可以表達你的善意，也可以拉近彼此的距離。

中國北方在除夕的晚上會包些水餃，而一些水餃中會包一個銀元，如果有人

吃到包著銀元的水餃，表示來年會非常順利。希臘人過年的時候，也有一種與中國人類似的習俗，那就是在新年的時候，每家每戶都會製作蛋糕。製作蛋糕時，蛋糕裡會放入一枚銀幣，而吃到銀幣的人，新的一年裡都會有好運兆。不同的國家，有著相似的過年習俗，也是令人感到有趣的。

(大)荷 蘭

擅於填海造陸，有低地國之稱的荷蘭，地屬高度文明的北歐地區，女士優先也是奉行不逾。一般的國際禮儀慣例，上下樓梯及電動扶梯時，如有女伴隨行，上樓時男士必須隨行在後，下樓時男士必須導行在前，其用意都是為了保護女性。但在荷蘭當地，無論上下樓梯或是手扶梯，女性都是跟隨在男士的後面而行，這並不是荷蘭人大男人主義盛行，而是當地人的一種習慣。

(九)芬 蘭

千湖之國的芬蘭對我們而言，是一個遙遠且寒冷的北歐國之一，讓人耳熟能詳的是芬蘭的蒸氣浴。一般國家招待客人的習慣，多半是請人在餐廳或家裡吃飯。在芬蘭，主人邀請你到家中作客，除了吃飯以外，還會請你洗蒸氣浴呢！這一點可是與其他國家大不相同的地方，如果有此機會至芬蘭友人家中作客，別奇怪主人請吃飯還招待洗澡，但千萬不要輕易拒絕喔！因為那樣是辜負了主人的盛意。而且到了芬蘭人家中作客，就算沒有帶伴手禮，也得準備一束鮮花給家中的女主人，數量不拘，但最好是成奇的單數。因為不只芬蘭人，一般歐洲民族喜單數數字，對於成偶的數字是忌諱的。不似中國人，數字除諧音外，一向偏好成雙成對的數字。

(干)俄 羅 斯

到俄羅斯人家中拜訪可以帶一束鮮花，因為俄羅斯人是喜愛鮮花的民族。與其他歐洲國家相似，花束以奇數為佳，不喜成偶的數字。因為偶數多用在喪禮當中，對於俄羅斯人而言是不吉祥的數字。但基數的數字當中，十三是一個非常不好的數字，代表著死亡。這個數字應該是與宗教有關，因為耶穌基督被門徒猶大出賣，被釘上十字架前，與十二位門徒共進晚餐（請見達文西著名的畫作〈最後

的晚餐〉），這一天正是十三號星期五，而基督加上這十二位門徒，恰好也是十三人。這是大部分西方人之所以認為十三是一個不吉利的數字，有著很大的關係。而所謂的 lucky seven 數字七，不只俄羅斯人，一般的西方人都喜愛這個數字。所以受邀到當地友人家中時，帶七朵成束的花送給女主人，是可以博得女主人的好感的喔！在中國人的習慣裡，如果不小心打破玻璃製品，或是易碎的碗、盤、碟、匙之類的東西，都不忘說一句「碎碎平安」，與諧音「歲歲平安」同，藉以化除打碎物品的不祥徵兆。但對於俄羅斯人而言，打破碗盤可是吉利的象徵呢！所以在一些節慶或婚、壽的場合中，他們還會刻意的打破一些碗、碟，以表慶賀之意。但唯一一種物品是不可隨意打破的，那就是鏡子，因為鏡子反映出人的靈魂，如果打破了鏡子，也就代表著靈魂被毀滅。

(三) 阿根廷

　　阿根廷雖然是南美洲的一個國家，但是與其他南美洲國家不同的是，阿根廷境內八成以上是白種人，也是南美洲唯一一個白人國家，境內大多為西班牙籍義大利的後裔，所以人民的穿著飲食習慣，也承襲著類似歐洲人的習慣。阿根廷人的穿著較一般南美國家的人為保守，衣服穿著的顏色不似其他南美國家鮮豔，喜歡藍色、黑色、白色等較保守的顏色。

　　行為舉止也要遵守該遵守的禮節，像是在街道上行走，或是搭乘大眾交通工具時吃東西，是一種沒有禮貌的行為。與人交談時一定要注視對方，一般用餐的禮節，必須將手置於桌面，不可以放置在腿上。打呵欠時一定要記得以手遮掩，當對方輕拍你的肩膀時，是一種友善的表示。

　　到當地人家中作客，可以送一瓶酒作為伴手禮，如果是一瓶品質不錯的威士忌，或是一瓶法國香檳，是會讓主人感到很高興的。對於女主人來說，糖果與花束也是很好的見面禮，尤其是天堂鳥，在阿根廷，天堂鳥是一種代表幸福的花。

　　一般西班牙裔的姓氏有兩個，一個姓氏是來自父親，另一個則是來自母親。在他們的名字中，父親的姓氏是先於母親的姓氏來排列的。

　　與當地人談天時，足球、酒類、音樂、歌劇或家庭都是很好的話題，但是對

於政治，如裴隆政權（Peron）、福克蘭群島（英國與阿根廷曾發生福克蘭戰役），或是宗教的問題，都不是聊天的好主題。

（二）巴西

嘉年華會（Carnival）是一般人對巴西最鮮明的印象，期間熱情的舞蹈、火辣鮮豔的服裝，會讓你以為巴西人平常就是這麼穿著的。但事實上平日的穿著並非如此，一般來說二件式（洋裝、外套）或三件式（襯衫、及膝窄裙、外套）的套裝，是很適合且普遍的穿著。

巴西人生性熱情好客，見面時會以較大的肢體語言表達歡迎之意，如拍拍對方的手臂、手肘或背部，都是一種善意的表示。對許多人而言，OK 的手勢是再普遍不過的了，但在巴西絕對不要比這樣的手勢，因為對巴西人而言，這是一個非常粗魯的手勢。在巴西還有一個特殊善意的手勢，就是用食指與拇指輕拉耳垂的部分，要表達的是他們對你的感謝之意。

一般前往當地人家作客，如果要帶花束前往，儘量避免紫色的花朵。因為在當地，紫色的花朵多是用在喪禮當中，所以選擇花束的時候，這個地方宜注意為是。在巴西，小費的習慣大概是百分之十到百分之十五左右。

（三）智利

智利的白酒，在世界的白酒市場也占有一席之地，在智利人的心目中，智利白酒是智利人的榮耀。所以在替人倒酒時，尤其是智利白酒，一定要用右手，千萬不要使用左手添酒，在當地人的習慣中是非常不禮貌的。右手握拳擊向張開的左手掌，在智利當地的意思是淫穢之意，千萬別做。

（四）英國

英國是由英格蘭、蘇格蘭、威爾斯和北愛爾蘭四個部分所組成。雖然英國由這四個地區所組成，但是這四個區域的人卻不喜歡別人統稱他們為英國人。他們通常以各地區自稱，如 Scottish（蘇格蘭人）、Irish（愛爾蘭人）、Welsh（威爾斯人），而 English 則專指英格蘭地區的英國人。所以國籍是英國（United King-dom），並不代表是我們所認知的 English，這一點是行至這個地區時要注意的。

　　在英國，穿著是比較保守的，男士穿著服裝時，襯衫最好是沒有口袋的設計為宜。如果襯衫是有口袋設計的款式，穿著襯衫時，口袋是不可以放置任何東西的。領帶則最好是單一顏色，或是有圖案設計的，最好不要使用條紋式的領帶。因為在英國，條紋式的領帶是專屬於學生或軍警人員所用，如非這樣的身分，是不宜佩帶這類樣式的領帶的。一般男士搭配正式服裝的鞋子，必須是繫鞋帶的黑色皮鞋，沒有鞋帶的皮鞋是不宜搭配的。

　　在英國與人相約，守時是非常必要的。

　　英國當地人士相當注重個人隱私，初見面或是彼此不夠深交，有關對方太私人的問題是不宜詢問的。在假日休閒之餘，與當地人的社交活動，工作上的議題是不宜出現在交談的話題中的。

　　用餐時如有飲酒，向年長的人敬酒，在英國是一種不禮貌的行為。

　　雖然英語在美國被當成母語使用，但英式英語（Queen's English）和美式英語（American English）在此地還是有很大的區別。

　　英國是一個君主國家，除了貴族有爵位的頭銜外，一般人如果他的行為對國家有功者，英國女王會授與勳位。如果有這樣的人，你在稱呼時必須在他的名字前加上「Sir」這個字，以表尊敬。如果他的名字是 Charlie，你就必須稱呼他為 Sir Charlie，如果是要寄信或是書其全名時，也必須在姓名之前加上「Sir」這個字。如果他的全名是 Charlie Brown，就必須以 Sir Charlie Brown 的方式來書寫。

結　語

　　也許一般人並不十分確切明白國際禮儀的定義，也不了解國際禮儀對於生活上有什麼實質的助益。如果以最簡單的解釋來定義，就是在團體的生活中，對於各個地點或場合的風俗與習慣，可以基於尊重的態度去遵守與學習。也就是對於社會約定俗成的規則加以遵循，對於周遭人、事、物的體貼與愛護，應該是可以大致來定義它的。絕大部分的人是群居團體的一部分，當然不能自外於許多的團體制約之中，所以遵守社會規範也是團體分子的義務。關於禮儀的許多說法與理論，也許有所謂的專家會有不同的看法與見解，但個人淺見以為，用一顆體貼自己的心情去體貼你周遭的人，也就是設身處地為他人著想，就是一位知禮循矩的人。一個親切的微笑、體貼的動作，常常是人與人之間相處時，不可缺少的催化劑。但是現在的人臉上往往掛著比較冷漠的表情，一副莫測高深的樣子，因此在臉上讀不出他的心情。討論各種禮儀的書籍也許多到不能勝數，而每家說法也不盡相同，甚或有各據山頭，相互指摘的情形。但個人以為，禮儀就是一種社會制約的規範，也是歷史長久演進下，約定俗成的結果，沒有孰優孰劣的區別。相信只要擁有一顆處處為人著想的心，任何人都可以成為一個禮儀實踐家的。

參考書目

1. Guide to wine：fiona sims 2001

2. Etiquette: peggy post 1997

3. The wisdom of islam: robert frager Ph.D. 2002

4. Dinner is served: arthur inch & arlene hir 2003

5. A la carte: greenstein lou 1992

6. 《應用文》：張仁清　編著　民國八十二年

7. The general concepts of good golf etiquette: jim corbett 1999

8、Wines of italy: burton anderson 2004

9、Riesling: harry eyres; stuart pigott

國家圖書館出版品預行編目資料

國際禮儀／曾啟芝 編著.
--初版.--臺北市：五南，2006〔民95〕
面；　公分　參考書目：面
ISBN 978-957-11-4231-9（平裝）
1.國際禮儀
530　　　　　　　　　　95001506

1L24 觀光書系

國際禮儀

編 著 者 — 曾啟芝

發 行 人 — 楊榮川

總 編 輯 — 龐君豪

主　　 編 — 黃惠娟

責任編輯 — 胡天如　林麗秋

出 版 者 — 五南圖書出版股份有限公司

地　　址：106台北市大安區和平東路二段339號4樓

電　　話：(02)2705-5066　傳　　真：(02)2706-6100

網　　址：http://www.wunan.com.tw

電子郵件：wunan@wunan.com.tw

劃撥帳號：01068953

戶　　名：五南圖書出版股份有限公司

台中市駐區辦公室/台中市中區中山路6號

電　　話：(04)2223-0891　傳　　真：(04)2223-3549

高雄市駐區辦公室/高雄市新興區中山一路290號

電　　話：(07)2358-702　傳　　真：(07)2350-236

法律顧問　元貞聯合法律事務所　張澤平律師

出版日期　2006年 4 月初版一刷
　　　　　2011年12月初版五刷

定　　價　新臺幣350元